Leo Perutz (1882–1957) wurde in Prag geboren. Frühzeitig übersie-delte er nach Wien, wo er bis 1938 seine Romane und Novellen schrieb. Von Beruf Versicherungsmathematiker, war er von Berufung Schriftsteller. Zu seinen berühmtesten Werken zählen u. a. »Nachts unter der steinernen Brücke«, »Der Meister des Jüngsten Tages«, »Der schwedische Reiter« und »Sankt Petri Schnee«.

Von Leo Perutz sind außerdem erschienen:

*Die dritte Kugel* (Band 3204)
*Zwischen neun und neun* (Band 3205)
*Turlupin* (Band 3206)
*Der Marques de Bolibar* (Band 3212)

Dieses Buch wurde auf chlor- und säurefreiem Papier gedruckt.

Vollständige Taschenbuchausgabe September 1993
Droemersche Verlagsanstalt Th. Knaur Nachf., München
Lizenzausgabe mit Genehmigung des
Paul Zsolnay Verlags Wien/Darmstadt
© 1990 Paul Zsolnay Verlag Gesellschaft m.b.H., Wien/Darmstadt
Umschlaggestaltung: Manfred Waller, Reinbek
Umschlagabbildung: Archiv für Kunst und Geschichte, Berlin
Druck und Bindung: Elsnerdruck, Berlin
Printed in Germany
ISBN 3-426-63012-5

2   4   5   3   1

# Leo Perutz

# Der schwedische Reiter

Roman

**Herausgegeben und mit einem Nachwort von Hans-Harald Müller**

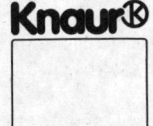

# Inhalt

# Vorbericht

Maria Christine, geborene von Tornefeld, verwitwete von Rantzau, in zweiter Ehe vermählt mit dem königlich dänischen Staatsrat und außerordentlichen Gesandten Reinhold Michael von Blohme, eine in ihren jungen Jahren vielumworbene Schönheit, hat um die Mitte des achtzehnten Jahrhunderts, als Fünfzigjährige, ihre Erinnerungen niedergeschrieben. Dieses kleine Werk, dem sie den Titel *Farben- und figurenreiches Gemälde meines Lebens* gegeben hat, erschien erst einige Jahrzehnte nach ihrem Tode im Druck. Einer ihrer Enkel machte es zu Beginn des neunzehnten Jahrhunderts einer beschränkten Öffentlichkeit zugänglich.

Seinen anspruchsvollen Titel führt das Buch nicht ganz ohne Berechtigung. Die Verfasserin hat in bewegter Zeit ein ziemliches Stück Welt gesehen, sie hat ihren Gatten, den dänischen Staatsrat, auf allen seinen Reisen begleitet und ist sogar nach Ispahan, an den Hof des berüchtigten Nadyr Schach gekommen. Man findet in ihren Erinnerungen manches, was auch dem Leser von heute Interesse abzugewinnen vermag. So in einem der ersten Kapitel einen eindrucksvollen Bericht über die Vertreibung der protestantischen Bauern aus dem Erzbistum Salzburg. In einem späteren Kapitel schildert die Verfasserin den Aufruhr der Buchabschreiber in Konstantinopel, die durch die Gründung einer Buchdruckerei um ihr Brot gebracht worden waren. Sie weiß von dem Treiben der Gesundbeter in Reval und von der gewaltsamen Unterdrückung dieser Schwarmgeistersekte sehr anschaulich zu erzählen. Sie hat – um ihre eigenen Worte zu gebrauchen – in Herculanum die ersten »unter der Erde gemachten Entdeckungen, in Marmor gearbeitete Statuen und Basreliefs«, gesehen, ohne sich freilich der

11

Bedeutung dieser Funde bewußt zu werden, und sie ist in Paris in einer Karosse gefahren, die »ohne Pferde, nur durch ihre eigene innerliche Bewegung« elfeinhalb französische Meilen in nicht ganz zwei Stunden zurückgelegt hat.

Auch mit einigen der größten Geister ihres Jahrhunderts ist sie in Verbindung getreten. Auf einem Maskenfest in Paris lernte sie den jungen Crébillon kennen – es scheint, daß sie kurze Zeit hindurch seine Geliebte gewesen ist. Mit Voltaire führte sie ein langes Gespräch auf einem Freimaurerfest, das in Lunéville stattfand, und sie traf ihn einige Jahre später in Paris wieder, und zwar an dem Tag, an dem man ihn in die Akademie aufgenommen hatte. Auch einige Gelehrte zählte sie zu ihren Freunden, so den Herrn von Réaumur und den Professor für Experimentalphysik, Herrn von Muschenbroeck, der die Leydener Flasche erfunden hat. Und nicht ohne Reiz ist die Geschichte ihrer Begegnung mit dem »berühmten Kapellmeister, Herrn Bach aus Leipzig«, den sie im Mai des Jahres 1741 in der Potsdamer Heiligen-Geist-Kirche die Orgel spielen gehört hat.

Den stärksten Eindruck aber empfängt der Leser aus jenem Teil des Buches, in dem Maria Christine von Blohme in schwärmerischen, doch beinahe dichterisch zarten Worten ihres ihr früh entrissenen Vaters – den sie den »schwedischen Reiter« nennt – gedenkt. Sein Verschwinden aus ihrem Leben und die sonderbaren und widerspruchsvollen Umstände, unter denen dieses tragische Ereignis sich vollzog, haben einen Schatten auf ihre Jugendjahre geworfen.

Maria Christine von Blohme ist – so berichtet sie – in Schlesien auf dem Gutshof ihrer Eltern zur Welt gekommen, und der Adel der ganzen Umgebung hatte sich zu ihrer Begrüßung eingefunden. Von ihrem Vater, dem »schwedischen Reiter«, hatte sie nur ein verschwommenes Bild in ihrer Erinnerung bewahrt. »Er hatte furchterregende Augen«, sagt sie, »aber wenn er mich ansah, da war's mir, als stünde über mir der Himmel offen.«

Als sie sechs Jahre oder etwas darüber alt war, verließ ihr Vater seinen Hof, um sich nach Rußland »unter die düsteren Fahnen Karls des Zwölften«, des Schwedenkönigs, zu begeben, dessen Ruhm zu jener Zeit die Welt erfüllte. »Mein Vater war schwedischer Herkunft«, schreibt sie, »und die Bitten und Klagen meiner Mutter konnten ihn nicht zurückhalten.«

Doch bevor er fortritt, nähte das Kind heimlich ein Säckchen mit Salz und Erde in das Futter seines Rocks. Sie tat das auf den Rat eines seiner beiden Reitknechte, der es ihr als ein erprobtes und unfehlbares Mittel, zwei Menschen für immer aneinander zu binden, empfohlen hatte. – Von diesen beiden Reitknechten des Herrn von Tornefeld ist an einer späteren Stelle des Buches nochmals die Rede: Maria Christine von Blohme erzählt, daß sie von ihnen fluchen und die Maultrommel blasen gelernt habe, doch sei ihr die letzterwähnte Kunst im Leben von keinem Nutzen gewesen.

Einige Wochen nachdem ihr Vater sich zum schwedischen Heer begeben hatte, wurde die kleine Maria Christine nachts durch ein Klopfen an die Fensterladen aus dem Schlaf geweckt. Sie meinte anfangs, es sei »der Herodes, eine Art Märchen- oder Gespensterkönig«, vor dem sie sich oftmals des Nachts gefürchtet hatte. Aber es war ihr Vater, der »schwedische Reiter«. Sie war nicht erstaunt, sie hatte es gewußt, daß er kommen mußte, Salz und Erde in seinem Rock zwangen ihn zu ihr.

Geflüsterte Fragen, leise, zärtliche Worte flogen zwischen ihnen hin und her. Dann schwiegen beide. Er hielt ihr Gesicht zwischen den Händen. Sie weinte ein wenig, aus Wiedersehensfreude, und dann auch, weil er sagte, daß er wiederum fort müßte.

Er blieb eine kleine Viertelstunde lang, und dann verschwand er.

Er kam wieder, aber immer nur des Nachts. Manchmal erwachte sie, noch bevor er an die Fensterladen klopfte. Manchmal geschah es, daß er zwei Nächte hintereinander kam, dann wieder vergingen drei, vier oder fünf Nächte, ohne daß er sich zeigte. Niemals blieb er länger als eine Viertelstunde.

So ging es Monate hindurch. Warum die kleine Maria Christine von den nächtlichen Besuchen des »schwedischen Reiters« zu keinem Menschen, auch nicht zu ihrer Mutter, sprach, war ihr später nicht mehr ganz erklärlich. Sie hält es für möglich, daß ihr der »schwedische Reiter« Schweigen auferlegte. Auch mochte sie gefürchtet haben, daß man ihr nicht glauben, ja, daß man sie vielleicht gar verlachen und ihr nächtliches Erlebnis in das Reich der Träume oder der Phantasie verweisen werde.

In derselben Zeit, in der der »schwedische Reiter« nachts vor dem Fenster der Maria Christine erschien, brachten schwedische Kuriere, die aus Rußland von der Armee kamen und auf dem Gutshof die Pferde wechselten, Nachrichten über seinen Aufstieg im schwedischen Heer.

Er hatte durch seine Bravour die Aufmerksamkeit des Königs auf sich gelenkt und war zum Rittmeister bei den Westgöta-Reitern und später zum Kommandanten des Småland-Dragonerregimentes ernannt worden. Als solcher hatte er im Gefecht von Golskwa durch sein tollkühnes Eingreifen den schwedischen Waffen den Sieg gesichert. Der König hatte ihn nach dieser Affäre angesichts der Armee umarmt und auf beide Wangen geküßt.

Maria Christines Mutter war betrübt darüber, daß »ihr Herzliebster und Vertrauter sie's nicht par écrit wissen ließ«, wie es ihm im schwedischen Heer erging. »Aber«, sagte sie, »es ist ihm wohl im Feld nicht möglich, auch nur eine Zeile fortzubringen.«

Dann kam ein Sommertag, ein Tag im Juli, der sich der kleinen Maria Christine für immer ins Gedächtnis geprägt hat.

»Es war um die Mittagsstunde«, schreibt sie vierzig Jahre später, »wir standen, meine Mutter und ich, im Garten zwischen den Himbeerbüschen und den Heckenrosen, dort, wo der kleine Heidengott im Grase lag. Meine Mutter trug ein lavendelblaues Kleid und schalt die Katze aus, die ein Vogelnest geplündert hatte. Die Katze aber wollt' mit ihr spielen und machte einen Buckel, daß meine Mutter lachen mußte. Da hieß es plötzlich, ein schwedischer Kurier sei auf dem Hof.

Meine Mutter lief fort, um Nachrichten zu hören, und kam nicht in den Garten zurück. Aber eine Stunde später sprachen alle Leute auf dem Hof davon, daß bei Poltawa eine große Schlacht geschlagen worden wär', der Schwede sei besiegt, der König auf der Flucht. Und dann sagten sie, ich hätt' nun keinen Vater mehr. Herr Christian von Tornefeld, mein Vater, sei gleich zu Beginn der Schlacht gefallen, eine Kugel hätt' ihn vom Pferd gerissen und es sei nun schon drei Wochen her, daß man ihn begraben hätt'.

Ich wollt's nicht glauben. Denn es waren ja noch keine zwei Tage vergangen, seit er an mein Fenster geklopft und mit mir gesprochen hatte.

Spät am Nachmittag ließ mich meine Mutter zu sich kommen.

Ich fand sie in der ›langen Stube‹. Sie trug das lavendelblaue Kleid nicht mehr, und ich habe sie von dieser Stunde an niemals anders als in einem Trauerkleid gesehen.

Sie nahm mich auf den Arm und küßte mich. Anfangs konnte sie nicht sprechen.

›Kind!‹ sagte sie dann mit Weinen in ihrer Stimme. ›Dein Vater ist im schwedischen Krieg gefallen. Er kommt nicht wieder. Falt die Hände und bet ein Vaterunser für seine abgeschiedene Seele.‹

Ich schüttelte den Kopf. Wie konnte ich für die Seele meines Vaters beten, da ich doch wußte, daß er am Leben war.

›Er kommt wieder‹, sagte ich.

Die Augen meiner Mutter füllten sich wiederum mit Tränen.

›Er kommt nicht wieder‹, schluchzte sie. ›Er ist im Himmelreich. Falt die Hände, tu deine kindliche Schuldigkeit, bet ein Vaterunser für deines Vaters Seele.‹

Da ich sie nicht durch Ungehorsam noch mehr betrüben wollte, betete ich, aber nicht für meines Vaters Seele, denn der lebte ja. Ich sah draußen auf der Landstraße einen Leichenzug, der den Hügel herabkam. Es war nur ein Karren, auf dem lag der Sarg, der Kutscher schlug auf das Pferd ein, und nur ein einziger alter Mann, ein Priester, gab dem Toten das Geleite.

Es mochte wohl ein alter Landstreicher sein, der so zu Grabe geführt wurde. Und für dieses armen Mannes Seele sprach ich das Vaterunser und bat Gott, daß er ihm sollt' die Seligkeit geben.

Mein Vater aber, der ›schwedische Reiter‹«, schließt Maria Christine von Blohme ihren Bericht, »ist nicht wiedergekommen. Niemals mehr weckte mich sein leises Klopfen aus dem Schlaf. Und wie das möglich war, daß er im schwedischen Heer kämpfte und fiel und in dieser gleichen Zeit so oft des Nachts in unserem Garten stand und mit mir sprach, und wenn er nicht gefallen ist, warum er dann nie wieder kam und an mein Fenster klopfte – das ist für mich mein Leben lang ein dunkles, trauriges und unergründliches Geheimnis geblieben.«


Die Geschichte des »schwedischen Reiters« soll nun erzählt werden.

Es ist die Geschichte zweier Männer. Sie trafen einander an einem bitterkalten Wintertag zu Beginn des Jahres 1701 in eines Bauern Scheune und schlossen Freundschaft miteinander. Und dann gingen sie zu zweit die Landstraße weiter, die von Oppeln durch das verschneite schlesische Land hinüber nach Polen führte.

# Erster Teil
## Der Dieb

Den Tag über hatten sie sich versteckt gehalten, jetzt in der Nacht wanderten sie durch den schütteren Kiefernwald. Sie hatten beide Ursache, den Menschen aus dem Weg zu gehen, mußten trachten, ungesehen zu bleiben. Der eine war ein Landstreicher und Marktdieb, der dem Galgen entlaufen war, der andere ein Deserteur.

Der Dieb, den man im Land den Hahnenschnapper nannte, ertrug die Strapazen der nächtlichen Wanderung leicht, denn er hatte sein Leben lang alle Winter gehungert und gefroren. Dem anderen aber, dem Christian von Tornefeld, war jämmerlich zumute. Er war jung, fast noch ein Knabe. Den Tag zuvor, da sie auf dem Dachboden eines Bauernhauses unter einem Haufen Binsenmatten versteckt gelegen waren, da hatte er mit seiner Courage großgetan und von seinem künftigen Glück und herrlichen Leben phantasiert. Er habe einen Vetter, von seiner Mutter Seite her, der hier in dieser Gegend auf seinem Gute säße. Der werde ihn wohl aufnehmen und ihn mit Geld, Waffen, Kleidern und einem Pferd versehen, daß er hinüber nach Polen könnt'. Und wenn er erst jenseits der Grenze wäre, dann sei alles gewonnen. Er habe es satt, in fremden Heeren zu dienen. Sein Vater habe Schweden verlassen, weil die Herren Staatsräte ihm sein Krongut genommen und ihn zu einem armen Mann gemacht hätten. Er aber, Christian von Tornefeld, sei in seinem Herzen immer schwedisch geblieben. Wo sei sein Platz, wenn nicht im schwedischen Heer! Vor dem jungen König, der von Gott auf die Erde gesandt sei, um die Untreue der Großen zu bestrafen, hoffe er mit Ehren zu bestehen. Mit siebzehn Jahren habe der schwedische Karl den weltkündigen Sieg von Narwa erfochten. Ja, es sei eine brave Sache um den Krieg, wenn einer nur die rechte Courage habe und sie zu brauchen wisse.

Der Dieb hatte zu alledem geschwiegen. Als er noch Bauernknecht in Pommern gewesen war, da hatte er acht Taler im Jahr als Lohn erhalten und sechs davon dem schwedischen König für Steuern zahlen müssen. Die Könige, die waren vom Teufel auf die Erde gesetzt, um den gemeinen Mann zu würgen und zu treten. Und er hatte erst aufgehorcht, als Christian von Tornefeld von seinem großmächtigen Arcanum zu erzählen begann, das ihm vor Seiner Majestät höchster und teurer Person zu einem Valor verhelfen werde. Der Dieb wußte, was solch ein Arcanum zu bedeuten hatte. Ein geweihtes Stück Pergament mit lateinischen und hebräischen Worten darauf, das half aus aller Not. Auch er hatte einmal eines besessen und es bei sich getragen, wenn er auf die Märkte ging, um sein Leben zu fristen. Um einen schlechten Doppelschilling hatte er es sich abschwatzen lassen, das Geld war vertan und sein Glück ging den Krebsgang.

Jetzt, da sie durch den verschneiten Kiefernwald wanderten und der Sturmwind ihnen mit Eiskörnern das Gesicht peitschte, jetzt sprach Christian von Tornefeld kein Wort mehr von seiner Courage, vom Krieg und vom schwedischen König. Keuchend ging er, mit gesenktem Kopf, und wenn er über eine Baumwurzel stolperte, stieß er ein leises Jammern aus. Er hatte Hunger, in den letzten Tagen waren gefrorene Rübschalen seine Nahrung gewesen, und Buchnüsse und Wurzeln, die sie aus der Erde gegraben hatten. Aber schlimmer noch als der Hunger war der Frost. Christian von Tornefelds Wangen sahen einer ausgeblasenen Sackpfeife gleich, seine Finger waren blau und steif gefroren, seine Ohren schmerzten ihn unter dem Tuch, das er um seinen Kopf gewunden hatte. Und während er durch den Schneesturm taumelte, träumte er – nicht von seinen künftigen Kriegstaten, sondern von dicken Handschuhen und von Stiefeln, die mit Hasenfell gefüttert waren, und von einem Nachtlager aus hochgeschichtetem Stroh und Pferdedecken ganz dicht beim Ofen.

Als sie den Wald hinter sich hatten, war es Tag geworden. Eine dünne Schicht Schnee lag auf Feldern, Wiesen und Ödland. Heidehühner strichen im fahlen Licht des Morgens darüber hin. Vereinzelt hier und dort eine Birke, in deren zerzausten Zweigen der Sturmwind sich verfing. Und im Osten dehnte sich eine weiße Wand, das war der Nebel, ein Brauen und Wogen, ein Auf und Nieder, und was dahinter lag: Dörfer, Gehöfte, Heide, Ackerland und Wald – das alles blieb dem Blick verborgen.

Der Dieb suchte nach einer Zufluchtsstätte, in der sie den Tag hätten verbringen mögen, aber da war kein Haus, keine Scheune, kein Graben, kein geschütztes Plätzchen zwischen Bäumen und Buschwerk. Aber etwas anderes gewahrte er und er bückte sich zu Boden, um besser sehen zu können.

Der Schnee war zerwühlt, da waren Reiter abgesessen und hatten gerastet. An den Spuren, die die Musketenkolben und die Schanzgeräte im Schnee zurückgelassen hatten, erkannte das geübte Auge des Landstreichers, daß es Dragoner gewesen waren, die sich hier an einem Feuer gewärmt hatten. Vier von ihnen waren nach Norden geritten und drei nach Osten.

Eine Streife also. Wem galt sie? Noch immer kniend warf der Dieb einen Blick auf seinen Gefährten, der zusammengekrümmt, vor Kälte zitternd auf einem Meilensteine am Wegrand saß. Und wie er ihn so kläglich sitzen sah, da wurde es ihm klar, daß er diesem Knaben nichts von den Dragonern erzählen durfte, denn er hätte sonst völlig den Mut verloren.

Christian von Tornefeld fühlte den Blick, der auf ihm

ruhte. Er schlug die Augen auf und rieb sich die frierenden Hände.

»Was hast du gefunden im Schnee?« fragte er mit weinerlicher Stimme. »Wenn du Rüben gefunden hast oder einen Kohlstrunk, so sollst du mit mir teilen, das war die Abred'. Haben wir nicht geschworen, daß wir einander beistehen wollen, und was der eine hat, soll auch der andere haben? Wenn ich erst bei meinem Vetter bin . . .«

»Daß Gott erbarm', ich habe nichts gefunden«, beteuerte der Dieb. »Wie soll ich Rüben finden, hier auf dem Feld ist Winterkorn gesät. Ich wollt' nur sehen, wie die Erde ist.«

Sie sprachen schwedisch miteinander, denn der Dieb war in Pommern geboren und bei einem schwedischen Gutsherrn als Knecht im Dienst gestanden. Jetzt holte er unter dem Schnee eine Handvoll Ackererde hervor und zerkrümelte sie zwischen den Fingern.

»Die Erde ist gut«, sagte er im Weitergehen, »es ist rote Erde, aus der hat Gott den Adam erschaffen. Sie müßt' geben anderthalb Schock für einen Scheffel.«

Der Bauernknecht war in ihm erwacht. In seiner Jugend war er hinter dem Pflug geschritten, er wußte wohl, wie man mit der Erde umgehen mußte.

»Anderthalb Schock«, wiederholte er. »Aber die Herrschaft, der dieses Land gehört, die hat, mein' ich, einen schlechten Rentmeister und nachlässige Knechte. Wie geht's hier zu? Eine elende Wirtschaft: Viel zu spät ist mit der Wintersaat begonnen worden. Frost ist gekommen, die Egge hat warten müssen, darüber ist das Korn in der Erd' erfroren.«

Es war niemand da, der ihm zuhörte. Tornefeld ging hinter ihm her, er hatte sich die Füße wundgelaufen und ächzte und stöhnte bei jedem Schritt.

»Gute Pflüger und Egger und Säer sind hierzulande nicht schwer zu bekommen«, fuhr der Dieb fort. »Ich mein', die Herrschaft spart am Gesinde, mietet nur wohl-

feile Leute, die nicht viel taugen. Das Beet für die Wintersaat muß immer in der Mitte hoch sein, daß sich die Nässe
gegen die Furchen hin senkt. Darauf hat der Pflüger nicht
geachtet, hat den Acker für viele Jahre verdorben, es wird
Unkraut über Unkraut geben. Hier wiederum hat er den
Boden zu tief genommen und schlechtes Land heraufgear-
beitet – siehst du's nicht?«

Tornefeld sah und hörte nichts. Er begriff nicht, warum
er noch immer marschieren mußte, immer weiter ging es,
immer weiter, und es war doch schon heller Tag, und Zeit,
sich auszustrecken, und der Weg nahm kein Ende.

»Auch von ihrem Schäfer läßt sich die Herrschaft betrügen«, räsonierte der Dieb. »Ich sah allerlei Dünger auf den
Feldern: Asche, Mergel, Holzspäne und Gartenschlamm –
nur Schafmist sah ich keinen. Schafmist ist gut, taugt für
alle Äcker. Aber ich mein', der Schäfer verkauft ihn für
seine eigene Tasche.«

Und er begann darüber nachzudenken, wie die Herrschaft sein müßt', die solch faule, nachlässige und betrüge-
rische Knechte in ihrem Dienst hatte.

»Ein steinalter Mann«, sagte er. »Kann nicht mehr recht
gehen, hat die Gicht in den Beinen, weiß nicht, wie's auf
seinen Feldern zugeht. Er sitzt den ganzen Tag mit der Ta-
bakspfeife hinter dem warmen Ofen und schmiert sich die
Beine mit Zwiebelsaft. Was ihm seine Knechte sagen, das
glaubt er, und darum wird er betrogen, daß es eine Art
hat.«

Doch von alledem hatte Tornefeld nur das eine verstanden, daß jetzt sein Kamerad endlich von einem warmen
Ofen sprach. Er glaubte nicht anders, als daß er nun sogleich in eine geheizte Stube kommen werde, und Traum-
gedanken ergriffen Besitz von seinem Hirn.

»Heut ist Martini«, murmelte er. »Da wird in Deutsch-
land den ganzen Tag gegessen und getrunken. Alle Herde
rauchen, alle Pfannen schwitzen, und den Bauern ihre

Backöfen sind voll von Pumpernickel. Wenn wir in die Stube treten, da kommt uns schon der Bauer entgegen, gibt uns von der Gans das beste Stück. Dazu einen Krug Magdeburger Bier, und nachher Rosoglio und Spanisch-Bitter, das nenn' ich banquettiert! Trink aus Bruder! Zur Gesundheit! Sollst leben, Bruder! Gesegne es Gott!«

Er blieb stehen und schwenkte das Glas, das er in den Händen zu halten vermeinte, und machte Verbeugungen nach rechts und links. Und dabei glitt er aus und wäre vornüber hingefallen, doch der Dieb ergriff ihn an der Schulter und hielt ihn fest.

»Blick gradaus und träume nicht!« sagte er. »Martini ist längst vorüber. Und jetzt heißt es marschieren und nicht dahinstolpern wie ein altes Weiblein an seinem Stecken.«

Tornefeld fuhr auf und kam zu sich zurück – da war alles verschwunden, der Bauer und der rauchende Herd, die Gans auf der Schüssel und das Magdeburger Bier, und er stand auf weitem Feld und der eisige Wind blies ihm ins Gesicht. Da kam das Elend wieder über ihn, nirgends sah er Hilfe, nirgends ein Ende seines Jammers, und er ließ sich niedergleiten und streckte sich auf dem Boden aus.

»Bist du toll geworden?« rief der Dieb. »Willst du hier liegenbleiben? Wenn sie dich fangen, was wartet auf dich? Der Stock, der Galgen, das Halseisen oder der hölzerne Bock.«

»Um Gottes Barmherzigkeit willen, laß mich liegen, weiter kann ich nicht«, stöhnte Tornefeld.

»Steh auf«, drängte der Dieb. »Willst du durch Ruten laufen oder gehängt werden?«

Und plötzlich kam der Zorn über ihn, daß er sich mit diesem Knaben zusammengetan hatte, der nichts konnte, als jammern und die Beine von sich strecken. Wäre er allein geblieben, so hätte er sich längst in Sicherheit gebracht gehabt. Nur dieser Knabe war schuld, wenn die Dragoner ihn ergriffen. Und wütend über seine eigene Torheit fuhr er ihn an.

»Was bist du von deinem Regiment echappiert, wenn du

24

an den Galgen hinauf willst. Hätt'st dich sollen gleich henken lassen, das wär besser gewesen für dich und auch für mich.«

»Wollt' mein Leben retten, darum bin ich echappiert«, sagte Tornefeld mit leisem Wimmern. »Das Kriegsgericht hat mich zum Tod verurteilt.«

»Wer hat dich Narren geheißen, deinen Hauptmann ins Gesicht zu schlagen? Hättest dich sollen ducken und auf gut Wetter warten. Wärst ein Musketier geblieben und könntest stattlich leben. Jetzt liegst du da und läßt das Maul hängen.«

»Er hat Seiner Majestät erhabene Person geschmäht«, flüsterte Tornefeld mit einem starren Blick. »Er hat ihn einen losen jungen Buben genannt und einen stolzen Balthasar, der das Evangelium alleweil im Mund führt, um seine Büberei damit zu bedecken. Wär' ich nicht ein Schelm gewesen, wenn ich ihn so hätt' von meinem König sprechen lassen?«

»Mir sind sechs Schelme lieber als ein Narr. Was kümmert dich der König?«

»Ich hab' mein devoir als Schwede, als Soldat und als Edelmann getan«, sagte Tornefeld.

Einen Augenblick lang hatte der Dieb daran gedacht, den Knaben liegen zu lassen und sich davonzumachen. Jetzt aber, da er diese Worte hörte, kam es ihm in den Sinn, daß er auch seine Ehre hatte, die Landstreicherehre, und daß dieser Knabe, so stolze Reden er auch führte, wie er so dalag, kein Edelmann mehr war, sondern wie er, der Dieb, zur großen Elendsbruderschaft gehörte, und daß er ihn nicht im Stich lassen durfte, wollt' er nicht seine Ehr' verlieren. Und er begann nochmals auf ihn einzureden:

»Steh auf, Bruder, ich bitt' dich um alles, steh auf, die Dragoner sind hinter uns her, wollen dich fangen. Um Jesu willen, willst du uns beide an den Galgen bringen? Denk an den Profosen, denk an die Steckenknechte! Denk daran, daß sie im kaiserlichen Heer die Deserteure mit Schlägen neunmal um den Galgen treiben, eh' sie sie henken.«

Tornefeld erhob sich und starrte verstört um sich. Da hatte der Wind im Osten den Nebelschleier zerrissen und man sah weit hinein ins Land. Und der Dieb erkannte, daß er auf dem rechten Weg und nah seinem Ziel war.

Er sah vor sich die verlassene Mühle und dahinter Rohr und Moor und Heideland und Hügel und schwarze Wälder. Er kannte sie wohl, die Wälder und die Hügel, das war das Stiftsgut mit seinem Eisenhammer und Pochwerk, mit seinen Steinbrüchen und Schmelzöfen und Kalköfen. Hier regierten das Feuer und der herrische Bischof, der im ganzen Land »des Teufels Ambassadeur« genannt war. Und der Dieb vermeinte, weit unten am Horizont die Flammenzungen der Kalköfen zu sehen, denen er dereinst entflohen war. Feuer über Feuer, Feuer, wohin man blickte, violett und dunkelrot und schwarz vor Rauch. Dort stöhnten an den Karren geschmiedet die Lebendig-Toten, Landdiebe und Vaganten, die seine Brüder gewesen waren – vor dem Galgen hatten sie sich in die Hölle geflüchtet. Sie brachen, wie auch er es einst getan hatte, mit bloßen Händen Steine in des Bischofs Steinbrüchen, einen Stein nach dem anderen, ein Leben lang, sie zogen den glühenden Schutt aus dem Schürofen, sie standen Tag und Nacht vor dem feurigen Schlund unter dem schmalen Holzdach, das sie den »Sarg« nannten, das Feuer verbrannte ihnen die Stirn und die Wangen – sie fühlten es nicht mehr – sie fühlten nur die Peitsche, mit der des Bischofs Vogt und seine Knechte sie zur Arbeit trieben.

Dorthin wollte der Dieb zurück, das war die letzte Zuflucht, die ihm geblieben war, denn es gab in diesem Land mehr Galgen als Kirchtürme, und er wußte, der Hanf für den Strick, an dem er gehenkt werden sollte, war schon gehechelt und gebrochen.

Er wandte sich ab, sein Blick fiel auf die Mühle. Seit vielen Jahren lag sie verlassen da, die Tür versperrt, die Fensterläden geschlossen. Der Müller war tot. Es hieß im Land, er habe sich erhängt, weil ihm des Bischofs Vogt oder Vizedom die Mühle, den Esel und die Mehlsäcke gepfändet hätt'. Doch jetzt gewahrte der Dieb, daß die Flügel sich drehten, die Achse des großen Wellbaumes knarrte, und aus dem Schornstein des Müllerhauses stieg Rauch empor.

Es gab eine Sage, die durchs Land lief, und der Dieb kannte sie. Die Bauern flüsterten einander zu, daß der tote Müller alle Jahr' einmal aus seinem Grab käm' und seine Mühle eine Nacht lang laufen ließ', damit er dem Bischof von seiner Schuld einen Pfennig zahlen könnt'. Doch das alles war albernes Gerede, das wußte der Dieb. Die Toten blieben in ihren Gräbern, es war Tag jetzt und nicht Nacht. Und wenn sich die Flügel im Licht der Wintersonne drehten, so hieß das nichts anderes, als daß die Mühle einen neuen Herrn hatte.

Der Dieb rieb sich die Hände und zog die Schultern hoch.

»Es sieht aus«, sagte er, »als ob wir für diesen Tag ein Dach über den Kopf bekämen.«

»Ein Bissen Brot und ein Bündel Stroh, das ist alles, was ich will«, murmelte Tornefeld.

Der andere lachte.

»Hast vermeint, daß ein Flaumbett mit seidenen Vorhängen auf dich wartet?« spottete er. »Und vielleicht eine französische Potage und Kuchen und ungarischer Wein dazu?«

Tornefeld gab keine Antwort. Und sie gingen beide, der Dieb und der Edelmann, den Weg hinauf, der zur Mühle führte.

Die Tür war nicht versperrt, doch der Müller war nirgends zu sehen, nicht in der Stube und nicht in der Schlafkammer; sie suchten ihn vergeblich auf dem Dachboden, und auch in der Mühle war er nicht. Dennoch mußte das Haus bewohnt sein, denn im Herd brannte ein kleines Holzfeuer und auf dem Tisch stand eine Schüssel mit Brot und Wurst und ein Krug Dünnbier.

Der Dieb blickte mißtrauisch um sich, denn er kannte die Menschen und wußte, daß dieser Tisch nicht für Leute gedeckt war, die keinen Kreuzer in der Tasche hatten. Am liebsten hätte er sich mit dem Brot und der Wurst davongeschlichen. Aber Tornefeld hatte jetzt, da er in der warmen Stube war, wieder allen seinen Mut gefunden. Mit dem Brotmesser in der Faust setzte er sich an den Tisch, als hätt' der Müller die Wurst für ihn geräuchert und gebraten.

»Trink und iß, Bruder!« sagte er. »Bist in deinem Leben niemals ehrlicher gehalten worden. Was wir beide verzehren, dafür steh' ich gut. Trink, Bruder! Dir zum Wohl und auf alle braven Soldaten! Vivat Carolus rex! Bist du lutherisch, Bruder?«

»Ich bin lutherisch oder papistisch, wie es die Welt will«, sagte der Dieb, indem er sich über die Wurst hermachte. »Wenn ich Bildstöcke seh' an den Wegen und Heiligenhäuslein, dann sag' ich allen, denen ich begegne, ein Ave Maria gratia plena auf, und wenn ich durch ein lutherisches Land zieh', dann häng' ich das Reich und die Kraft und die Herrlichkeit an das Vaterunser.«

»Das gilt nicht«, sagte Tornefeld und streckte die Beine unter dem Tisch aus. »Man kann nicht petrisch und paulisch zugleich sein. Treib's nur so weiter, so wirst du in der Ewigkeit verdorben sein. Ich gehör' der protestierenden Kirche an, ich lache und verspott' den Papst und sein Gebot. Der schwedische Karl, der ist aller Lutheraner Hort. Trink mit mir auf seine Gesundheit und Tod allen seinen Feinden!«

Er hob sein Glas und leerte es und dann fuhr er fort:

»Jetzt hat sich der Kurfürst von Sachsen gar mit dem moskowitischen Zaren gegen ihn verbündet. Darüber lach' ich. Das ist, als wollten ein Ziegenbock und ein Ochse zusammen den edlen Hirsch besiegen. Greif zu, Bruder, laß dir's wohl gehn. Ich bin hier Wirt und Küchenmeister, Aufwärter und Tafeldecker, alles in einer Person. Freilich, die Küche vermag nicht viel. Ich hätt' gern einen Eierfladen oder ein Stück Gebratenes, dieweil mein Magen etwas Warmes prätendiert.«

»Hast aber gestern auch kalte Küche nicht verschmäht und fleißig gefrorene Rübenschalen von der Erde aufgelesen«, spottete der Dieb.

»Ja, Bruder«, sagte Tornefeld. »Es waren schlimme Tage, unbeschreibliche Fatiguen, hab' nicht geglaubt, daß ich sie übersteh'. Hab' schon meinen Leichenzug gesehen, die Lichter, die Kränze, die Träger und den hölzernen Sarg. Enfin – ich lebe, Gott sei's gedankt, hab' eine Salvaguardia vor des Todes Sensen. Und in zwei Wochen werd' ich neben meinem König im Laufgraben stehen.«

Er schlug auf die Tasche in seinem Rock, in der er das, was er sein Arcanum nannte, verwahrt hielt. Dann spitzte er den Mund und pfiff eine Sarabande vor sich hin und trommelte mit den Fingern den Takt dazu.

In dem Dieb stieg wiederum ein Zorn gegen diesen adeligen Buben auf, der vordem so jämmerlich und verzagt im Schnee gelegen war, mit aller Not hatte er ihn hieher gebracht, und jetzt saß er da und pfiff vor sich hin, als wären ihm alle Gassen zu eng und die Welt zu klein. Er, der Dieb, hatte nichts anderes mehr zu erhoffen, als ein Toter zu sein unter den Toten in des Bischofs Pochwerk und flammendem Schmelzofen. Der Knabe aber durfte mit seinem Arcanum in die Welt, um Beute zu machen und Ehre zu gewinnen. Dieses hochberühmte Arcanum hätte der Dieb für sein Leben gern gesehen, und er versuchte, den Tornefeld mit Stichelreden dahin zu bringen, daß er es ihm zeigte.

»Nimm mir's nicht krumm, Bruder«, sagte er, »aber du läufst in den Krieg wie ein anderer zur Kirmes. Ich mein', du solltest einem Bauern sein Korn dreschen und seine Ställe fegen. Denn der Krieg ist ein hart' Stück Brot, glaub mir, um das zu beißen, bedarf es anderer Zähne, als du sie in deinem Mund hast.«

Tornefeld hörte auf zu trommeln und zu pfeifen.

»Wollt' mich nicht schämen, ein Bauernknecht zu sein«, gab er zur Antwort. »Ist ein ehrlicher Stand, unter dem Dreschen ist dem Gideon der Engel erschienen. Aber wir schwedischen Edelleut', wir sind für den Krieg geboren, wir taugen nicht dazu, einem Bauern Korn zu fahren und den Stall zu fegen.«

»Ich mein' nur, du taugst besser hinter den Ofen, als im Felde vor dem Feind zu stehen«, sagte der Dieb.

Tornefeld blieb ruhig, nur seine Hand zitterte, und er stellte den Krug, aus dem er just hatte trinken wollen, auf den Tisch zurück.

»Werd' mich zu allem brauchen lassen, was einem ehrlichen Soldaten zusteht«, erwiderte er. »Die Tornefelds sind allezeit Soldaten gewesen, warum sollt' ich hinter dem Ofen liegen? Mein Großvater, der Obrist, hat bei Lützen das blaue Regiment kommandiert, ist neben seinem König gestanden, dem Gustav Adolf, und hat ihn mit seinem Leib gedeckt, als er vom Pferde fiel. Und mein Vater ist in elf Schlachten und Gefechten gestanden, und beim Sturm auf Saverne hat er den Arm verloren. Aber was weißt du, Bruder, von Saverne und wie's dort zuging mit Blitz, Donner, Rauch und Geschrei, Vorwärts, Zurück, Lärmen, Trommeln und Trompeten, sich umformieren und von neuem attackieren! Daß man in Saverne heut Hopfen dörrt und Tapeten webt, das weißt du vielleicht, und sonst weißt du nichts.«

»Bist aber doch als ein Schelm von deiner Kompagnie gegangen«, versetzte der Dieb, »hast dein Regiment mit

Schimpf quittiert. Ich hab' dich im Schnee liegen und weinen gesehen. Du taugst nicht zum Soldaten, du wirst nicht wollen wachen, schanzen und stürmen und Frost und Elend ausstehen.«

Tornefeld schwieg. Er saß, den Kopf vornübergebeugt, und starrte in die Glut des Herdfeuers.

»Ich mein'«, fuhr der Dieb beharrlich fort, »daß du, wenn du wirst hören die Trommel Lärmen rühren, daß du wirst Angst haben, du könnt'st dein Fünfgroschen-Leben verlieren. Du wirst dich umsehen nach einem Ofenloch oder einem Schornstein und dich verkriechen.«

»Ich will's nicht leiden«, sagte Tornefeld leise, »daß du in meiner Person die Ehre des schwedischen Adels schmähst.«

»Leid es oder leid es nicht, das gilt mir gleich«, rief der Dieb. »Ich halt' alle Edelleut' für Mausköpfe und Lotterbuben und geb' keine Schuhschnallen für ihre Edelmannsehr'.«

Da war Tornefeld aufgesprungen und stand da, bleich vor Zorn und Scham, und weil er keine andere Waffe fand, so griff er nach dem Bierkrug, den schwang er gegen den Dieb.

»Jetzt kein Wort mehr«, stieß er hervor, »oder es geht dir an deinen Balg.«

Doch der Dieb hatte längst schon das Brotmesser in der Hand.

»Ei, so komm!« lachte er. »Was soll dein Drohen, ich fürcht' mich vor dir nicht. Jetzt laß dein Arcanum sehen, ob es dich hieb- und stichfest macht. Und wenn nicht, so will ich dir so viel Löcher . . .«

Er verstummte, und sie ließen beide ihre Waffen sinken, der eine das Brotmesser und der andere den Bierkrug. Sie sahen plötzlich, daß sie zu dritt in der Stube waren.

Ein Mann saß auf der Ofenbank, der hatte ein Gesicht wie spanisches Leder, gelblich fahl und runzlig und voll

Falten, und die Augen staken ihm im Kopf wie zwei hohle Nußschalen. Er trug ein Wams aus rotem Tuch und einen breiten Fuhrmannshut, und auf dem Hut eine Feder, und die Stulpen seiner groben Reiterstiefel reichten ihm bis über die Knie. Und wie er so schweigend dasaß mit seinen bleckenden Zähnen und seinem krummen Maul, da kam die Angst über die beiden, und der Dieb erkannte, daß das der tote Müller war, der aus dem Fegefeuer gekommen war, um zu sehen, wie's in seiner Mühle zuging. Und er schlug hinter Tornefelds Rücken heimlich das Kreuzzeichen, und dazu rief er Jesu Weh und Jesu Wunden an und Jesu Wasser und Jesu Blut und meinte, nun müsse das Gespenst sogleich mit viel Schwefeldämpfen und Gestank verschwinden und ins Fegefeuer zurückfahren. Aber der Mann im roten Wams blieb da und rührte sich nicht, er saß und starrte die beiden an wie eine Eule, die zuschnappen will.

»Wie ist der Herr hereingekommen?« fragte Tornefeld mit klappernden Zähnen. »Ich hab' den Herrn nicht kommen gesehen.«

»Ein altes Weiblein hat mich in einer Butten hereingebracht«, sagte der Mann mit einem lautlosen Lachen und einer Stimme, die klang so dumpf, wie wenn man Erde auf Erde schaufelt. »Und ihr? Was sucht ihr hier? Ihr eßt mein Brot und trinkt mein Bier, und ich soll dazu wohl sagen: Gesegn' es Gott!«

»Er sieht aus, als hätt' ihn der Teufel zehn Jahre lang in der Beiz gehabt«, sagte der Dieb halblaut zu sich selbst.

»Schweig! Sei still! Er könnt's für einen Affront nehmen«, flüsterte Tornefeld ihm hastig zu. Und laut sagte er:

»Der Herr halte mich entschuldigt. Draußen ist alles stein- und beinhart gefroren, und die Zeiten sind in solch einem verwirrten Stand, daß ich seit drei Tagen keinen Bissen Brot im Mund gehabt hab', Gott weiß es. Hab' mich daher selbst an des Herrn Tisch geladen ...«

»Er sieht aus, als hätt' ihm ein Wiesel ins Gesicht geblasen«, murmelte der Dieb vor sich hin.

»... wenngleich ich nicht die Ehre habe, dem Herrn bekannt zu sein«, fuhr Tornefeld mit einer Verbeugung fort. »Werd' es aber an der gebührenden reconnaissance nicht fehlen lassen.«

Der Dieb sah wohl, daß das nicht die rechte Weise war, mit einem Gespenst zu reden, und es fiel ihm auch ein, daß er in der Eile und in seiner Verwirrtheit einen falschen Segen gesprochen hatte. Denn Christi Blut und Wunden rief man an gegen die Wassersucht, die Pocken oder den kalten Brand, nicht aber um Gespenster zu bannen. Doch ehe er noch dazu kam, den rechten Segen herzusagen, wandte sich der Mann mit dem Fuhrmannshut an ihn:

»Du siehst mich an, Bursche, als wüßtest du, wer ich bin.«

»Ich weiß wohl, wer der Herr ist«, sagte der Dieb mit beklommener Stimme, »und ich weiß auch, aus welchem Reich der Herr gekommen ist. Der Herr ist gekommen aus dem Nobishaus, wo die Flammen aus den Fenstern schlagen und wo man auf dem Sims die Äpfel brät.«

Er sah vor seinen Augen das Fegefeuer, den glühenden Schlund, die Herberge der verdammten Seelen. Das war das Nobishaus. Doch der Mann im roten Wams tat so, als hätte der Dieb vom Stiftsgut gesprochen und von den Schmelzöfen und Kalköfen, aus denen Rauch- und Flammenzungen Tag und Nacht gegen den Himmel fuhren.

»Ich seh', du kennst mich nicht«, gab er zur Antwort. »Ich bin keiner von des Herrn Bischofs Schmelzern und Gießern und Ofenwärtern und Hüttenknechten.«

Draußen wirbelten die Schneeflocken. Der Dieb machte einen Schritt auf das Fenster zu und deutete mit der Hand auf die Flügel der Windmühle, die jetzt stillestanden.

»Ich mein'«, sagte er leise und stockend, »daß der Herr dieser selbe Müller ist, der sich mit einem Strick um den

Hals aus der Welt geschlichen hat, und daß er jetzt wohnt im feurigen Schlund.«

»Ja! Ich bin dieser selbe Müller«, rief der Mann im roten Wams und erhob sich von der Ofenbank und ging in der Stube auf und nieder. »Ja. Ich bin der Müller, und es ist wahr, daß ich in einer schlimmen Stunde versucht hab', mich mit einem Strick von der Welt abzutun. Aber da kamen vom Stiftsgut her der Vogt und seine Knechte, die schnitten mich vom Strick herunter, und der Feldscher hat mir zur Ader gelassen. Hab' mein Leben wieder und jetzt steh' ich als Fuhrmann in seiner fürstlichen Gnaden, des Herrn Bischofs Dienst, fahr' die Heerstraße hinauf und hinunter und bring' meinem Herrn Kaufmannsgüter aus allen Ländern und Städten, aus Venedig, aus Mecheln, aus Warschau und aus Lyon. – Und ihr? Was für Gewerb' und Wandelschaft? Woher kommt ihr, wohin geht ihr?«

Der Dieb blickte dem Mann, der sporenklirrend durch die Stube ging, mit unruhigen Augen nach. Es war ihm, als wüßte dieser längst Verstorbene, der für einen Menschen von Fleisch und Blut gelten wollt', sehr wohl, mit wem er es zu tun hatte, und daß er, der Dieb, sein Leben lang alles gestohlen hatte, was ihm unter die Hände gekommen war: Speck, Eier, Brot und Bier, die Enten aus dem Teich und die Nüsse vom Baum. Darum schwieg er lieber von seinem Gewerbe. Er deutete mit unsicherer Hand auf die dunklen Wälder, in denen die Eisenhämmer und das Pochwerk lagen, und sagte:

»Ich will hinüber und dort nach meinem Brot trachten.«

Der Müller lachte lautlos und rieb sich die knochigen Hände.

»Wenn du hinüber willst«, meinte er, »so ist der Sache bald geholfen. Seiner fürstlichen Gnaden ist gut dienen. Du wirst haben alle Tage ein Pfund Brot in die Hand und ein halbes in die Suppe. Dazu Schmalz um zwei Kreuzer, am Abend ein Mus und sonntags Grützwurst und gedämpftes Hammelfleisch.«

Der Dieb schloß die Augen. Es waren schlimme Zeiten gewesen, in zehn Tagen hatte er nur ein einziges Mal einen warmen Bissen im Mund gehabt, das war, als er eine Dohle erlegt und gebraten hatte. Er sog die Luft durch die Nase ein, als stünde die Fleischschüssel schon vor ihm auf dem Tisch.

»Gedämpftes Hammelfleisch«, murmelte er. »Mit Kümmel darin.«

»Mit Kümmel und mit Muskatnuß«, versicherte der Müller. »Du wirst ehrlich traktiert werden.«

Er wandte sich an Tornefeld.

»Und du? Was stehst du da wie ein gemalter Heiliger, hast dein Maul und bringst nichts hervor. Du willst auch gute Tage haben? Soll der Herr Bischof alle müßigen Burschen und Pfannenschlecker ernähren?«

Tornefeld schüttelte den Kopf.

»Ich bleib’ nicht hier im Land«, erklärte er. »Ich geh’ über die Grenze.«

»Über die Grenze? Willst du versuchen, wie in Kielce der Pfefferkuchen zu polnischem Branntwein schmeckt?«

Tornefeld stand aufgerichtet und regungslos, als wär’ er schon eingeteilt in Reih und Glied.

»Ich will meinem Herrn, dem schwedischen König, dienen.«

»Dem schwedischen König!« rief der Müller, und in seiner Stimme war plötzlich ein schriller Klang. »Ja, der wartet auf dich, du sollst ihm raten, wie er könnt’ den Tatarenchan und den Kaiser von China vertreiben. Er meint, die Beine würden ihm schwellen, wenn er nicht Ehr’ genug gewinnt. Willst deine Fortune suchen im schwedischen Heer? Du wirst haben vier Kreuzer im Tag, die gehen darauf für Kreide, Puder, Schuhwachs und Schmirgel. Eines Soldaten Glück, merk es dir, ist wie Korn auf eines armen Mannes Sandacker. Es will nicht gedeihen.«

»Hab’ mich dennoch entschlossen, in den schwedischen Krieg zu gehen«, sagte Tornefeld.

35

Der Müller trat so nah an ihn heran, als wollte er das Weiße in seinen Augen sehen. Draußen heulte der Sturmwind und die Dachpfosten des Müllerhauses ächzten unter der Schneelast. Aber in der Stube war es still, man hörte nichts als die Atemzüge der drei Menschen, die einander gegenüberstanden.

»Du Narr!« sagte der Müller nach einem Schweigen. »Du bist ein Kind des Todes, wenn man dir nicht hilft. Sechzehn Kugeln gehen auf ein Pfund Blei, und eine davon ist schon für dich gegossen. Jetzt wollen alle Narren zum schwedischen Heer, und wenn sie dort sind, so werden sie wehe über wehe schreien. Wem bist du entlaufen? Dem Pflug, der Elle, dem Schusterschemel oder dem Tintenfaß?«

»Ich komm' nicht von der Elle und nicht vom Tintenfaß«, sagte Tornefeld. »Ich bin ein Edelmann. Mein Vater und mein Großvater sind ihr Leben lang en bataille gestanden, und ich will's ihnen gleichtun.«

»Da sieh einer, der Herr ist ein Edelmann«, spottete der Müller. »Sieht aber aus wie ein grindiger Kuckuck, so abgerissen und zerzaust. Hat der Herr einen Paß und hat er Papiere?«

»Ich habe weder Paß noch Papiere«, gab Tornefeld zur Antwort. »Ich habe nichts als meinen Valor und einen Mut zum Fechten. Und ich setz' meine Seele zum Pfand ...«

Der Müller hob abwehrend seine Hand und ließ sie wieder sinken.

»Behalt der Herr seine Seele, es braucht sie keiner«, sagte er verdrießlich. »Der Herr mag aber wissen, daß es heut nachts draußen auf allen Wegen Soldaten geschneit hat. Dragoner und Musketiere, die sind hinter den polnischen Grenzräubern her, wollen ein Ende mit ihnen machen. Und ohne Paß und Papiere wird der Herr schwerlich über die Grenze kommen.«

»Es mag schwer sein oder leicht«, versetzte Tornefeld.

»Bin nun einmal resolviert, in den schwedischen Krieg zu gehen.«

»Ei, so geh der Herr in den schwedischen Krieg«, schrie der Müller mit einem Kreischen, das war, wie wenn ein Rad sich dreht an einem ungeschmierten Wagen, »ich werd' ihn nicht auf meinem Buckel ins gute Leben tragen. Und zahl der Herr zuvor, was er verzehrt hat, und damit Gott befohlen!«

Und wie er so dastand mit gekrümmten Fingern und bleckenden Zähnen und mit Augen, die wie Irrlichter brannten, da packte den Tornefeld die Angst. Er hätte gerne einen halben Gulden auf den Tisch geworfen, und dann rasch fort und hinter den Ofen und die Decke bis über die Ohren, daß er den Müller nicht länger sehen müßte. Aber wenn er alle seine Taschen umgekehrt hätte, so wäre kein einziger armer Kreuzer herausgesprungen.

Er ging zwei Schritte zurück und machte sich an den Dieb heran.

»Bruder«, flüsterte er ihm zu. »Sieh nach in deiner Tasche, ob du nicht einen Gulden findest oder einen halben. Ich bin meines Geldes völlig quitt und soll diesen Meister Schabhans bezahlen.«

»Wie soll ich einen Gulden finden!« klagte der Dieb. »Ich hab' schon solch eine Ewigkeit keinen Gulden gesehen, daß ich nicht weiß, ob er zackig ist oder rund. Hast du nicht gesagt, für das, was wir verzehrt haben, stünd'st du gut?«

Tornefeld warf einen besorgten Blick auf den Müller, der über den Herd gebückt stand und das Feuer schürte.

»So ist, pardieu, jetzt alles an dir gelegen«, sprach er auf den Dieb ein. »Du mußt sogleich zu meinem Herrn Vetter gehen, nach Kleinroop, das ist bei dem Dorf Lancken. Du wirst ihm sagen, daß ich hier bin, und er soll mir Geld schicken und Kleider und ein Pferd.«

»Ich wünsch' dir viel gute Tage, Bruder«, meinte der

Dieb. »Aber mein Leben ist mir lieber als das deine, und ich will nicht unter die Dragoner geraten. Was hab' ich mit deinem Herrn Vetter zu schaffen?«

Tornefeld starrte auf das Fenster und in das Schneegestöber, das immer dichter wurde, jetzt konnte man die Flügel der Windmühle nicht mehr sehen.

»Du mußt gehen statt meiner«, drängte er. »Ich will's dir ewig danken. Ich bin krank, das siehst du ja, ich könnt' gar nicht kränker sein, und wenn ich hinaus müßt' in den Frost und den Schnee, so wär's mein Tod.«

»Jetzt hast du Angst, es könnt' dir die Nase erfrieren«, höhnte der Dieb, »und hast doch das Maul voll gehabt mit Courage und wiederum Courage und daß du wollt'st in den schwedischen Krieg. Jetzt gibst du mir gute Worte, aber vorher hast du mich mit dem Bierkrug bedroht, hätt'st mich am liebsten henken und radbrechen lassen. Da mag gehen, wer will, ich gehe nicht.«

»Verzeih's mir, Bruder. Ich hab's nur Scherzens halber getan, es tut mir leid, weiß Gott«, bat Tornefeld kleinlaut. »Ich will dir die Wahrheit nicht verschweigen: Ich fürcht' weder die Dragoner noch die Kälte. Aber so wie ich jetzt bin, so abgerissen und zerlumpt, will ich meinem Herrn Vetter und der jungen Demoiselle nicht vor die Augen kommen. Geh du statt meiner, tu's aus brüderlicher Lieb'. Sag ihm, daß ich die Ehre haben werde, ihm aufzuwarten, bis ich erst wieder einem braven Soldaten gleichseh'. Du wirst exzellent bewirtet werden und gutes Stück Botengeld bekommen.«

Der Dieb überlegte. Um nach dem Dorf Lancken zu gelangen, mußte er drei Meilen weit den Weg zurück, den er gekommen war. Vielleicht gehörten die armselig gehaltenen Äcker, über die sie gewandert waren, gar dem hochgeborenen Herrn Vetter seines Kameraden im Elend. Und er hätte gerne den Mann gesehen, der sich von seinem Rentmeister, seinen Kornschreibern, seinen Schäfern und sei-

38

nen Ackerknechten so jämmerlich betrügen und bestehlen ließ.

Der Weg war gefährlich, das wußte er. Wenn er den Dragonern in die Hände fiel, so war ihm der Strick gewiß, denn es standen Schwenggalgen an allen Kreuzwegen. Doch er war der Gefahr gewohnt. Das Schicksal hatte ihn oft genug vor die Wahl gestellt, ob er lieber Hungers sterben oder gehenkt werden wollte. Und jetzt, da er seinem Landstreicherleben ein Ende machen und seine Freiheit hingeben wollte für ein Stück Brot alle Tage und ein Dach über dem Kopf, jetzt überkam ihn eine trotzige Begierde, hinauszugehen dorthin, wo der scharfe Wind pfiff, und noch einmal, ein letztes Mal, mit dem Tod eine Courante zu tanzen.

»So will ich gehen und du bleibst«, sagte er zu Tornefeld. »Aber wird sich seine hochgräfliche Exzellenz, dein Herr Vetter, auch nur ansehen lassen von einem so geringen Kerl, wie ich es bin?«

»Es ist ein Mensch des anderen Menschen wert«, sagte Tornefeld eilig, denn er fürchtete, der Dieb könnt' anderen Sinnes werden. »Und zeig ihm diesen Wappenring, so wird er wissen, daß ich dich schick'. Sprich wenig und nur kurze Worte. Er soll dir für mich geben erstlich Geld, denn ich muß meinen Beutel manövrieren lassen, damit ich über die Grenze komm'. Zum zweiten soll er mir schicken eine Kalesche, einen warmen Mantel, Hemden, Halstücher, rotseidene Strümpfe...«

Der Dieb betrachtete mißtrauisch den silbernen Wappenring, den Tornefeld von seinem Finger gezogen hatte.

»Er wird sagen, ich hätt' ihn gestohlen«, meinte er.

»Er wird's nicht sagen«, versicherte ihm Tornefeld. »Und wenn er's sagt, so sollst du ihn zu einem Wahrzeichen daran erinnern, wie ich, da ich noch ein Knabe war, mit der jungen Demoiselle auf einem Schlitten den Berg hinuntergefahren bin und wie die Pferde scheuten und der Schlitten umschlug. Wenn er das hört, so wird er schon wissen, daß ich es bin. Und er soll mir schicken: einen Rock aus geblümtem Brokat und einen aus Atlas mit Schleifen und Spitzen. Einen Galahut, zwei schwarze Perücken, einen seidenen Schlafrock für die Nacht...«

»Und wie heißt dein Herr Vetter?« unterbrach ihn der Dieb.

»Christian Heinrich Erasmus von Krechwitz auf Kleinroop«, sagte Tornefeld. »Er hat mich aus der Tauf' gehoben. Und vergiß nicht zwei schwarze Perücken, eine große und eine kleine, einen Tressenhut, einen Alamode-Rock aus Atlas...«

Der Dieb war schon zur Tür hinaus. Ein eisigkalter Wind fuhr in die Stube. Der Müller richtete sich auf und wärmte seine Hände über der Glut des Herdfeuers.

»Herr Christian von Krechwitz«, murmelte er. »Den hab' ich wohl gekannt. Ein strenger Herr, ein stattlicher Herr. Gott gebe ihm den ewigen Frieden.«


Es begann zu dunkeln, als der Dieb in das Dorf gelangte. Jetzt schneite es nicht mehr, doch die Kälte wurde immer schlimmer, der Wind pfiff ihm kalt und schneidend um die Ohren. Kein Mensch war auf der Dorfstraße zu sehen, nur ein großer brauner Hund trieb sich heulend zwischen den armseligen Häusern und Schuppen umher. Aus der Schenke kam ein Lichtschein und der gedämpfte Klang eines Dudelsacks. Hinter einer Allee von Ahornbäumen zeigte das Herrenhaus von Kleinroop sein feuchtglänzendes Schieferdach.

Während der Dieb über den gefrorenen Fischteich auf das Haus zuging, mußte er wieder an die adelige Herrschaft denken, die die schlechtesten Knechte in ihrem Dienst behielt und die Äcker von ihnen verderben ließ. —

»Dieser Herr von Krechwitz«, fragte er sich, »warum verläßt er niemals sein Haus? Wenn er einmal über seine Felder ginge, müßt' er sehen, wie's dort zugeht. Ist er blind, daß er's nicht sieht? Oder liegt er krank in seinem Bett, hat vielleicht die Wassersucht oder das Blutspeien, schluckt den ganzen Tag Baumöl, Wermutsaft und Latwergen? Warum geht er niemals auf seine Äcker? Vielleicht ist er ein Träumer und Phantast, hält sich in seinem Zimmer eingeschlossen und denkt sommers und winters darüber nach, ob mehr Männer oder mehr Weiber in den Himmel kommen und wie es inwendig im Monde aussieht. Oder ist er am Ende gar nicht auf seinem Gut? Ich möchte mit mir selber wetten, meine rechte Tasche gegen meine linke, daß er nicht auf seinem Gute lebt. Er ist in der Stadt, verbringt seine Zeit mit Fechten, Tanzen, am Spieltisch sitzen, den Damen eine Nachtmusik machen, läßt seine Leute daheim treiben, wie sie's wollen, und auf sein Gut kommt er nur, um sich Geld zu holen. Das ist dieser Herr von Krechwitz. Und wenn er hundert Taler beisammen hat, dann fährt er wiederum in die Stadt und kommt nicht eher zurück, als bis er das Geld vertan und noch etliche hundert Taler Schulden gemacht hat. Das ist dieser Herr von Krechwitz. Und hat er Schulden, so sitzt er daheim und macht Projekte, wie er über Nacht reich werden könnt'. Ich wüßt' ihm Rat. Das Land ist gut, auf drei Hufen Ackerboden kommt eine Hufe Ödland. Wenn er besser düngen ließe und säen, wie es der Boden verlangt – auf diesem Acker Stoppelkorn, auf jenem weißen Frühhafer, und Weizen nur auf dem stärksten Boden –, wenn er mit Vernunft säen ließe und besser eggen und das Unkraut jäten, dann sollt' er sehen, wie auf dem Felde das Getreide stehen müßt' Halm an Halm. Freilich, er müßt' auch unter seine Knechte Zucht und Ordnung bringen, dem Kornschreiber auf die Finger sehen, seinen Rentmeister zum Teufel jagen und selbst die Sache in die Hand nehmen – das müßt' er tun und nicht in der Stadt mit livrierten Dienern und Musikanten vor den Damen ihren Fenstern...«

Jählings wurde der Dieb aus seinen schweifenden Gedanken gerissen. Er vernahm Schellengeklingel und das Knallen einer Peitsche, und sogleich sprang er zur Seite und duckte sich hinter einer Schneewächte.

Ein Schlitten glitt langsam und schwerfällig über die Eisfläche des Fischteichs, ein alter, knarrender und polternder Schlitten, der nur von einem einzigen und mageren Pferd gezogen war, aber das vergilbte und zerrissene Leder des Wagenschlags zeigte die Reste eines adeligen Wappens. Vom Kutschbock her fiel der Schein einer Laterne auf das Gesicht eines Mannes, der, in einen alten Schafspelz gehüllt, zurückgelehnt im Schlitten saß, und einen Augenblick lang konnte der Dieb eine von der Kälte blau gefärbte knollige Nase sehen, einen griesgrämigen Mund und einen schwarzen, in der Mitte geteilten Knebelbart.

Er erhob sich hinter der Schneewächte und blickte kopfschüttelnd dem Schlitten nach.

»Das ist also dieser Herr von Krechwitz«, murmelte er. »Ein Träumer ist er nicht und auch kein Phantast, und er sieht auch nicht aus wie einer, der hinter den Weibern her ist und ihnen Geschenke macht oder sein Geld am Spieltisch verliert. Er hat das Gesicht eines Mannes, der nie genug bekommen kann und keinem anderen auch nur einen Kupferdreier gönnt, so sieht er aus, geizig und böse. Aber dieser Mann, der so strenge blickt, warum versteht er es nicht, sich bei seinen Knechten in Respekt zu setzen?«

Er grübelte im Weitergehen und sann, und es währte nicht lange, so hatte er auf seine Frage eine Antwort gefunden.

»Das ist es«, sagte er sich. »Dieser Herr von Krechwitz hat irgendeinmal eine böse Tat verübt, hat's vor der Welt versteckt, niemand weiß es, nur seine Knechte, die wissen es, aber sie schweigen, und darum ist er jetzt in ihrer Hand. Vielleicht hat er der Erbschaft wegen seinen Bruder erschlagen oder seine Frau des Geldes halber durch Gift unter die Erd' gebracht. Und seine Knechte, die wissen es, und er hat Furcht, sie könnten's an den Tag bringen und wider ihn zeugen, und darum wagt er es nicht, auch nur einen von ihnen von seinem Hof zu jagen.«

Der Schlitten hielt vor der Einfahrt des Gutshofs. Die Torflügel wurden geöffnet und ein Knecht erschien mit der Stallaterne in der Hand. Er verbeugte sich tief und ehrerbietig, aber der Mann im Schlitten sprang auf, riß seinem Kutscher die Peitsche aus der Hand und begann wütend auf den Knecht einzuschlagen.

»Du Schelm! Du Iltishaut!« schrie er so laut, daß man's weithin hörte. »Du Bauernlümmel! Du volle Sau! Was hast du mir den schlechtesten Schlitten geschickt und den lahmsten Gaul? Der Teufel lohn's dir! Schweig! Dir werd' ich müssen mit einem eisernen Löffel eingeben, wer ich bin.«

Der Knecht rührte sich nicht und hielt seinen Buckel hin. Endlich ließ der Mann im Schlitten ermüdet die Peitsche fallen, und der Knecht bückte sich und hob sie auf. Dann verschwand der Schlitten in der Einfahrt des Hofs, die Torflügel schlossen sich, und ringsumher war wieder Dunkelheit und Stille.

»So ist es recht, so ist es recht«, murmelte der Dieb und rieb sich die Hände. »Er weiß, wie man sie traktieren muß, diese Schurken verdienen es nicht besser. Jedem von ihnen gebührt sein gestrichenes Maß Prügel. Aber warum, zum Teufel, wenn er einer so geringen Sache wegen auf seine Knechte eindrischt wie auf die Tanzbären, warum weiß er seinen Nutzen nicht besser in acht zu nehmen? Warum läßt er es zu, daß seine Äcker verderben und das Saatkorn in der Erd' verfault? Das verstehe ich nicht. Nein, bei Gott, ich verstehe es nicht.«

Kopfschüttelnd ging er weiter. Das Hoftor war geschlossen und verriegelt, aber das geübte Auge des Diebs fand sogleich eine Stelle, an der er ohne Mühe über die Mauer gelangen konnte. Und während er sich langsam emporzog, kam ihm ein neuer Einfall, der ihm das sonderbare Verhalten dieses Herrn von Krechwitz auf die einfachste Art zu erklären schien.

»Es gibt hierzulande Gutsherren, die setzen ihre Hoffnung nicht auf den Acker, sondern auf den Stall«, sagte er sich. »Und sie tun recht daran. Eine Kuh ist unter neun Talern nicht feil, ja, ich getraue mich, sie um zehn an den Mann zu bringen, wenn sie gut in der Milch ist. Nehm' ich aber nur das Kalb, die Butter und den Mist, so muß die Kuh mir vier Reichstaler alle Jahr tragen. Und dann die Schafe. Das Schaf hat das schärfste Gebiß, es braucht nur Waldhutung und Stoppelgras auf sandigem Acker und gibt dennoch ein halbes Pfund Wolle auf die Schur. Dieser Herr von Krechwitz – sicherlich wollt' mancher, er stäke in seinem Rock. Er schert sich nicht um Hagelschlag und nicht um die Mäuse- und Käferplage und nicht um den schwarzen Brand, er hat seine Äcker verpachtet und sich auf die Viehzucht geworfen. Fohlen, Lämmer und Kälber, die bringen ihm Geld. Die schlesische Wolle, die geht nach Polen und zu den Moskowitern, ja sogar nach Persien geht sie. Feine Wolle wird immer nach ihrem Wert bezahlt. Er weiß, was er tut, dieser Herr von Krechwitz...«

Der Dieb ließ sich, während er all dies dachte, an der Mauer hinabgleiten, fiel in den Schnee und richtete sich wieder auf. Öde und menschenleer war der Hof, eine umgestürzte Egge lag vor der Einfahrt, eine Heugabel ragte aus dem Schnee. Der Schlitten, den er gesehen hatte, stand schon längst im Wagenschuppen und das Pferd im Stall. Die Knechte hatten wohl Feierabend gemacht und saßen in den Gesindestuben.

Der Dieb ging langsam und unschlüssig auf das Herrenhaus zu, aber nach wenigen Schritten schon blieb er stehen – er hatte Zeit. Mochte der Tornefeld auf seinen Alamode-Rock eine Stunde länger warten und auf den Tressenhut und auf die rotseidenen Strümpfe, ohne die er nicht in den Krieg wollte, mochte er warten, was lag ihm, dem Dieb, daran. Bevor er dem Herrn des Hofes die Botschaft überbrachte, wollte er die Schäferei sehen, von der man sicherlich im ganzen Land und sogar drüben in Polen sprach, er wollte die spanischen Zuchtböcke sehen, er wollte wissen, wie die Mutterschafe gehalten wurden und wie die Lämmer den harten Winter überstanden.

Die Tür des Schafstalles war verriegelt, doch für den Dieb bedeuteten verschlossene Türen kein Hindernis. Wie ein Luchs, so geräuschlos und behend kletterte er an der Mauer empor. Er zwängte sich durch eine enge Lücke und stand in der Futterkammer. Und von dort stieg er die Leiter hinunter in den Stall.

Das also war des Herrn von Krechwitz berühmte Schäferei! Sie sah jämmerlich genug aus. Kaum drei Dutzend Schafe standen in dem Stall, der für mehr als hundert Tiere Platz geboten hätte. Drei Dutzend schlecht gehaltene Schafe, die nur die allergröbste Wolle trugen, und viele von ihnen waren aufgebläht von der Nässe und vom schlechten Futter. Und die spanischen Zuchtböcke waren nirgends zu sehen.

Der Dieb nahm die Stallaterne und ging von einem Tier zum anderen und zählte, wieviel Schöpse da waren und wieviel Böcke, wieviel Jährlinge und Zweijährige und wieviel Mutterschafe.

»Nein, der Schafstall bringt der Herrschaft keinen Nutzen, es ist klar, daß sie bestohlen wird«, sagte er sich voll Ingrimm, als ob es seine eigenen Schafe gewesen wären. »Es ist wohl wahr, daß es nicht leicht ist, einen ehrlichen Schäfer zu finden. Die Schäfer sind alle Schelme, die besten von ihnen lassen ihre eigenen Lämmer an den Herrschaftsschafen saugen. Aber dieser hier treibt es ärger als alle anderen. Zwei Fuder Heu, wie es von der Wiese kommt – soviel braucht man, um dreißig Schafe durch den Winter zu bringen. Aber ich hab' nur Stroh in der Futterkammer gesehen und nicht ein einziges Bündel Heu. Das grüne Gras von den Wiesen hat der Schäfer für bares Geld verkauft, und nun gibt er den Schafen das zähe geschnittene Stroh, und solches Futter ist Gift für Schafe. Er hat die Lämmerzucht bis in den Grund verdorben.«

Er blieb bei einem von den Tieren stehen und betrachtete es mit Aufmerksamkeit.

»Dieses Schaf ist krank«, stellte er fest. »Die Räude ist's nicht, vielleicht hat es den Lungenwurm oder die Regenfäule. Das kommt daher, daß es nicht trocken genug gehalten ist. Der Schäfer weiß nicht, daß die Schafe die Nässe nicht vertragen. Wenn ich der Herr von Krechwitz wäre . . .«

Er stellte die Laterne auf die Erde und öffnete dem Tier das Maul.

»Hilf Himmel!« stieß er entsetzt hervor. – »Nein, das ist nicht der Lungenwurm, das Schaf hat die Milzseuche. Und der Schäfer weiß es nicht oder er schert sich nicht darum. Man müßt' es sogleich erschlagen, aber so, daß kein Blut abfließt, und den Kadaver müßte man tief in die Erd' verscharren. Aber er läßt das kranke Tier bei den anderen stehen. Und die Herrschaft? Du lieber Himmel, die ist zu kommode, um in den Stall zu gehen, vielleicht ist ihr der Geruch zuwider. Aber sie soll's erfahren, was sie für einen Schäfer hat, sie soll's erfahren, daß in ihrem Stall die Milzseuch' ist.«

Der Dieb hatte genug gesehen. So leise wie die Katz' aus dem Taubenschlag schlich er sich aus dem Stall. Eine Zeitlang trieb er sich auf dem Hof zwischen den Wirtschaftsgebäuden umher, und was er sah, das zeigte ihm, daß das Glück der Herrschaft überall auf schlechtem Grund stand.

»Die Knechte und die Mägde scheuen allesamt die Arbeit, das Geschmeiß taugt dem Teufel zu nichts. Auf dem Schüttboden das Getreide ist dumpfig. Die Winterarbeit ist noch nicht getan, es ist nicht Holz geschlagen, der Flachs müßt' um diese Jahreszeit schon gedörrt und gebrochen sein, und sie haben ihn noch nicht einmal geklopft. Nur Pfannenschlecker und Schüsselräumer und Kannenschwenker hat die Herrschaft in ihrem Dienst. Der Großschäfer und seine Knechte, die essen an Werktagen Milchsuppe und Gebratenes, und ein jeder hat einen großen Krug Bier vor sich auf dem Tisch stehen – ist es denn heut Kirchweih oder Fastnacht? Hier ist alles verkehrt, das Gesinde praßt und die Herrschaft setzt zu. Blitz, Donner und höllisches Feuer, ich sollte dieser Herr von Krechwitz sein! – Und wie sieht es erst im Kuhstall aus! Eine Kuh braucht täglich eine reine Streu, und gar die Kälber, die müssen gewartet werden wie kleine Kinder. Aber hier . . .«

Die Tür des Pferdestalls wurde geöffnet, und zwei Männer traten heraus. Der Dieb hatte kaum Zeit, sich zu Boden zu werfen.

Der eine von ihnen schien der Rentmeister zu sein, der das Gut zu verwalten hatte. Er war mit Rechnungsbüchern bepackt wie ein Maulesel. Drei hielt er unter den Armen und zwei in der Hand, und mit der anderen Hand schwenkte er die Stallaterne und im Gürtel trug er ein Tintenfaß und hinter dem Ohr zwei Kielfedern. In unterwürfiger Haltung stand er vor dem Mann mit dem Knebelbart, der kurz vorher im Schlitten an dem Dieb vorübergefahren war.

»Er hat den Pferdestall visitiert«, sagte sich der Dieb, der auf der Erde lag und fror, »und jetzt wird's wiederum Hiebe setzen. Er sieht darein, als wollt' er dem Rentmeister den Hals in tausend Stücke brechen. Und wenn ich jetzt aufstünd' und ihm sagt', wie's erst in den anderen Ställen aussieht und daß eines von den Schafen die Milzseuch' hat – Teufel! Jetzt geht es los mit Blitz und Donnerschlag.«

»Du bist toll geworden!« schrie der Mann mit dem Knebelbart, und der Rentmeister ließ vor Schreck die Rechnungsbücher in den Schnee fallen. »Zweihundert Gulden! Laß mich in Frieden! Der Palmsonntag, das ist dein Tag, an dem magst du dich sehen lassen, aber früher nicht. Zweihundert Gulden! Woher sollt' ich die nehmen, bei mir will's auch nicht Dukaten schneien. Am Montag nach Judica hab' ich deiner Herrschaft dreihundert Gulden geliehen und am Stankt Leonhardstag zweihundertundzwanzig. Hier im Haus stäubt das Geld wie Rauch aus dem Schornstein.«

Er schnappte nach Luft, sein Gesicht war blaurot vor Zorn und Kälte. Und der Rentmeister begann mit kläglicher Stimme auf ihn einzureden.

»Euer Gnaden wissen, wir haben das Haus voll ungerufener Gäst, die wollen alle Tage Gebratenes auf den Tisch und Wein und Eierfladen. Und die Bauern kommen auch und verlangen Brot und Saatgut.«

»Sag deiner Herrschaft, sie soll ihre Ringe und Ketten verkaufen, so hat sie Geld«, rief der Knebelbart. »Das meinige ist alles im Lande verstreut, ich hab' überall Forderungen und kann nichts einbringen.«

»Die Ringe und die Ketten sind längst beim Juden«, seufzte der Rentmeister. »Wir haben die silbernen Kannen verkauft und die Gießbecken, wir haben die Wagen, die Kutschen und die Chaisen verkauft, das Geld für die Aussaat haben wir an allen Ecken und Enden zusammengeborgt, müssen zwölf Scheffel für zehn zurückzahlen. Und die Herrschaft meint, weil doch Euer Gnaden, ihr großgünstiger Herr Pate ...«

»Der Tausend!« rief der Knebelbart. »Jetzt bin ich wieder deiner Herrschaft großgünstiger Pate! Aber im vorigen Jahr, wie das Begräbnis von deiner Herrschaft ihrem hochseligen Herrn Vater war, da hat der Kaspar von Tschirnhaus den Helm getragen und der Peter von Dobschütz den Schild zur rechten Hand und der Freiherr von Bibran hat das Pferd geführt – und wo war ich? Der Georg von Rottkirch hat das Wappen getragen und Hans Üchtritz auf Tschirna das Kreuz und den Degen, der Melchior Bafron den Schild zur linken Hand und die Nostiz und die Lilgenaus haben in der Kirche das Leichentuch gehalten – und wo war ich? Ich hab' das Geld für die samtenen Pferdedekken herleihen dürfen und das Geld für die Fahne aus rotem Doppeltaft und das Geld für den Prediger und das Geld für die Wachskerzen, zweihundertzwanzig Gulden hab' ich hergeliehen, und dafür hab' ich im Chor mitsingen dürfen: ›Nun lasset uns den Leib begraben‹ – das war die einzige Ehre, die man mir erwiesen hat.«

Jetzt wußte der Dieb genug. Der Mann mit der knolligen Nase und dem geteilten Knebelbart war nicht der Gutsherr, sondern ein Wucherer aus der Nachbarschaft, einer, der die Gutshöfe plünderte und das Geld auf Geld legte und seinen Nachbarn nicht das Dach über dem Kopf und nicht das liebe Brot gönnte. – »Pfui Schande!« murmelte der Dieb. »Ein gemeiner Wucherer, und ich hab' ihn für einen adeligen Herrn genommen. Wo hab' ich meine Augen gehabt! Jetzt aber heißt's scharf aufpassen und horchen, denn sicherlich haben die beiden einen krummen Handel miteinander vor. Sie stecken so nahe beieinander wie die Nüsse auf einem Zirbelbaum, und sieht der eine wie der Judas aus, so gleicht der andere dem Ischariot.«

Der Rentmeister, der dem Ischariot gleichsah, stand und scharrte den Schnee mit den Füßen. Der Wucherer aber schneuzte sich geräuschvoll und sagte:

»Bestell deiner Herrschaft einen Gruß von ihrem Herrn Paten, dem Freiherrn von Saltza auf Düsterloh und Pencke, und sag ihr, daß er kein Geld mehr herleihen will, weder Taler noch Gulden, und er braucht die Obstgärten und die Hutungsrechte nicht als Unterpfand. Aber wenn sie das Reitpferd verkaufen will, die Diana, und das Windspiel, den Jason, so werd' ich ihr achtzig Gulden dafür geben – sag das deiner Herrschaft. Und wenn ihr das Windspiel und das Reitpferd nicht feil sind, dann Gott befohlen. Dann laß einspannen und ich fahr' nach Hause.«

»Daß Gott erbarm'!« seufzte der Dieb. »Er ist also einer von Adel, nennt sich Freiherr und führt ein Wappen und treibt dennoch gemeinen Wucher, das streitet ihm nicht wider seine Edelmannsehr'. Ich möcht' nicht solch ein Edelmann sein, lieber bleib ich in meinem Elend.«

»Achtzig Gulden, das ist nicht viel«, meinte der Rentmeister. »Euer Gnaden wissen wohl, das Windspiel allein ist fünfzig Gulden wert.«

»Achtzig Gulden geb' ich und nicht einen Kreuzer mehr«, rief der Wucherer. »Ich fahre schlecht bei dem Handel, denn ein Reitpferd und ein Jagdhund, die kosten an Futter und an Wartung mehr an einem Tag, als sie in einem Monat Nutzen bringen können.«

»Aber von diesem Jagdhund und von diesem Reitpferd werden Euer Gnaden Nutzen haben«, sagte der Rentmeister mit einem meckernden Lachen. »Die Herrschaft wird an Euer Gnaden ihre Tür klopfen müssen, wenn sie den Jason und die Diana wird sehen wollen. Und die Herrschaft wird alle Tage kommen, das weiß ich, sie kann nicht leben ohne das Pferd und das Windspiel.«

»Glaubst du, daß sie an meine Tür klopfen wird?« fragte der Wucherer. »Wenn sie kommt, ich werd' sie nicht fortweisen. Sag ihr, daß ihr Herr Pate, der Freiherr von Saltza, ist wie das Basilienkraut, das in den Gärten steht: Greift man es hart an, dann stinkt's wie der Teufel und beißt in die Augen, streicht man es aber sanft, so gibt es einen lieblichen Duft.«

»Ich will es ihr sagen, alle Tage werd' ich es ihr sagen«, versprach der Rentmeister. »Hundertundzehn Gulden, Euer Gnaden. Achtzig für die Herrschaft und dreißig für mich. Ich bin Euer Gnaden immer ein getreuer Diener gewesen, hab' bei allem und jedem auf Euer Gnaden Vorteil gesehen.«

»Zwanzig für dich, das ist auch genug«, sagte der Knebelbart, der jetzt plötzlich in bessere Laune geraten war, und dann gingen die beiden auf das Haus zu, und der Dieb erhob sich ein wenig von der Erde und schüttelte den Schnee aus seinen Kleidern.

»Hier geht es hundsföttisch zu«, meinte er zu sich selbst. »Wenn jeder Schelm hier auf dem Hof eine Glocke um den Hals tragen müßt', könnte niemand sein eigenes Wort hören. Dieser Herr von Krechwitz! Aber ich werd' es ihm sagen, daß in seinem Schafstall die Milzseuche ist und daß sein Rentmeister ihn betrügt und daß sein eigener Taufpate ihn betrügt und daß seine Knechte und Mägde prassen, und er selbst wird ärmer von Tag zu Tag. Von mir soll er es erfahren, wie es um ihn steht, vielleicht, daß er mir einen Teller Biersuppe dafür verehrt, aber ich will es auch tun für Gotteslohn.«

Er richtete sich auf. Eine sonderbare Verwandlung war in ihm vorgegangen. Er dachte nicht mehr daran, daß er als Bittsteller für den Tornefeld hiehergekommen war, er hatte jetzt eine andere Aufgabe. Es schien ihm, als wäre er, der Dieb, hier auf dem Hof der einzige ehrliche Mann, und als ehrlicher Mann wollte er mit dem Gutsherrn sprechen.

Sonst hatte er sich, wenn er ein fremdes Haus betreten wollte, so heimlich eingeschlichen wie der Maulwurf in einen Blumengarten. Diesmal aber ging er den geraden Weg, zum erstenmal in seinem Leben ging er aufrecht und furchtlos auf die Haustüre zu, er war ein ehrlicher Mann, er wollte eintreten, er hatte mit dem Gutsherrn ein gerades Wort zu sprechen.

Doch als er vor der Türe stand und anklopfen wollte, so wie einer, der nichts Böses im Sinn hat, da wurde sie jählings aufgetan und zwei Dragoner traten aus dem Haus, seine und aller Landstreicher Todfeinde. Sie trugen Laternen und Futtersäcke in den Händen. Und wie der Dieb sie sah, da vergaß er, daß er als ehrlicher Mann gekommen war, da war die alte Diebsangst wieder in ihm, und er sprang davon und lief, er lief um das Haus herum, und die Dragoner warfen die Futtersäcke fort und rannten ihm nach. – »Wer da! Gib Antwort!« hörte er sie schreien und: »Stehengeblieben, oder ich schieße!« Aber er blieb nicht stehen, er war schon um die Ecke und lief um sein Leben, doch da kamen Stimmen von der anderen Seite.

Jetzt blieb er stehen. »Wohin?« keuchte er. »Wohin?«

Dort wo er stand, hatten die Knechte den Schnee zusammengescharrt und zu einem Hügel gehäuft. Da warf er sich nieder und grub sich tiefer in den Schnee ein. So lag er regungslos und die Dragoner liefen an ihm vorbei. – »Wo ist der Kerl?« hörte er sie rufen. »Hat ihn der Teufel hinweggetragen?« – Dann, als alles wieder still war, hob er vorsichtig den Kopf, die Dragoner sah er nicht mehr, aber im nächsten Augenblick konnten sie wieder da sein. Er kam aus dem Schneehaufen hervor. Wohin? fragte er sich wiederum. Über ihm in fast zweifacher Mannshöhe war ein Fenster mit einem breiten Sims. »Wenn ich da hinauf könnte!« fuhr es ihm durch den Kopf. Er nahm einen Anlauf und sprang in die Höhe, er erfaßte mit den Händen den Sims, da lagen Scherben und spitze Nägel, an denen riß er sich die Hände blutig. Aber er achtete nicht auf den Schmerz, er ließ nicht los, langsam zog er sich in die Höhe. Und wie er oben war, öffnete er nach Diebsart die zerbrochenen Fensterladen und fuhr mit den Beinen hinein, bis er den Boden unter seinen Füßen fühlte.

Und so, durchnäßt und halb erfroren, mit pfeifendem Atem und stechenden Lungen, zitternd vor Angst und vor Kälte, gehetzt, todmüde und mit blutenden Händen – so betrat der Dieb zum erstenmal das Haus, über das er zwei Jahre später als Herr gebieten sollte.

Eine Weile hindurch stand der Dieb in der Kammer, in die er gelangt war, zwischen allerlei Gerümpel, und er dachte an nichts, als daß ihn bitter fror und daß er nun wieder einmal, wie schon so oft in seinem armen Leben, um eines Haares Breite dem Galgen entronnen war. Aber für wie lange? Er mußte den Herrn von Krechwitz finden und mit ihm sprechen, aber hier, in diesem Haus hatten seine Erzfeinde, die Dragoner, Quartier genommen, und es war Gefahr, daß er ihnen ein zweitesmal in die Arme lief. Was half's! Er mußte versuchen, den Herrn von Krechwitz zu finden, denn zurück konnte und wollte er nicht. Er stand und wartete, bis sein Atem ruhiger ging. Dann trat er vorwärts. Seine Augen hatten sich an die Dunkelheit gewöhnt, und er sah vor sich eine schwere, mit Eisenbändern beschlagene Tür, die war nicht geschlossen, nur angelehnt war sie, und durch den Spalt fiel, kaum merkbar, ein schwacher, dünner, rötlichgelber Lichtschein. Der kam nicht von einer Öllampe und auch nicht von einer Kerze, das sah der Dieb sogleich. In dem Ofen gegenüber der Türe brannte ein Feuer, das war alles, und sonst gab es kein Licht im Zimmer. Und wo kein Licht ist, da sind auch sicherlich keine Menschen, es sitzt niemand gerne im Dunkeln, sagte sich der Dieb. Er seufzte leise und zufrieden. Denn ein leeres Zimmer mit einem Feuer im Ofen, das war just das, was er in diesem Augenblick sich wünschte. Er wollte sich wärmen und seine Kleider trocknen.

Eine Minute lang stand er und horchte. Dann stieß er vorsichtig die schwere Tür auf und schob sich geräuschlos über die Schwelle.

Ja, im Ofen brannte ein Holzfeuer, und ein schwacher Lichtschimmer fiel auf den Silberkasten an der Wand, aber der war leer. Der Dieb verzog den Mund, aber dann fiel ihm ein, daß er ja nicht um des Stehlens willen hiehergekommen war.

»Wie der unten es gesagt hat!« lachte er in sich hinein.

»Der Herr von Krechwitz hat alles dem Juden verkauft. Die Ringe, die Ketten, die silbernen Teller und die Gießbekken. Aber er läßt es sich dennoch nicht schlecht gehen, dieser Herr von Krechwitz.«

Der Dieb sog die Luft durch die Nase ein. Er spürte den Geruch von Wein, von frischem Brot und gebratenem Fleisch. Irgendwer hatte hier zu Abend gegessen und ihm, dem Dieb, seinen Teil übriggelassen. Auf dem Tisch standen Schüsseln, Teller, Gläser und ein Weinkrug. Wo mochte er jetzt sein, der Mann, für den der Tisch gedeckt war, für den das Feuer im Ofen brannte? Der Dieb umfaßte mit einem Blick den Raum. Auf einem Stuhl glitzerte die Klinge eines Degens. Neben dem Ofen stand ein einzelner hoher Reiterstiefel. Und zwischen den beiden Fenstern war ein Bett, und in diesem Bett – der Dieb hielt den Atem an –, in diesem Bett lag ein Mensch.

Der Dieb erschrak nicht. Solche Zufälle war er gewohnt. Und sich durch ein Zimmer zu schleichen, ohne die Schlafenden zu wecken, das gehörte zu seinem Handwerk.

Aber der dort im Bett schlief nicht und er war nicht allein. Es waren ihrer zwei, die im Bette lagen, ein Mann und eine Frau.

Der Dieb rührte sich nicht. Der Mann dort im Bett, das war sicherlich dieser Herr von Krechwitz. Der hatte frühen Feierabend gemacht, gut gegessen und gut getrunken, und jetzt lag er im Bette und vergnügte sich mit seiner Eheliebsten. Ihm hatte nun der Dieb ein Wort zu sagen, und er überlegte, wie er sich merkbar machen und wie er seine Rede beginnen sollte.

»Gnad' und Fried' von Christo, unserem Herrn!« sagte er mit einem Bückling ganz leise und nur für sich selbst. »Hui, wird er aus dem Bett fahren, wenn er hört, daß in seinem Schafstall die Milzseuche ist. Aber damit will ich warten, es ist noch nicht an der Zeit, ich will erst sehen, was die beiden in ihrem Bett für Seide miteinander spinnen.«

Er horchte, sehr vergnügt darüber, daß ihn sein Glück so rasch zu diesem Herrn von Krechwitz geführt hatte. Anfangs vernahm er vom Bette her nichts als ein Rascheln und Flüstern. Dann kam ein unterdrücktes Gähnen. Der Mann im Bett richtete sich auf und hob die Arme und streckte sie.

»Gnad' und Fried' von Christo, unserem Herrn«, begann inzwischen der Dieb sich seine Rede zurechtzulegen. »Euer Gnaden liegen hier im Bett und sind nicht wissend, daß unten im Schafstall die Milzseuche ist. Die Knechte taugen zu nichts. Man müßte sie allesamt... Nein!« unterbrach er sich. »So darf ich nicht beginnen. Das hieße mit dem rechten Fuß in den linken Stiefel fahren. Erst muß ich ihm sagen, woher ich komme und wer mich geschickt hat.«

»Was gähnt der Herr ein über das andermal«, sagte plötzlich die Frau im Bett. »Ist das dem Herrn seine ganze Kunst? Warum nennt mich der Herr jetzt nicht seine Liebste, seinen Engel, sein Schätzchen, sein Kätzchen, sein Rosenstöckchen und seine höchste Freud'? Hat nicht lang gewährt, dem Herrn seine große Lieb'!«

»Gnad' und Fried' von Jesu Christo, unserem Herrn«, begann der Dieb ganz leise von neuem seine Litanei. »Der Herr von Tornefeld hat mich hieher geschickt, Euer Gnaden Patenkind, er sitzt in der Mühle...«

»Ich hab' dir versprochen eines Reiters Liebe«, sagte der Mann im Bett. »Aber eines Reiters Liebe währt nicht lang, sie kann so wenig bleiben wie das Gras auf den Wiesen und der Tau auf dem Feld.«

»Bin also nicht mehr dem Herrn sein Schätzchen und Kätzchen und Rosenstöckchen und seine Freud'.«

»Dir muß man immerwährend schöne Worte in den Mund streichen wie einem Kind den süßen Haferbrei. Hab' ich dir nicht ein seidenes Band geschenkt, sieben Ellen lang, und zwei Tüten Zucker und einen silbernen Taler mit dem Sankt Georg darauf?«

»Aber der Herr ist des Spieles allzufrüh müde geworden. Das Öl ist verzehrt, das Lämpchen erloschen, hat nicht gar lang gebrannt.«

»Der Herr von Tornefeld, Euer Hochgeboren kennen ihn«, murmelte der Dieb. »Er sitzt in der Mühle und begehrt einen Alamode-Rock und einen Tressenhut und Geld und Wagen und Pferde.«

»Das kommt vom Fasten«, sagte der Mann im Bett. »Ich halte alle Fasttage, ich bin hinter der himmlischen Freude her wie der Jäger hinter der wilden Sau. Da vergißt einer leicht die fleischliche Sünd'. Wenn ich reich bin, dann werd' ich mir einen Kaplan halten, der muß statt meiner beten und fasten.«

»Der Herr sollt' sich lieber einen Kaplan halten, der statt seiner bei den Jungfrauen im Bett liegt.«

»Schweig still!« rief der Mann in plötzlichem Ärger. »Eine Jungfrau willst du gewesen sein? Meinst wohl, ich hätt' es nicht gemerkt, daß du nicht unversehrt warst? Es hat sich nicht gelohnt, das Blümchen zu pflücken.«

»Aber das ist noch nicht alles«, murmelte der Dieb und er war mit seinen Gedanken bei dem Herrn von Tornefeld. »Einen seidenen Schlafrock will er auch, Euer Hochgeboren zu melden, und Strümpfe und Halstücher und zwei Perücken.«

»Was sind das für grobe Worte!« rief die Frau im Bett. »Jungfrau oder nicht – der Herr ist auch nicht unversehrt. Er hat nur ein Ohr und ein Auge.«

»Den Schaden hab' ich von meinen Feinden empfangen«, sagte der Mann voll Stolz, aber noch immer zornig.

»Und ich den meinen von meinen Freunden«, lachte das Mädchen, und der Mann fiel dröhnend in ihr Gelächter ein, und eine Weile hindurch merkten sie nicht, daß sie zu dritt lachten, denn der Dieb hatte die Reden, die die beiden im Bette führten, über alle Maßen spaßhaft gefunden.

»Still!« rief das Mädchen plötzlich. »Was war das? Es ist einer hier im Zimmer.«

»Du Närrin!« sagte der Mann im Bett. »Wer sollt' denn hier im Zimmer sein? Wie wär' er denn hereingekommen?«

»Es ist einer hier im Zimmer. Ich hab' ihn lachen gehört«, sagte das Mädchen und richtete sich auf und spähte in das Dunkel, und ein matter Lichtschimmer des Ofenfeuers fiel auf ihren weißen Busen.

»Leg dich und laß mich zufrieden!« sagte der Mann. »Ich hab' einen Dragoner vor der Türe stehen, der läßt keinen herein. Aber du hast Ohren, die hören die Fisch' im Wasser singen.«

»Dort, dort steht er!« schrie das Mädchen mit gellender Stimme und faßte mit der einen Hand den Arm des Mannes und die andere Hand fuhr in die Dunkelheit. »Dort steht er! Dort an der Wand! Zu Hilfe! Zu Hilfe!«

Der Mann riß sich los und sprang aus dem Bett und im Nu hatte er den Degen in der Faust.

»He! Du dort!« rief er. „Wer bist du? Was willst du? Bleib stehen und rühr dich nicht, oder ich will dich so zerhauen, daß man dich stückweis' hinwegtragen soll. Bleib wo du bist, oder ich renn' dir den Degen in den Bauch.«

Der Dieb sah, daß die Dinge nicht so liefen, wie er es erwartet hatte, und er fand es hoch an der Zeit, aus dem Dunkel hervorzutreten und dem Herrn zu sagen, wozu er gekommen sei und wer ihn geschickt hatte.

»Gnad' und Fried' von Christo, unserem Herrn«, sagte er eilig und mit einem tiefen Bückling, den niemand sah. »Euer Gnaden ihr Patenkind hat mich geschickt und da bin ich, Euer Gnaden zu dienen, er sitzt in der Mühle und wartet . . .«

»Balthasar!« rief der Mann mit dem Degen. »Herein mit dir und schlag ein Licht! Ich will doch sehen, wer das ist, der mir da von Christus und seinem Patenkind erzählt.«

»Kein Licht! Kein Licht!« kreischte das Mädchen. »Ich bin nackt wie Eva.«

»Bist du nackt wie Eva, so scher dich ins Paradies!« sagte

der Mann, stieß sie in das Bett zurück und warf ihr die Decke über den Kopf. Indessen war der Dragoner ins Zimmer getreten, und einen Augenblick später brannten die Wachskerzen auf dem Tisch. Der Dieb sah sich einem Mann von kleiner und gedrungener Statur gegenüber, der nur mit einem Hemd und einem Federhut bekleidet war und in der Hand einen Degen schwenkte.

Der Dieb stand starr vor Schrecken.

Er kannte diesen Mann. Es war der Hauptmann der Dragoner, der, den man im Lande den »Malefizbaron« nannte. Der lag hier im Quartier.


Den Malefizbaron, so nannte man ihn, weil er es sich zur Aufgabe gemacht hatte, die Räuberbanden, die Schlesien und Böhmen brandschatzten, zu vernichten. Er hatte seine richterliche Gewalt vom Kaiser selbst. Unaufhörlich durchstreifte er mit seinen Dragonern das Land, und alle, die von fremdem Gut lebten, die Landstreicher und die Spitzbuben, die Wegelagerer und die Marktdiebe, die großen und die kleinen Übeltäter – sie alle fürchteten ihn wie den Satan selbst. Der Henker, den er mit sich führte, hatte niemals Stricke genug und sein Erbarmen hieß: das Brandzeichen auf die Stirne und hernach lebenslängliche Knechtschaft auf den venezianischen Galeeren. Vor diesem Mann und seinen Dragonern hatte sich der Dieb in die Hölle des Bischofs flüchten wollen, um sein Leben zu retten. Und nun hatte ihn sein Unstern in dieses Zimmer geführt, auf fünf Schritte Entfernung stand er dem Malefizbaron gegenüber, und an ein Entwischen war nicht zu denken, das Haus war voll von Dragonern, es gab keinen Ausweg. Der Dieb stand wie erstarrt, und in seinen Schrecken mischte sich ein wenig Verwunderung, weil der gefürchtete Malefizbaron von so kleiner Statur war und dazu an der Brust und an den Beinen so haarig wie ein Affe.

Der Hauptmann hatte sich indes einen schwarzen Tuchlappen, der an einem Band befestigt war, über das linke Aug' geschoben – das war der Beginn seiner Toilette. Jetzt nahm er aus den Händen des Dragoners die ledernen Reithosen und den Gürtel.

»Nun laß sehen, wer du bist«, sagte er. »Aber nimm dich in acht, Bursche! Siehst du meinen Degen?«

Der Dieb erkannte, daß ihm jetzt nur Courage helfen konnte. Denn wenn er Angst zeigte, war er verloren.

»Ich seh' dem Herrn seinen Degen – was weiter?« gab er zur Antwort. »Drei Dutzend Spatzen haben auf ihm Platz. Auf einen Hieb kann der Herr sieben Krautköpf' abhauen mit seinem Degen.«

»Er führt lose Reden, und mit seinen Augen beißt er um sich wie ein schelliges Pferd«, sagte der Dragoner, der vor dem Hauptmann kniete und ihm die Reitstiefel anzog. »Wenn er wüßt', vor wem er steht, tät' er anders pfeifen.«

»Kerl, du red'st dich um deinen Hals«, sagte der Malefizbaron zum Dieb. »Noch ein solches Wort, und ich laß dich draußen traktieren, daß dich dein eigener Bruder nicht erkennen soll!«

»Laß der Herr mich zufrieden«, murrte der Dieb. »Ich hab' mit dem Herrn nichts zu schaffen, hab' ihn nicht gesucht.«

»Wie sprichst du mit einem Edelmann und Offizier?« rief der Malefizbaron. »Ich seh' schon, dich werd' ich erst Reverenz und gute Sitten lehren müssen, damit du, wenn ich dich henk', dich dem Teufel in der Hölle mit Anstand präsentierst. Was hast du in meinem Zimmer gesucht, gib Antwort!«

»Was ich gesucht hab'? Die Herrschaft hab' ich gesucht, wen denn sonst?« sagte der Dieb mit verdrossener und ungeduldiger Stimme, als hätte er für den Hauptmann und seine Fragen nicht mehr viel Zeit.

»Die Herrschaft hast du gesucht?« rief der Malefizbaron. »Margret! Ist er vom Haus? Kennst du ihn?«

Es waren indessen noch mehr Dragoner hereingekommen, und der beißende Rauch ihrer Fackeln und Späne erfüllte den Raum. Das Mädchen, das den Dieb in der Dunkelheit entdeckt hatte, saß jetzt auf dem Bettrand. Von den Dragonern ungesehen, zog sie sich eilig das Hemd über den Kopf und zwischen den Knien hielt sie ihr Röckchen. Und es dauerte ein paar Augenblicke, eh' sie die Antwort gab:

»Nein, er ist nicht von hier. Ich kenn' ihn nicht.«

Der Hauptmann war aufgestanden und trat auf den Dieb zu. Seine Stiefel knarrten.

»Lausig, grindig, zottig und zerlumpt«, sagte er mit einem Lachen. »Er sieht nicht aus, als wäre er von des Herrn Bischofs Hofhaltung geschickt, um die Herrschaft zur Abendtafel einzuladen. Durchsucht seine Taschen! Er ist sicherlich einer von der Bande des schwarzen Ibitz.«

Zwei von den Dragonern packten den Dieb und fuhren in seine Taschen, und der eine von ihnen fand das Messer, das der Dieb immer bei sich trug, und hielt es in die Höhe.

»Hab' ich es nicht gesagt?« rief der Malefizbaron. »Er hat mich abtun wollen. Bursche, jetzt sprich: Was soll das Messer in deiner Tasche?«

»Ein rares Stück«, stotterte der Dieb mit verzweifeltem Lachen, denn die Angst saß ihm in der Kehle. »Hab' mir's mit der spanischen Flotte aus der Neuen Welt kommen lassen, Brot und Käs' damit zu schneiden.«

»Wirst nicht mehr viel Brot und Käse schneiden«, sagte der Malefizbaron. »Er hat sich in mein Zimmer geschlichen, wollt' warten, bis ich schlief, und mich dann mit dem Messer abtun. Lienhard, komm her, du bist drei Tage gefangen bei dem schwarzen Ibitz gelegen. Sieh dir ihn an, ob er einer von der Bande ist.«

Der Dragoner leuchtete dem Dieb mit dem Kienspan ins Gesicht.

»Von dem Ibitz seiner Bande ist er nicht«, sagte er sodann. »Die kenn' ich alle: den Afrom, den schiefen Michel, das Eulenmännchen, den gehängten Adam, den Pfeiferbuben und den Brabanter. Aber diesen da kenn' ich nicht. Und dann, Euer Gnaden, Herr Hauptmann, wir haben die Bande umstellt, es kann keiner heraus.«

»Für einen einzelnen Mann ist es nicht unmöglich, zwischen unseren Posten hindurchzukommen«, meinte der Hauptmann. »Hat er sich nicht auch ungesehen ins Haus geschlichen? Trau' ihm der Teufel, ich trau' ihm nicht.«

»Aber von dem Ibitz seinen Leuten ist er dennoch nicht«, sagte der Dragoner in sehr bestimmtem Ton. »Es sind ihrer zwanzig, und ich kenn' sie alle, den Zinngießer-Hannes, den getauften Jonas, den Klaproth, den Veiland, den Feuerbaum und den tollen Mathes, aber den da kenn' ich nicht.«

»So sag, wer dich geschickt hat«, schrie der Malefizbaron auf den Dieb ein. »Sprich, oder ich laß dich wippen und strecken, so wahr mich Gott geschaffen hat.«

»Ein Herr von Adel hat mich geschickt, bei dem bin ich Diener und wart' ihm auf, Euer Gnaden, ich sprech' die Wahrheit«, sagte der Dieb, der jetzt langsam seinen Mut wiederfand, denn er hatte ja den Wappenring des Tornefeld als ein Zeugnis dessen, daß er die Wahrheit sprach. »Und ich soll der Herrschaft hier im Haus von ihm melden...«

»Wer ist dein Herr?« unterbrach ihn der Malefizbaron. »Bei Gott, die Noblesse hierzulande hat sonderbare Diener. Wer ist dieser Herr von Adel, der solch einen zerlumpten Kerl in seinem Brot hat?«

»Der gnädigen Herrschaft ihr Patenkind ist er«, sagte der Dieb. »Sie hat ihn aus der Tauf' gehoben. Und ich soll der Herrschaft von ihm melden...«

»Der Herrschaft ihr Patenkind schickt dich?« rief der Hauptmann mit einem schallenden Gelächter. »Der Tausend! Steht die Sache so? Nun denn, willkommen in diesem Haus! Gott segne deinen Einzug, da du von der Herrschaft ihrem Patenkind geschickt bist. Wie alt ist denn dieses Patenkind, der liebliche Knabe?«

»Ich geb' ihm achtzehn oder zwanzig Jahre, ich kenn' ihn nicht lang«, sagte der Dieb verwundert über des Malefizbarons Gelächter und sonderbares Wesen.

Das Mädchen, das jetzt völlig angekleidet war, schlüpfte zwischen den Dragonern hindurch und trat auf den Dieb zu.

»Armer Mann, dir will es nicht gelingen, dich herauszulügen«, sagte sie. »Unsere Herrschaft hat nirgends in der Welt ein Patenkind. Gib das Lügen auf, armer Mann, fall lieber auf die Knie und heb die Händ' und bitt um christliche Barmherzigkeit.«

»Bei allen Teufeln, nein!« rief der Malefizbaron. »Ich will ihn schwitzen sehen wie den Braten über dem Feuer. Der Spaß soll weitergehen. Er will, daß ich ihn der Herrschaft vorführ' – gut, er soll es haben wie gewunschen. Er mag der Herrschaft Neuigkeiten von ihrem Patenkind erzählen. Bursche, du kommst mit mir! – Balthasar! Meine Handschuh' und meine Schärpe!«

Zwischen zwei Dragonern, die Wachslichter trugen, stieg der Dieb mit gebundenen Händen hinter dem Malefizbaron die Treppe hinauf, und nun, da die Sache so weit gediehen war, daß er endlich den Herrn von Krechwitz sehen sollte, plagte ihn die Neugierde noch mehr als zuvor, denn da war ein neues Rätsel: Warum hatte der Malefizbaron, den er als seinen Todfeind und Erzverfolger in die Türkei hinein verwünschte, warum hatte dieser Malefizbaron so wüst gelacht, als er, der Dieb, sagte, er käme von der Herrschaft ihrem Patenkind? Und die Magd, die mit dem Malefizbaron im Bett gelegen war: »Du armer Mann, die Herrschaft hat nirgends in der Welt ein Patenkind!« – Warum? Wie mußt' ein Mensch beschaffen sein, der nirgends in der Welt ein Patenkind hatte? Hat doch der ärmste Tagwerker eines. War dieser Herr von Krechwitz so wüst und ungeschaffen, daß keine Mutter ihr Kind von ihm wollt' aus der Tauf' heben lassen? Oder war er am Ende kein Christ? Saß ein Türke, ein Tatar, ein Mohr als Herr auf diesem Gut? Oder war er so geizig, daß es ihm leid war um den Tauftaler, oder...?

Der Dieb blieb vor Überraschung einen Augenblick lang stehen. Jetzt hatt' er es, jetzt wußte er es, und wären ihm nicht die Hände hinter dem Rücken gebunden gewesen, so hätte er sich mit ihnen vor den Kopf geschlagen. Jetzt war ihm alles klar. Und nun verstand er auch, warum auf diesem Gut niemand ehrlich war und keine Zucht und Ordnung unter den Knechten, und die Äcker verdorben und im Stall die Milzseuch' – und er schalt sich einen Dummkopf und einen Narren, weil er das nicht schon längst erraten hatte. »Ein kleines, armes Lämmchen, von dem nimmt jedermann leicht Wolle«, sagte er zu sich mit einem grimmigen Lachen und ballte die Fäuste, und da stand er auch schon vor einer halb geöffneten Tür, der Malefizbaron klopfte an und trat dann mit dem Anstand und der Sicherheit des Edelmannes in das Zimmer der Herrschaft, und hinter ihm stießen die beiden Dragoner den Dieb hinein.

Ja, es war so, wie er es vermutet hatte. Ein Kind stand im Zimmer, ein junges Kind, ein Mädchen von nicht mehr als siebzehn Jahren, schmal und zart und wie die heilig erschaffenen Engel so schön – das war die Herrschaft auf dem Gut Kleinroop. Sie hatte Tränen in den Augen, das sah der Dieb sogleich, und ihr gegenüber stand, an den Kamin gelehnt, der Knebelbart, der adelige Wucherer, der Freiherr von Saltza auf Düsterloh und Pencke, dem der Rentmeister den Jagdhund und das Reitpferd der jungen Herrschaft verkauft hatte.

Der Malefizbaron stand, mit dem Federhut in der Hand, breitbeinig da und grüßte.

»Komm' ich zur Unzeit?« begann er. »Ich hoff' Entschuldigung zu finden, daß ich die hochgeborene Demoiselle zu dieser späten Stunde inkommodier', muß aber morgen schon mit dem allerfrühesten zu Pferd und fort, hätt's für eine Schand' erachtet, wenn ich der Demoiselle nicht zuvor noch meine Aufwartung gemacht hätt', hoff' auch für mich auf ein kleines Plätzchen in der Demoiselle ihrer Erinnerung.«

Das Mädchen lächelte und beugte ein wenig den Kopf.

»Der Herr erweist mir große Ehr', es ist zu viel«, sagte sie mit einer zarten und leisen Stimme. »Hab' mit Leid vernommen, daß der Herr will fort. War der Herr nicht zu seiner Zufriedenheit logiert?«

Der Dieb sah sie unverwandt an. Alle seine Pläne waren zunichte geworden.

»Es ist ein Jammer«, sagte er leise zu sich selbst. »So jung ist sie, wenn ich ihr sag', daß ich hinter ihrer Knechte Diebsgriffe und Schelmenstücke gekommen bin, sie wird's nicht glauben, sie ist ein Kind, sie meint, die Welt wär' ehrlich. Und wenn ich ihr die Rechnung mach', daß sie könnt' sich und ihre Leut' von der Milch und dem Federvieh allein ernähren und noch einen Überschuß auf den Markt bringen, sie wird's nicht glauben, ihr Rentmeister hat ihr's anders gesagt, da wär' jedes Wort vergeblich gesprochen. Aber schön ist sie, ich mein', ich hab' all meine Tage nichts Schöneres gesehen.«

»Ich bin exzellent logiert gewesen, könnt's mir nicht besser wünschen«, sagte indessen der Malefizbaron mit einer Verbeugung. »Es war alles aufs beste geordnet und à point. Muß aber dennoch fort, denen Malefizgesellen incontro und auf den Pelz. Wir haben den schwarzen Ibitz und seine Bande umstellt im Fuchsengrund, ich muß zu meinen Leuten, denn morgen, wenn der Tag anbricht, da geht das große Hetzen und Jagen an.«

»So geht's in der Welt zu«, murmelte der Dieb, der zwischen den beiden Dragonern bei der Türe stand. »Den Räubern im Fuchsenloch, denen rückt er mit Strick und Beil auf den Leib, und sind doch nur arme Leut', die Räuber aber hier im Haus, die in ihrem Übermut das Gut der Herrschaft verprassen, die sieht er nicht, die läßt er ungeplagt.«

»Ich wünsch' dem Herrn Hauptmann, daß er die Sach', dieu aidant, zu einem guten Ende bringt«, sagte das Mädchen. »Sie haben es arg getrieben, der Ibitz und seine Bande, hier im Land und drüben im Polnischen, Fuhrleut' überfallen, den Bauern ihre Kühe weggetrieben – alle Tage hat man davon reden gehört. Der Herr Hauptmann ist wahrhaftig ein anderer Ritter Georg.«

»Sind doch nur arme Leut'«, murmelte der Dieb, während sich der Hauptmann, stolz über dieses Lob, seinen buschigen Schnurrbart strich. »Hätten sie zur rechten Zeit jeder einen Bissen Brot alle Tage gehabt und ein Strohdach über dem Kopf, so wären sie ehrlich geblieben. Aber so geht's in der Welt zu! Das Gesinde hier im Haus...«

»Ich bitt' die Demoiselle um Urlaub«, sagte jetzt der Knebelbart mit knarrender Stimme. »Ich muß dazusehen, daß ich zu guter Zeit nach Hause komm'. Und wenn die Demoiselle ihre Opinions sollt' ändern, so wird sie mich auch morgen noch parat und zu ihrer Disposition finden.«

»Wenn mir nur der Herr Pate wollt' den Jason und die Diana lassen«, sagte das Mädchen, und wiederum traten ihr die Tränen in die Augen.

»Die Demoiselle könnt' haben Reitpferd' genug«, meinte der Knebelbart. »Steht nur bei ihr. Auch schöne Kleider, Ketten, Ringe, alle Tage Gäste und in der Gesellschaft groß mitspielen – steht alles nur bei ihr.«

»Ich bin betrübt, daß ich dem Herrn Paten seinen Willen nicht kann tun«, sagte das Mädchen und ihre Stimme bekam jetzt einen festen Klang. »Der Herr Pate weiß, daß es nicht sein kann. Da müßt' eher die Sonne ihren Lauf verlassen. Hab' einem anderen mit dem Herzen und der Hand die Treu' versprochen, auf den will ich warten und, wenn es sein müßt', bis zum Jüngsten Tag.«

»Ich wünsch' der Demoiselle viel Glück zu diesem Entschluß«, sagte der Knebelbart kurz und in trockenem Ton. »Bis dahin halt' ich mich der Demoiselle empfohlen. Ist angespannt?«

»Mögen alle Engel sie behüten!« flüsterte der Dieb entsetzt. »Will dieser lose alte Bube sie zur Liebsten haben? Er paßt zu ihr wie der Kienruß zum weißen Schnee.«

»Es ist angespannt. Der Schlitten steht im Hof, der Kutscher wartet«, gab das Mädchen zur Antwort. »Ich hab' meine Hoffnung auf des Herrn Paten Großmut gesetzt. Wenn der Herr Pate mir doch den Jason lassen wollt'!«

»Steht nicht in Konsideration«, schnarrte der Knebelbart. »Das Reitpferd und den Hund hab' ich gekauft und mit meinem guten Geld bezahlt. Wenn man hier im Haus das Sparen gelernt hätt', wär's nicht dazu gekommen. Ein Kreuzer gewinnt den anderen, ein Gulden zwei. Aber das weiß niemand hier im Haus. Wenn hier im Haus das Holz nicht brennen will, wirft die Küchenmagd die Butter pfundweis' ins Feuer.«

»Was braucht der Herr den edlen Hund?« rief von der Türe her der Malefizbaron. »Dem Herrn taugt ein Bauernköter auch zur Jagd.«

Der Knebelbart wandte sich ihm zu und maß ihn mit hochmütigem Blick von oben bis unten.

»Ich werd' dem Herrn obligiert sein, wenn er sich um seine Affaires bekümmert«, schnarrte er. »Hab' mich in des Herrn Hauptmanns Sachen auch nie meliert. Ich weiß es wohl, ich hab' viel Feinde im Land, möcht' aber gar mancher gern an meiner Stelle sein.«

Der Malefizbaron verzog verächtlich den Mund und warf den Kopf zurück.

»Ich bin ein armer Mann«, sagte er. »Ich habe nichts zu eigen als mein kaiserliches Patent und die gute Conduite. Möcht' aber für tausend Taler nicht in des Herrn seiner Haut stecken.«

»Der Herr bekümmere sich um seine Haut und nicht um die meine, die ist nicht feil«, schrie der Knebelbart, rot im Gesicht, und die Augen quollen ihm aus den Höhlen. »Der Herr weich aus dem Weg! Ich geh'!«

»Was schreit der Herr? Hat der Herr die Hirnwut?« fragte der Malefizbaron gelassen. »Der Herr soll sich nicht aufblasen, er wird sonst noch zerbersten wie der Judas am Strick.«

»Wie der Judas am Strick?« schrie der Knebelbart und schnappte nach Luft. »Der Herr vergißt, mit wem er redet. Ich bin auch Edelgeboren, der Herr nehm sich in acht, ich hab' einen Degen, der sitzt locker in der Scheide.«

Der Malefizbaron trat einen Schritt zur Seite und wies mit der Hand auf die offene Tür:

»Der Herr wird sogleich nach Wunsch bedient sein. Ich werd' dem Herrn die Courtoisie tun, mich unten im Hof nach Edelmannsweis' mit ihm zu schlagen.«

»Gott befohlen, Herr, Gott befohlen!« rief der Knebelbart, der jetzt die Türe gewonnen hatte. »Ich hab' nicht Zeit, den Herrn länger anzuhören. Ein andermal, für heut ist es genug, die Geschäfte drängen.«

Und er ging in steifer Haltung, aber so eilig, wie er nur konnte, die Treppe hinunter.

Der Malefizbaron sah ihm einen Augenblick lang nach. Dann wendete er sich wieder dem Mädchen zu.

»Ich bitt' die Demoiselle, mich zu excusieren«, sagte er und schwenkte seinen Hut, »aber der Demoiselle ihr Herr Pate ist, mit Respekt und Devotion zu melden, ein Hundsfott. Für ihn ist ein Degenstich zu gut. Der kleinste Jung', den ich auf der Straße find', soll ihm eins über die Nase geben.«

»Er vexiert mich, daß ich müßt' ehelich mit ihm werden«, sagte das Mädchen mit einem schwachen Lächeln. »Er sagt, er tät's aus Freundschaft für meinen hochseligen Herrn Vater, daß ich aus all meiner Not käm'.«

»Wenn das Freundschaft ist«, rief der Malefizbaron, »dann will ich künftig Freundschaft suchen bei den Wölfen im Wald. Die Demoiselle sagt, sie wär' versprochen. Ist's mir erlaubt, zu fragen, wer so glücklich ist, sich der Demoiselle ihrer Affektion rühmen zu dürfen?«

Der Dieb fuhr auf wie aus einem Traum. Er hatte sich bei einem sonderbaren Gedanken ertappt: Als wäre er plötzlich ein ganz anderer, nicht mehr der Dieb, sondern der, dem dieses hochgeborene Kind sich versprochen hatte, und als hielte er sie in seinen Armen und ihre Wange schmiegte sich an die seine.

Er schrak zusammen und seufzte unhörbar und tief.

»Nein! Nein!« sagte er flüsternd zu sich selbst. »Was mein nicht werden kann, da wende Gott in Gnaden mein Herz davon.«

»Der Herr war immer gut zu mir, der Herr mag's wissen«, sagte das Mädchen. »Es ist ein Schwedischer von Adel, aus meinen frühen Tagen ein Freund, dem hab' ich mich versprochen. Er hat meinen Ring und ich trag' den seinen. Bin aber seit langem ohne Nachricht von ihm, denk' mir oft: Er hat dich vergessen, du wirst ihn aber nie vergessen. Manchmal aber wieder ist's mir, als hätt' ich noch alles zu hoffen, das Glück wird kommen vierspännig zu mir gefahren. Er heißt Christian, ist von meinem Vater ein Patenkind und von meiner Mutter Seite her ein Vetter zu mir.«

»Der ist es also, kann das denn sein?« sagte der Dieb in grenzenloser Überraschung zu sich selbst. »Hätt's nicht für möglich gehalten. Diesen adeligen Buben hat sie in ihrem Herzen, diesen Strohwisch, der nicht groß genug tun kann, wenn er in der warmen Stube sitzt, aber wenn ihm die Ohren frieren, da ist des Wehklagens kein Ende bei ihm. Diesem hochgeborenen Mauskopf hält sie die Treu'! Hätt's nicht für möglich gehalten. Und er denkt nicht an sie, er will zu seinem schwedischen Karl und in den Krieg, aber nur, wenn er eine Pelzhauben hat, daß ihn nicht friert, und dazu einen Alamode-Rock und Wagen und Pferde und die Taschen voll Geld und seidene Strümpfe und weiß Gott was noch, Taft und Atlas, sich die Nase darein zu wischen.«

»Was sagt die Demoiselle?« fragte der Malefizbaron. »Von der Demoiselle ihrem Herrn Vater ein Patenkind? Wär's möglich, daß dieser Bursche da doch nicht gelogen hat? Ich hab' ihn mit mir gebracht – komm her, du Quintessenz von allen Galgenvögeln! Da ist die Herrschaft, mach deine Reverenz und sag, wer dich geschickt hat!«

Der Dieb trat vor und bückte sich, aber er wich dem Licht der Öllampe, die mit zwei hellen Flämmchen brannte, aus, er blieb mit dem Gesicht im Dunkeln und rührte sich nicht. – »Ich darf nicht reden! Ich darf nicht reden!« durchfuhr es ihn. »Kein Wort von diesem Buben!« Aber warum er nicht reden wollte, warum er es verschweigen mußte, daß der Tornefeld ihn geschickt hatte, das wußte er in diesem Augenblicke selbst noch nicht.

»Was stehst du da und starrst die Demoiselle an wie der Mohr den Eiszapfen?« fuhr der Malefizbaron ihn an. »Jetzt sprich, sag, wer dich geschickt hat!«

»Nein! Nein! Nein!« schrie es in dem Dieb. – »Sie darf's nicht wissen. Sie läuft hin und verkauft alles, was sie noch hat, die Kleider im Kasten, die Spitzen am Hemd, das weiße Bettzeug, alles verkauft sie, damit ihm zu Galaröcken und seidenen Strümpfen geholfen sei. Sie darf's nicht wissen!«

Er wich ihrem Blick aus und sagte mit leiser Stimme:

»Es hat mich niemand geschickt.«

»Jetzt hat dich niemand geschickt?« rief der Malefizbaron. »Aber unten hast du geredet von einem Herrn von Adel, der Herrschaft ihrem Patenkind, der hätt' dich geschickt.«

»Das war gelogen«, sagte der Dieb und holte Atem.

»Hab's nicht anders erwartet«, knurrte der Malefiz-baron. »Er hat sich den Hals aus der Schlinge lügen wollen.«

Das Mädchen glitt mit unhörbaren Schritten auf den Dieb zu und blieb vor ihm stehen. Er aber wandte sein Gesicht zur Seite, er wollt' ihr nicht in die Augen sehen.

»Du armer Mann, wo kommst du her?« fragte sie. »Du siehst aus, als hätt'st du einen weiten Weg hinter dir. Der Hunger starrt dir aus dem Gesicht, geh rasch hinunter, laß dir von der Magd in der Küche ein Stück Brot in die Suppe brocken. Aber sag mir zuvor, ob dich der Christian Tornefeld zu mir geschickt hat. Wo ist er und warum kommt er nicht selbst?«

»Wenn ich ihr's sag, dann will sie zu ihm«, ging's dem Dieb durch den Kopf. »Und wenn sie nicht Wagen und Pferde hat, so läuft sie zu Fuß durch den tiefen Schnee.« Und es war ihm, als sähe er des Tornefelds lachendes Gesicht, der hielt das Mädchen in den Armen, so wie er selbst sie in seinem tollen Traum einen Augenblick lang in seinen Armen gehalten hatte.

Er starrte zu Boden und sagte:

»Ich kenn' den Herrn nicht, weiß nichts von ihm.«

»Hab's nicht anders erwartet. Wie käm' auch dieser Pfannenflicker zu dem edlen Herrn!« meinte der Malefiz-baron. »Er ist von dem Ibitz seiner Bande einer, oder mein Name soll nicht ehrlich sein. – Kerl!« donnerte er den Dieb an. »Jetzt sag, wen hast du hier im Haus gesucht, hast dich eingeschlichen.«

Der Dieb fühlte, wie ihm der kalte Schweiß auf die Stirne trat, er sah seine letzte Stunde gekommen, aber dennoch blieb er bei seinem Entschluß, sich nicht im Guten und nicht im Bösen die Wahrheit entreißen zu lassen.

»Ich hab's des Stehlens halber getan«, sagte er mit trotziger Stimme.

»So mag der Galgen haben, was ihm gehört«, entschied der Malefizbaron. »Richt dich zu Gott, Bursche, du mußt hängen.«

»Nicht ihn lassen henken!« bat das Mädchen mit einem leisen Aufschrei. »Er sieht aus so unglücklich und arm, hat sicher in seinem Leben nicht einen guten Tag gehabt.«

»Er sieht aus, so gottlos und so verrucht, daß ihm jedes Schelmenstück zuzutrauen ist«, sagte der Malefizbaron mit gefurchter Stirne. »Ich weiß besser als die Demoiselle, wie man seinesgleichen zu traktieren hat.«

»Nicht ihn lassen henken«, bat das Mädchen und hob die Hände. »Er hat nichts getan, nur daß er arm und halb verhungert ist. Laß der Hauptmann ihn gehen, tu er es mir zur Lieb’.«

Der Dieb erschauerte. Nie zuvor hatte er solche Worte gehört. Sein Leben lang hatte ihn jedermann gescholten und geschlagen, ihn mit dem Stockhaus und mit dem Galgen bedroht, die Kinder auf der Straße hatten mit Steinen nach ihm geworfen. Und dieses hochgeborene Kind hatte Erbarmen mit ihm. Dem Tode hatte er trotzig ins Auge gesehen, jetzt aber wurde ihm sonderbar zumute. Er spürte ein Drücken und Würgen in der Kehle, ein Zucken war in seinem Gesicht. Er hätte dem Mädchen für sein Leben gern etwas Liebes getan, aber daß der Tornefeld in der Mühle wartete, das sagte er ihr dennoch nicht. Er konnt’ es ihr nicht sagen.

»Die Demoiselle weiß wohl, daß ich nichts eifriger wünsche, als ihr zu dienen, sie hat allerwegen nur zu befehlen«, sagte der Malefizbaron, und es gelang ihm nicht völlig, seinen Verdruß zu verbergen. »Es ist von dem Kerl nichts Gutes zu erwarten. Aber da die Demoiselle darauf verharrt... Bursche, daß du dem Galgen entronnen bist, das dankst du der Herrschaft ihrem gnädigsten Begehren.«

Von unten, vom Hof her, kam ein langgezogenes Heulen.

»Ich bin dem Herrn Hauptmann sehr obligiert, werd’s

nicht vergessen«, sagte das Mädchen eilig. »Das ist der Jason, hört ihn der Herr? Er jammert, weil ich nicht bei ihm bin, er weiß es wohl, daß man ihn und die Diana hinwegführen will. Ich muß jetzt Abschied nehmen von meinen liebsten Gesellen, dem Reitpferd und dem Hund.«

Sie lief zum Zimmer hinaus und die Treppe hinunter. Der Malefizbaron ging ihr langsam nach. In der Tür wandte er sich noch einmal um.

»Ich will doch Borsten fressen, wenn er nicht aus des Ibitz seiner Bande einer ist«, sagte er mißmutig. »Bursche, vom Galgen bist du losgebeten, aber vom Stockknecht nicht. Nehmt ihn und gerbt ihm das Leder, er soll haben fünfundzwanzig. Dann laßt ihn laufen und er mag sich zu seinem Meister, dem schwarzen Ibitz, schleichen und ihm berichten, daß ich morgen mit Feuer und Lunte über ihn komm' und daß es ein fröhliches Jagen geben wird im Fuchsengrund.«

Der Dieb stand unten im Hof, das Gesicht der Mauer zugewendet, zwei Dragoner hielten ihn an den Armen und der dritte schwang den Haselstock. Und während Hieb auf Hieb auf seinen Rücken niedersauste, nahm, nicht hundert Schritte weit von ihm, das adelige Kind, die Herrin des Hauses, Abschied von ihren liebsten Gesellen. Sie hielt die Arme um den Hals des Pferdes geschlungen, und der Hund sprang kläffend an ihr in die Höhe. – »Leb wohl, Diana«, sagte sie voll Trauer und Zärtlichkeit. »Hab' dich immer lieb gehalten. Behüt dich Gott, mein Jason, wir müssen gehen voneinander.« – Der Knebelbart saß dicht vermummt in seinem Schlitten, er schlug die Fäuste ungeduldig gegeneinander, der Abschied währte ihm zu lang.

Der Dieb sah sie nicht, wie sie Abschied nahm, er hörte nur das Kläffen des Hundes und das Wiehern des Pferdes. Der Haselstock pfiff durch die Luft, aber der Dieb zuckte unter den Hieben nicht zusammen. – »Schlagt zu! Schlagt zu!« zischte er durch die aufeinandergepreßten Zähne. »Ich bin nicht von edlem Blut, darum treib' ich auch nicht gemeinen Wucher. Schlagt zu! Schlagt zu! Schlagt zu! Ich bin nur von geringer Herkunft, darum begehr' ich auch nicht von der Armut Geld zu nehmen und Wagen und Pferde. Schlagt zu! Schlagt zu! Was ist das für adeliges Gelichter, der Knebelbart, der vor dem Degen des Hauptmanns davongelaufen ist, der Tornefeld, der in den Krieg will, hat aber Angst, es könnten ihm die Finger erfrieren. Schlagt zu! Schlagt zu! Ich bin von anderm Holz. Besser als sie könnt' ich als Edelmann bestehen.«

Und in seinem vom Fieber erregten Hirn entstand ein ungeheuerlicher Gedanke: Als wäre er kein Landstreicher und Dieb, sondern ein Edelmann, und daß er wiederkommen müßte und Ordnung machen unter den Knechten, Ordnung auf seinem Hof, denn all das, das Mädchen, das Haus, der Hof, die Felder, das mußte sein eigen werden. »Bin lang genug am Tisch der armen Rotte gesessen«, keuchte er. »Jetzt will ich sitzen am Herrentisch.« – Und dieser Gedanke, in brennenden Schmerzen geboren, wurde übermächtig in ihm, und jeder Hieb, der auf ihn niedersauste, brannte ihn tiefer in seine Seele.

Der Haselstock flog in den Schnee, der Dieb merkte nicht, daß die Exekution vorüber war. Einer von den Dragonern reichte ihm das Hemd und den Rock und gab ihm aus seiner Flasche einen Schluck Branntwein zu trinken.

»Jetzt mach dich davon«, riet er ihm, »daß dich unser Hauptmann nicht nochmals sieht.«

Sie faßten ihn unter den Armen und wollten ihn zum Tor hinausführen, sie meinten, er stünde schwach auf seinen Beinen. Aber er machte sich los von ihnen und ging, schwankenden Schritts, aber dennoch aufrecht durch den Schnee.

In der Einfahrt wendete er sich um. Er sah das Mädchen

und das Haus und den Hof und die umgestürzte Egge, die aus dem Schnee ragte, und er umfaßte das alles mit einem Blick, als wäre es schon sein eigen. Dann ging er. Der Wind fuhr ihm ins Gesicht, der Schnee knirschte unter seinen Füßen. Und die Ahornbäume, die am Straßenrand standen, beugten ihre windgepeitschten Äste zur Erde, als wüßten sie die kommenden Dinge, als grüßten sie in diesem Mann, der den Hof verließ, den künftigen Herrn.

Als er das Dorf mit den kläffenden Hunden und der wimmernden Sackpfeife hinter sich hatte und den Weg einschlug, der zur Mühle führte, da hatte er noch keinen Plan in seinem Kopf, er wußte nur, daß ihn sein Rücken schmerzte und daß er wiederkommen müsse als ein Edelmann, zu Pferde und mit Federn auf dem Hut und mit Geld in allen seinen Taschen. In die Hölle des Bischofs durfte er nicht, er konnte dem toten Müller das gegebene Wort nicht halten. »Hab' mich der Hölle noch nicht verschrieben«, sagte er, indes er durch den tiefen Schnee stapfte, zu sich selbst. »Der Handel ist geschlossen? Nein! Kein Handel ist geschlossen, eh' nicht ein Schoppglas Branntwein darauf getrunken ist. Um den Branntwein war's dem toten Müller leid, jetzt hat er das Nachsehen. Der Dragoner, der mich gehalten hat, während der andere auf mich einschlug, der hat mir nachher Branntwein zu trinken gegeben. Ja, Bruder! Dank dir, Bruder. Darauf, daß ich wiederkomm', hab' ich getrunken. Der Handel gilt. Ja, Bruder, der Handel ist geschlossen.«

In die Hölle des Bischofs? Die Ehr', die Gnad'! Nein, das war vorüber. Er wollte in die Welt zurück und noch einmal den Kampf mit jenen Mächten aufnehmen, die ihm sein Leben lang feindlich gewesen waren. Das große Würfelspiel lockte ihn, er wollte noch einmal einen Wurf wagen. Und ihm, dem Dieb, dem es niemals gelungen war, den kargen Bauern soviel abzulisten, daß er sich davon auch nur ein einziges Mal hätte sattessen können, ihm war es jetzt, als wartete das Gold der Welt darauf, daß er es gewänne.

Das Arcanum, mit dem der Tornefeld so groß tat, das mußte er haben, das brauchte er. Mit diesem Stück geweihten Pergaments, oder was es sonst war, in der Tasche, konnte er alles Gold und alles Glück erjagen. Mochte der Tornefeld sehen, wie er ohne das Arcanum im schwedischen Heer seine Fortune machte.

Im schwedischen Heer? Nein, der Tornefeld durft' nicht zum schwedischen Heer, er durft' nicht wiederkommen, zu Pferd und mit dem Federhut und stattlich angetan. Sie liebte ihn, sie hatte ihn in ihrem Herzen, er mußt' verschwinden für alle Ewigkeit. – »In die Hölle des Bischofs mit ihm!« murmelte der Dieb, und in diesem Augenblick kam ihm der Gedanke, wie er sich des Tornefeld entledigen und dem toten Müller zugleich sein Wort halten könnte. Statt seiner sollte der Tornefeld in die Hölle des Bischofs gehen. Für neun Jahre? Für alle Ewigkeit! Nicht zwei Monate lang hält er die Arbeit an den Schmelzöfen und in den Steinbrüchen aus, der adelige Bub, das Mutterkindchen, nicht zwei Monate lang die Peitsche des Vogts und seiner Knechte. Sind andere und Stärkere dahingesunken, eh' die neun Jahre vorüber waren.

Und wie der Dieb darüber nachsann, da war es ihm, als sähe er den Tornefeld vor sich im Schnee liegen, so wie er am Morgen dieses Tages im Schnee gelegen war, verzweifelt und zum Sterben müde. Und wiederum überkam ihn das Mitleid mit dem Knaben, der dalag und von seiner adeligen Ehr' phantasierte. – Steh auf, Bruder! wollte er zu ihm sagen. Steh auf! Ich verlaß dich nicht. – Aber er zwang das Mitleid nieder. Es durfte nicht sein. Der Tornefeld mußte verschwinden für alle Ewigkeit. – »Fahr hin! Fahr hin!« rief er in den sausenden Schneewind hinein. »Ich weiß dir keinen anderen Rat. Ich kann mir die Jungfrau, die ich hab' weinen gesehen, nicht aus dem Herzen schlagen.« – Und mit diesen Worten nahm er Abschied von seinem Kameraden im Elend, mit diesen Worten hatte er dem Tornefeld das Urteil gesprochen.


Als der Dieb einen Steinwurf weit von der Mühle war, da stand plötzlich, wie aus der Erde gewachsen, der tote Müller vor ihm, im Fuhrmannskittel und mit dem Federhut. Der Dieb wollte sich an ihm vorüberschleichen, aber rechts und links waren die hohen Schneewächten und der Müller gab ihm den Weg nicht frei.

»Laß der Herr mich vorüber«, sagte der Dieb und die Zähne klapperten ihm. »Ich will ins Haus. Es ist kalt und wird noch kälter werden heute nachts, ich hab' den Buschhengst schreien gehört.«

»Was kümmert's dich, ob's kälter wird«, lachte der Müller mit einer Stimme, die klang so dumpf, als käme sie aus einem tiefen Brunnenschacht. »Dich wird's nicht frieren. Du wirst heute nachts noch lernen, wie man die Kohlen aus dem flammenden Ofen zieht.«

»Heut noch nicht«, meinte der Dieb, der indessen seinen Mut wiedergefunden hatte. »Laß der Herr mir Zeit bis morgen. Heut ist Mittwoch, das ist ein schlechter Tag, da ist unser Herr Jesus verkauft und verraten worden.«

Der Dieb hatte vermeint, bei diesem heiligen Namen müßt' das Gespenst sogleich verschwinden und zurück ins Fegefeuer fahren, aber der tote Müller stand noch immer da und sah ihm ins Gesicht.

»Ich kann nicht warten«, sagte er und schüttelte den Schnee von seinem Mantel. »Es muß noch heute sein, daß du mit mir kommst. Denn morgen find'st du mich nicht mehr hier.«

»Ich weiß, ich weiß«, stöhnte der Dieb und es lief ihm kalt über den Rücken. »Morgen wird der Herr sein ein Häuflein Staub und Asche. Laß der Herr mich gehen, ich will für ihn ein Miserere beten und ein De profundis, das ist den armen Seelen die liebste Speis'.«

»Was red'st du da! Was schwätzt du da!« rief der tote Müller. »Was hab' ich da für einen Narren am Seil? Behalt dein De profundis, ich fahr' morgen mit dem frühesten fort nach Venedig, muß meinem gnädigen Herrn von dort geschliffene Gläser bringen und Sammet und vergoldete Tapeten und zwei von den neuen spanischen Hündchen.«

»Was braucht der Herr Bischof vergoldete Tapeten und Sammet?« murrte der Dieb, der die großen Herren nie hatte leiden mögen. »Er sollt' sein Geld teilen mit den armen Leuten im Land, aber nicht leben in Prunk und Hoffart.«

»Mein gnädiger Herr ist nicht nur ein Bischof, sondern auch ein weltlicher Fürst«, belehrte ihn der Müller. »Den du sechsspännig in der vergoldeten Karosse fahren siehst, das ist der Fürst. Geh aber an Unserer Frauen Tag in die Kirche zur Messe, so wirst du den Bischof sehen, einen frommen und schlichten und wahrhaft heiligen Mann.«

»Und wenn der Teufel den weltlichen Fürsten holt«, höhnte der Dieb, »wo bleibt dann der Bischof?«

»Schweig!« rief der Müller voll Empörung. »Was hast du Kerl so gar ein ungeschaffenes Maul. Jetzt mach dich fertig, du kommst mit mir, daß du lernst mit ehrlicher Arbeit dein Brot gewinnen.«

Der Dieb blieb stehen und rührte sich nicht.

»Die Sach' hat sich geändert«, sagte er. »Ich geh' nicht mit dem Herrn.«

»Hab' ich recht gehört?« rief der Müller. »Du willst nicht mit ins gute Leben? Du Narr! Überall ist Krieg, Mord, Brand und Pestilenz, aber in dem Herrn Bischof seinem Land ist Frieden.«

»Ich such' den Frieden nicht«, sagte der Dieb. »Ich will in die Welt und dort als freier Mann bestehen.«

»Dazu ist's jetzt zu spät«, fuhr ihn der Müller an. »Zwischen uns ist eine Abred', du kommst mit mir. Ich halt' dich an deinem Wort.«

»Der Herr kann mich nicht halten an meinem Wort«, entgegnete der Dieb. »Kein Handel gilt, eh' nicht ein Schoppglas Branntwein darauf getrunken ist. Das ist hier auf Erden so der Brauch, weiß nicht, wie's in der Höllen ist.«

»Was Branntwein!« rief der Müller. »Ich hab' dich ehrlich traktiert mit Brot und Wurst und Bier ...«

»Was ich dem Herrn schuldig bin, wird ihm bezahlt«, erklärte der Dieb. »Mein Geselle, der drüben in der Stuben sitzt, der wird statt meiner mit dem Herrn gehen.«

»Der drüben in der Stuben?« rief der Müller unwillig und voll Ärger. »Dich will ich. Was soll mir der müßige Bursche? Der ist ein fressend Pfand, das zu nichts taugt. Kostet den gnädigen Herrn mehr an einem Tag, als er ihm einbringt in einer Woche.«

»Er ist schwach durch Hunger und ausgestandenes Elend«, sagte der Dieb. »Laß der Herr ihn nur erst zu Kräften kommen. Dann wird der Herr sehen, wie mein Geselle den Hebebaum schwingt und mit den bloßen Händen den Stein vom Felsen bricht.«

»Dich will ich und nicht den anderen«, schrie der Müller, und er trat ganz nah an den Dieb heran und faßte ihn an seiner Brust. »Mit dir hab ich die Abred' getroffen. Dich halt' ich fest.«

Der Dieb fühlte die eisige Hand des toten Müllers, sie lag so schwer auf seiner Brust wie im Traum der Alb. Er fand keinen Atem, es war ihm, als zwängten eiserne Klammern sein Herz zusammen. Er sah wohl, daß dieser verlorenen Seele, die aus dem Fegefeuer kam, übermenschliche Kraft gegeben war. Er wollte fliehen und konnt' es nicht. Und in

seiner Bedrängnis entsann er sich des Segens, der richtige
Segen fiel ihm ein, mit dem man Gespenster bannen
konnte. Und keuchend und ächzend rief er die Worte des
Spruchs in die dunkle Nacht:

>>Im Namen Jesu und Marie
fall hin, fall hin auf deine Knie
und bitt die Jungfrau und das Kind,
daß deine Seel' Erlösung find'.<<

>>Was plärrst du da? Ist jetzt Bet- und Singstund'?<< hörte er
die Stimme des toten Müllers, der lag auf der Erde, und der
Dieb konnte wieder atmen und sich regen, der Alb saß
nicht mehr auf seiner Brust. >>Hilf mir auf die Beine!<< rief
der Müller. >>Was hast du mich gestoßen, der Henker lohn
dir's! Jetzt lieg' ich hier im Schnee.<<
Der Dieb wußte wohl, daß er den toten Müller nicht gestoßen hatte. Der Segen, der ihm im richtigen Augenblick
über die Lippen gekommen war, der war's gewesen, der
hatte solche Wirkung getan, daß das Gespenst von ihm,
dem Dieb, hatte ablassen und in die Knie fallen müssen. Er
bückte sich zur Erd' und fragte:
>>Hab' ich Urlaub? Läßt der Herr mich gehen?<<
>>Scher dich, wohin du willst, es braucht dich keiner<<,
schrie der tote Müller, und dabei haschte er nach der Hand
des Diebs und richtete sich auf. >>An deinem Geplärr hab'
ich erkannt, was du für ein Vogel bist. Geh! Renn zum Galgen und such dir einen, der dich henkt, ich will mit dir
nichts mehr zu schaffen haben.<<
Der Weg war frei. Der Dieb lachte leise vor sich hin und
dann wandte er sich und ging auf die Mühle zu. Er hatte
das Spiel gewonnen, das Gespenst, das alle Jahr auf einen
Tag aus seinem Grabe kam, um seinem gewesenen Herrn,
dem Bischof, mit lebendigem Fleisch und Blut einen Pfennig von seiner Schuld zu zahlen, dieses Gespenst hatte

keine Gewalt mehr über ihn. Aber einen anderen Kampf hatte er jetzt zu bestehen, den Kampf mit dem Tornefeld, der in der Hölle des Bischofs verschwinden und ihm, dem Dieb, seinen adeligen Namen und das glückverheißende Arcanum lassen mußte.

Der Tornefeld sprang auf von der Ofenbank, als der Dieb in die Stube trat.

»Jetzt kommst du?« sagte er verdrießlich und rieb sich die Augen. »Daß du einen rechtschaffenen Kavalier so lange warten läßt!«

Der Dieb zog eilig die Tür hinter sich zu, denn der Wind hatte eine Wolke von nassen Schneeflocken in die Stube geweht.

»Bin gelaufen, was ich konnt'. Hatt' auch alle Ursach' dazu«, sagte er.

»Nun?« fragte Tornefeld. »Wie steht mein Handel?«

»Liederlich genug. Es wird schlechte Freude bei dir setzen«, gab der Dieb zur Antwort und hing seinen hundertfach geflickten Mantel zum Trocknen über das Herdfeuer.

»Hast du mit meinem Herrn Vetter nicht gesprochen?« fragte Tornefeld.

»Nein«, sagte der Dieb. »Der ist mit Extrapost ins ewige Leben abgereist, läßt keinen mehr zur Audienz zu.«

»Sprichst du die Wahrheit?« rief Tornefeld. »Er ist gestorben?«

»Ich schwör' dir's«, sagte der Dieb. »So gewiß ich ein seliges Ende haben will, er ist tot. Bruder, wie stehst du da so arm und gottverlassen!«

»Tot. Mein Herr Pate tot, und ich hab' meine Hoffnung auf ihn gesetzt«, murmelte Tornefeld betroffen. »Er war meines Herrn Vaters Vetter und guter Freund, Gott hab' sie beide selig. Und wer sitzt an seiner Stelle auf dem Hof?«

»Ein Mädchen«, sagte der Dieb und starrte ins Feuer.

»Ein Kind. So gut, so jung. Wie ein zur Erd' gestiegener Cherub, so schön.«

»Die Demoiselle, seine Tochter, Maria Agneta, ma Cousine!« rief Tornefeld. »Ist sie noch da, so hab' ich gewonnen. Hast du mit ihr geredet?«

»Ja«, log der Dieb. »Und sie wußt' sich deiner lang nicht zu entsinnen. Erst als ich ihr den Ring zeigte...«

»Da wußte sie, wer dich geschickt hat«, rief Tornefeld erfreut. »Hast du ihr gesagt, daß ich hier in der Mühle bin und daß ich Wagen und Pferde brauch' und einen Mantel und...«

»Sie hat mir's abgeschlagen und versagt«, fuhr der Dieb in seiner Lüge fort. »Sie ist arm. Sie wüßt' selbst nicht, wovon sie sich nähren sollt', hat sie gesagt. Der Hof verschuldet, kein Geld im Haus, Pferd und Wagen verpfändet. Der Herr Vetter sollt' selbst dazusehen, wie er zum schwedischen Heer käm', hat sie gesagt.«

»Kein Geld im Haus!« wiederholte Tornefeld bedrückt. »Aber wie sah es dereinst dort aus! Immer Feuer unter dem Spieß, immer Gäste im Haus, immer Fische im Trog, immer Wildbret im Salz! Und Geld hatte mein Herr Pate, er hätte können drei Kirchen mit zwölf Türmen bauen mit seinem Geld.«

Er schwieg und ließ den Kopf hängen. Dann fuhr er mit einem müden Lächeln fort:

»Wollt' sich meiner nicht erinnern, die Demoiselle? Es ist wahr, es sind Jahre her, daß ich sie zuletzt gesehen hab'. Wir waren Kinder, beide. Wir haben einander Liebe und Treue gelobt, aber das ist vergessen, die Zeit ist darüber hinweggelaufen.«

Er ging in der Stube auf und nieder und blieb dann vor dem Dieb stehen.

»Ich bin allein in der Welt, es ist niemand da, der sich meiner annimmt. Aber ich muß dennoch zum schwedischen Heer. Ich muß! Ich muß!«

»Willst fliegen wie ein Falk' und hast nicht Federn«, spottete der Dieb. »Dein König wird sich ohne dich behelfen.«

»Schweig!« rief Tornefeld. »Glaubst du, daß ich deswegen ein Hundsfott bin, weil ich kein Geld in der Tasche hab'? Ich bin ein Schwede und ein Edelmann, ich will fort, heute noch, ich muß zu meinem König.«

Er schlug sich an die Seite, als hätte er dort noch seinen Degen. Dann trat er an das Fenster.

»Der Wind pfeift und treibt die Schneeflocken vor sich her«, sagte er mit beklommener Stimme. »Eine Nacht ist's heute wie ein Höllenschlund.«

»Ja, heute nachts beichten die Wölfe einander ihre Sünden«, meinte der Dieb. »Und du willst fort. Du kommst nicht weit, Bruder, nur bis zu deinem Leichenstein.«

»Kleine Tagmärsche«, sagte Tornefeld. »Abends bei den Bauern hinter dem Ofen. Eine Schüssel Mus, eine Kanne Bier, das geben die Bauern um Gotteslohn. Morgen, wenn der Tag anbricht, geh' ich von hier.«

»Bruder, ach Bruder!« klagte der Dieb mit einer falschen Stimme. »Ich hab' dir noch nicht alles gesagt. Die Musketiere! Ich wollt' meine Haut darein geben, daß dir geholfen sei. Aber ich glaub', dir ist schon aufgetan die Tür der Ewigkeit.«

»Die Musketiere? Was red'st du da?« stammelte Tornefeld und der Schweiß trat ihm auf die Stirne. »Aufgetan die Tür der Ewigkeit? Ich beschwöre dich bei dem lebendigen Gott, du mußt mir alles sagen, was du weißt.«

»Die kaiserlichen Musketiere, die haben dich als Deserteur verurteilt, daß du mußt Leib, Leben und Ehr' verlieren.«

»Das weiß ich«, sagte Tornefeld und fuhr sich über die Stirne. »Aber die sind weit von hier.«

»Nein, Bruder, sie sind nicht weit«, log der Dieb. »Sie liegen eine Kompagnie stark auf dem Gutshof im Quartier, die kaiserlichen Musketiere. Und ihr Hauptmann . . . Jesus Maria! . . .«

Er starrte auf die Ofenbank, da saß in seinem roten

Wams der tote Müller, keiner hatte ihn kommen gesehen. Er saß da mit bleckenden Zähnen und krummem Maul und lachte und hatte ein Bein über das andere geschlagen, und jetzt begann er mit krächzender Stimme zu singen:

>Wer läuft im Trab
zwischen Kräh' und Rab'
und kommt doch nicht von der Stelle?
Und tanzt im Kreis
nach des Todes Weis' ...«

»Hör der Herr auf, ich mag's nicht hören!« schrie Tornefeld mit verzerrtem Gesicht dem Müller zu, und dann wandte er sich an den Dieb und fragte:

»Sprichst du die Wahrheit? Bist du ihnen begegnet?«

Der Dieb sah wohl, daß der Tornefeld vor Angst nicht wußte, wo er bleiben sollte. Aber er fühlte kein Mitleid. Zu Stein gefroren war sein Herz.

»Für das, was ich sag', will ich mich kurz und klein hauen lassen«, beteuerte er mit einem scheuen Seitenblick auf den toten Müller. »Ich bin gelaufen, was ich konnt', um dich zu warnen. Der Hauptmann, als er hörte, daß du in der Mühle seist, da hat er sich vor meinen Augen beim Teufelholen verschworen, daß er dich wollt' hängen sehen. Und die Korporäle, die saßen beim Feuer und würfelten, wer von ihnen dich sollt' zum Galgen führen.«

Tornefeld schrie auf, als hätt' er schon den Strick um den Hals, und über sein Gesicht floß ein Schweißtropfen um den anderen.

»Ich muß fort«, keuchte er. »Sie dürfen mich hier nicht finden. Laß mich nicht im Stich, Bruder, hilf mir, daß ich davonkomm', mein Leben lang will ich dir's danken.«

Der Dieb zuckte die Achseln, als wüßte er keinen Rat.

»Der Schnee liegt dicht und hoch«, sagte er. »Du entläufst ihnen nicht, sie holen dich ein.«

Und während er noch sprach, begann der tote Müller von neuem zu krächzen und zu singen, und mit den Händen schlug er den Takt zu seinem Lied:

>>Und tanzt im Kreis
nach des Todes Weis'
und tanzt so steif
nach des Todes Pfeif'
die letzte Tarantelle...<<

>>Schweig der Herr, will er mich ägrieren? Ich mag's nicht leiden<<, rief Tornefeld. Er griff voll Zorn an seine Seite, wo er dereinst den Degen getragen hatte. Aber im nächsten Augenblick kam die Sterbensangst wieder über ihn und er nannte den Dieb seinen Herzbruder und liebsten Freund und bat ihn mit aufgehobenen Händen, um Gottes und seines Leidens willen ihm zu helfen, damit er könnt' sein Leben behalten.

Der Dieb tat, als dächte er nach.

>>Mir ist leid um deinen Hals<<, sagte er, >>und ich will dir helfen aus brüderlicher Lieb'. Du wolltest zum schwedischen Heer, aber einem Edelmann sind in der Welt viel Netz und Strick gestellt, darüber er sich zu Tode fällt, hingegen ein gemeiner Mann, der kommt leichter durch. Gib mir das Arcanum, das du unter deinem Rock verborgen trägst, so geh' ich statt deiner zum schwedischen Heer.<<

>>Das Arcanum? Nein!<< rief Tornefeld. >>Ich hab' meinem Herrn Vater an seinem Sterbebett versprochen, daß ich es in des Königs höchsteigene Hände legen werd'.<<

>>Folgst du nicht mir, so wirst du dem Henker folgen<<, sagte der Dieb gelassen. >>Man kann für seinen König auch am Galgen sterben. In einer Stunde sind die Musketiere hier, mach dir selbst die Rechnung, wie die Sache ausgehen wird.<<

Tornefeld schlug die Hände vors Gesicht und stöhnte.

»Bruder!« sagte er dann leise. »Ich will dir die Wahrheit sagen. Mit meiner Courage ist's nicht weit her, ich weiß es wohl. Ich will mein Leben behalten, ich hab' eine Höllenangst vor Tod und Ewigkeit. – Da, nimm!«

Er holte unter seinem Rock das Arcanum hervor, das war ein gedrucktes Buch. Der Dieb griff danach mit beiden Händen und hielt es fest, daß es ihm der Tornefeld nicht wieder nehmen könnte.

»Es ist Gustav Adolfs Bibel, er hat sie unter seinem Harnisch getragen, als er bei Lützen fiel«, sagte Tornefeld. »Sie ist getränkt mit seinem edlen Blut. Mein Vater hat sie von seinem Vater, der war bei Lützen im blauen Regiment Obrist. Du sollst sie geben in des Königs eigene Hände. Ich hab' mir Ehr' und Glück im schwedischen Heer davon verhofft, vielleicht daß sie zu deiner künftigen Fortune die Ursache wird. Und was wird nun, Bruder, aus mir?«

Der Dieb hatte die Bibel schon unter seinem Rock versteckt.

»Dort, wohin ich dich bring', bist du aller Not entronnen«, sagte er. »Mir ist ein Plätzchen zugesagt in des Herrn Bischofs Eisenhammer und Pochwerk. Dorthin wirst du statt meiner gehen. Bist geborgen vor den Musketieren, denn der Herr Bischof hat seine eigene Gerichtsbarkeit. Du wirst bleiben, bis deine Sach' beim Regiment kassiert und annulliert ist, wirst dem Herrn Bischof redlich dienen.«

»Das will ich. Redlich dienen. Ich dank' dir, Bruder, und möge es dir vergolten werden hier unten und dort oben«, sagte Tornefeld und wies mit der Hand auf die Erde und gegen den Himmel.

»Ist der Handel geschlossen?« rief von der Ofenbank her der tote Müller. »So sollt ihr darauf, daß er gilt, Straßburger Branntwein trinken, ein Glas oder zwei.«

Er stand auf und stellte die Flasche und die Gläser auf den Tisch, aber Tornefeld schüttelte den Kopf.

»Mir steht nicht nach Banquettieren der Sinn«, sagte er mit gepreßter Stimme. »Ach, Bruder! Daß ich bin so tief gefallen!«

»Besser als daß du stündest hoch oben auf der Galgenleiter«, meinte der Dieb. »Das Leben ist ein kostbar und zerbrechlich Gut, wer weise ist, der hat drauf acht. Trink, Bruder! Du sollst trinken Sankt Johanns Segen, da kann dir der Teufel nichts Böses tun.«

»Ich trink'«, sagte Tornefeld mit starrem Blick und griff nach dem Glas, »auf meinen König, den Löwen des Nordens, daß er das Reich gewinnt. Es wächst eine Blume in seinem Garten, die heißt die ›Kaiserkron‹. Ich trink', daß er möge noch lange und herrlich leuchten. Und ich trink' auf das Wohl aller braven schwedischen Soldaten – ich bin's nicht mehr.«

Er trank das Glas mit einem Zug leer und dann warf er es an die Wand, daß es klirrend zerbrach.

Es war kalt in der Stube. Das Kerzenstümpflein am Tisch flackerte und war im Erlöschen. Die Nachtmar kroch durch die Türritzen und lag schwer auf Tornefelds Brust.

Der Müller stand auf und reckte den Hals.

»Die Zeit ist da, die Stunde ist gekommen, daß du mußt mit mir gehen.«

Sie traten zu dritt vor die Tür. Der Wind heulte nicht mehr, die Luft war kalt und klar, über den Schneehalden und über den dunklen Wäldern lag ein bleiches Mondlicht. Tornefeld blickte in die Nacht hinaus, ob er die Musketiere, die ihn greifen wollten, erspähen könnte, aber nichts Lebendiges war zu sehen, nur die schneebedeckte Heide und Weg und Steg und Ackerland und Baum und Busch und Stein und Moor und in weiter Ferne ein Licht in einem Haus.

»Versprich mir, Bruder«, bat Tornefeld mit leiser Stimme den Dieb, »daß du wirst die Bibel legen in meines Königs Hände.«

»Ich versprech' dir's Bruder, vor Gott und seinem Angesicht«, sagte der Dieb und wies mit einer weitausholenden Gebärde in die dunkle Nacht auf Busch und Stein und Moor und Ackerland. »Ich hab' dir immer Redlichkeit bewiesen.« – Und heimlich sprach er zu sich selbst: »Der König ist reich genug, was braucht er den geweihten Schatz? Ich hab' ihn, mir taugt er, und ich halt' ihn fest, der Teufel selbst soll ihn mir nicht nehmen.«

An der Wegscheide nahmen die beiden Abschied voneinander.

»Ich dank' dir vom Herzen, Bruder, daß du mir geholfen hast«, sagte Tornefeld. »Es ist noch Treue in der Welt. Leb wohl, und wenn's dir wohl ergeht, so denk an mich!«


Am Waldesrand stieß der Müller einen schrillen Pfiff aus, da traten drei Männer hinter den Bäumen hervor, drei Kerle mit Feuernarben in ihren wüsten Gesichtern, und der eine von ihnen legte seine haarige Hand auf Tornefelds Schulter.

»Was für ein feines Büblein bringst du uns da?« rief er mit einem dröhnenden Lachen dem Müller zu. »Der soll wohl Milchbrei bei uns schlecken.«

»Nimm deinen Arm von meiner Schulter!« fuhr ihn Tornefeld an. »Ich bin ein Edelmann und dergleichen nicht gewohnt.«

»Edelmann hin, Edelmann her!« rief der zweite, und beide schlugen mit ihren Prügeln wie toll auf Tornefeld ein.

»Was schlagt ihr mich? Was hab ich euch getan?« schrie Tornefeld vor Entsetzen auf.

»Das ist nur der Willkommgruß. Daß du's gewohnt wirst«, lachten die beiden und dann trieben sie ihn mit Stößen und Schlägen vor sich her durch den Wald, dorthin, wo die Flammen durch die Dächer schlugen und das geschmolzene Erz im Kessel stöhnte.

Der dritte Mann war bei dem Müller stehengeblieben. Er wies auf den Dieb, der, eilig und ohne sich umzusehen, im Mondlicht über ein Schneefeld huschte.

»Der macht sich davon«, sagte er. »Hab' mein Leben lang solche Sprünge nicht gesehen. Ist er dir entlaufen?«

Der Müller schüttelte den Kopf.

»Der entläuft mir nicht«, sagte er mit einem lautlosen Lachen. »Den seh' ich wieder. Er sagt, daß er wolle zum schwedischen Heer, aber er kommt nicht hin. Das Gold und die Liebe sitzen am Wegrand.«

# Zweiter Teil
## Der Gottesräuber

Mit der Bibel Gustav Adolfs unter dem Mantel ging der Dieb seinen Weg, der führte durch Busch und Wald, über Stein und Moor in den Fuchsengrund, wo der schwarze Ibitz mit seinen Leuten lag.

Daß er durch die Postenkette der Dragoner, die den Fuchsengrund umstellt hatten, hindurch mußte, davor war ihm nicht bange. Denn sich ungehört und ungesehen zu machen, wenn Gefahr drohte, das gehörte zu seiner Diebskunst, der Fuchs und der Marder hätten von ihm das Schleichen lernen können. Doch etwas anderes bedrückte ihn: daß er diesem Narren, dem Tornefeld, versprochen hatte, das Arcanum, das geweihte Buch, in die Hände des schwedischen Königs zu legen. Das wollte er nicht tun. Der Schatz, den er unter seinem Mantel verborgen trug, der mußte bleiben. Und da ihn sein Gewissen drückte, begann er den Tornefeld zu schelten und mit ihm zu streiten, als ginge er noch immer neben ihm her.

»Schweig, du Mauskopf!« murmelte er verdrossen. »Du mußt immer dein Maul offen haben und die Zunge wetzen. Schnapp nach Fliegen mit deinem Maul, aber mich laß ungeplagt. Ich soll gehen zum schwedischen Heer? Bruder, wenn du einen Narren haben willst, so such dir einen, es sind hier genug im Land, die sich um die Schellenkappe balgen. Ich scher' mich kein Haar um deinen König. Will er haben den geweihten Schatz, so mag er ihn sich holen, ich werd' mir um seinetwillen die Schuhe nicht entzweilaufen. Meine Schuh', die sind mir teuer, ich hab' sie mit meinen fünf Fingern erhandelt, der König wird mir keine neuen verehren. Dein König, der ist ein sparsamer Herr, der zählt, heißt es, alle Hacken und Schaufeln in seinem Heer, daß ihm nur keine verlorengeht.«

Der Dieb blieb stehen und holte Atem, denn der Weg führte bergauf. Dann im Weitergehen begann er wiederum auf den Tornefeld, der weit von ihm war, einzureden, und diesmal versuchte er es mit guten Worten.

»Nimm mir's nicht krumm, Herzbruder«, sagte er, »aber du hast, weiß Gott, ein verstocktes Gemüt. Du willst mich schicken zum schwedischen Heer? Was wartet meiner dort? Vier Kreuzer alle Tag und dazu Frost, Hunger, Hiebe, harte Arbeit, Strapazen und Gefechte, Insolenzien und Plackereien, Gott sei geklagt des bösen Lebens. Hab' lang genug zur Wassersuppe Brot aus gemahlenem Erbsenstroh geschluckt, jetzt will ich in die vollen Schüsseln langen. Meine Zeit ist gekommen. Bruder, ich hab' das Arcanum und ich behalt' es, wer sollt' es mir nehmen? – Ich hätt' einen Eid geschworen, sagst du? Ich weiß davon nichts. Wer hat's gehört? Hans Niemand hat's gehört. Nun? Wo sind deine Zeugen? Sind keine da? Du hast geträumt, Bruder, ich weiß von keinem Eid. – Wie nennst du mich? Einen Bösewicht und ehrlosen Schelm? Jetzt ist's genug, Bursche! Ich sehe wohl, ich werd' dich fuchteln müssen, daß dir die Rippen krachen, sonst wirst du nicht kontent. Noch ein Wort, Bursche...«

Er hielt inne und horchte in die Nacht hinaus, er hatte das Schnauben eines Pferdes gehört. Das waren die Dragoner. Lautlos ließ er sich zur Erde niedergleiten, und dann arbeitete er sich vorwärts durch das Gestrüpp, mit unendlicher Vorsicht, Zoll um Zoll – an den Tornefeld dachte er nicht länger, den schlug er sich aus dem Sinn für alle Zeiten.


Der Tag brach an, da war der Dieb im Fuchsengrund.

Auf einer Waldlichtung sah er eine halbverfallene Köhlerhütte, und vor der Türe stand ein Mann in einem schwarzen polnischen Rock und hielt Wache mit der Muskete in beiden Händen. Am Türpfosten hing ein abgehäuteter Hase. Vor der Hütte brannten zwei Feuer, die warfen zuckende Lichtstreifen über den gefrorenen Boden, und zwischen den Feuern lagen die Leute des schwarzen Ibitz in ihre Mäntel gehüllt und schliefen, denn die Hütte war klein und konnte nur wenigen ein Obdach bieten. Noch zwei andere von der Bande waren wach, die hatten Fleischstücke an ihre Messer gesteckt und hielten sie über das Feuer. Ein alter, abgetriebener Klepper stand angebunden an einen Baum und fraß sein Futter aus seinem Maulsack.

Eine Weile blieb der Dieb hinter den Bäumen stehen. Einer von den Schlafenden regte sich, verlangte Branntwein und begann zu fluchen. Der Mann, der vor der Hütte Wache hielt, lehnte die Muskete an die Tür und rieb sich seine vom Frost erstarrten Hände. Die beiden, die am Feuer saßen, hatten das Fleisch von den Messern genommen und schoben sich die Bissen in den Mund.

»Gesegne es Gott«, sagte der Dieb und trat aus dem Dunkel hervor. »Nur drauflosgegessen! Laßt es euch schmecken, Brüder, und verbrennt euch nicht den Mund!«

Die beiden starrten ihn an, und der eine von ihnen sprang auf und würgte den Bissen hinunter, den er in der Kehle hatte; vor Schrecken und vor Anstrengung traten ihm die Augen aus den Höhlen.

»Wer bist du?« brachte er endlich hervor. »Haben dich unsere Posten passieren lassen? Wo kommst du her? Von den Dragonern? Geht das böse Wetter schon auf?«

Der Mann, der vor der Türe stand, hatte seine Muskete erhascht und rief ein verspätetes »Halt, wer da?« in den Wald hinein.

»Gut Freund«, sagte der Dieb. »Ich komme nicht von den Dragonern. Ich hab' von eurer Bedrängnis gehört und bin hier, um euch zu helfen!«

Der Mann, der beim Feuer saß, hatte den Dieb unverwandt angesehen, und jetzt stand er auf und sagte:

»Dich kenn' ich. Du bist der Hahnenschnapper, streichst im Land herum. Was kommst du her und sprichst so hochverwegen?«

»Ich kenn' dich auch«, erklärte der Dieb. »Sie nennen dich den Wendehals, in Magdeburg bist du im Stockhaus gelegen.«

»Ja, ich bin der Wendehals«, sagte der Räuber. »Und der dahier ist der getaufte Jonas. Und jetzt sprich: Welcher Hagel hat dich hieher geschlagen?«

»Ich bin gekommen, um euch zu helfen, weil ihr im Elend sitzt bis über die Ohren«, gab der Dieb zur Antwort. »Wenn der Malefizbaron über euch kommt, will ich euch beistehen.«

»Du willst uns beistehen?« rief der Wendehals mit einem schrillen Lachen. »Du Narr! Bist in dein Unglück geraten, wie die Fliege in den heißen Brei. Der Malefizbaron hat hundert Dragoner, und wir sind unser zwanzig und haben keine Pferde und nur fünf Musketen. Eh' eine Stund' vorüber ist, sind wir alle gefangen, daß Gott erbarm' in Ewigkeit! Wie willst du uns helfen?«

»Was seid ihr für verzagte Bösewichte, habt allen Mut verloren«, lachte der Dieb. »Und hätt' der Malefizbaron so viel Dragoner als Blätter sind auf grünem Feld, ich fürcht' ihn nicht. Hat er Dragoner, so hab' ich Husaren. – Wo ist euer Hauptmann?«

Nun waren auch die anderen Räuber wach geworden, sie hatten sich erhoben und standen im Kreis und blickten mißtrauisch und verwundert auf den Mann, der nur mit einem Prügel bewaffnet war und sich vermaß, dem Malefizbaron und seinen Dragonern die Stirn zu bieten.

»Du hast Husaren?« rief der getaufte Jonas. »Kerl, du lügst, daß der Turm zu Babel sich müßt' auf die Seite biegen. Wer soll dir's glauben? Daß euch der Donner alle miteinander erschlag, dich und deine Husaren! Wo sind sie? Wo hast du sie?«

»Glaub es oder glaub es nicht, das gilt mir gleich«, entgegnete der Dieb. »Sie liegen im Wald und warten, daß ich sie hol'. Wo ist euer Hauptmann, der schwarze Ibitz? Der ist solch ein Mannskerl, hat man mir gesagt, der Teufel selbst kann ihm nicht überkommen. Mit dem will ich reden, der wird nicht Furcht haben, daß er muß Pulver riechen.«

»Der schwarze Ibitz«, sagte der Wendehals, »liegt auf dem Stroh in seiner Hütten. Er hat das Fleckfieber und schreit nach einem Pfaffen, er will sterben.«

Ein beißender Rauch erfüllte die Stube, der stieg aus einer Pfanne empor, in der Pech und Wacholderholz brannten. Der schwarze Ibitz lag auf dem Stroh und warf sich hin und her und röchelte. Und obgleich er einen Schafspelz und rote Pantoffeln trug wie der Herzkönig im Kartenspiel, sah er mit seinem schwarzen Bart und seinen kühnen und grausamen Zügen furchterregend aus, auch jetzt, wo es mit ihm zu Ende ging.

Ein junges rothaariges Weib kauerte im bloßen Hemd neben ihm auf der Erde und rieb ihm mit Schneewasser und Essig die Stirne ein. Auch der Feldscher war in der Stube und noch ein zweiter von der Bande, der Feuerbaum, ein entlaufener Pfaffe. Die beiden hatten vergeblich an allen Ecken und Enden nach dem Gold des schwarzen Ibitz gesucht, auch das Stroh, auf dem er lag, hatten sie durchwühlt, und jetzt redeten sie ihm zu, er sollt' seine Sünden bekennen und bereuen, denn sie hofften, daß er ihnen in seinem Fieberwahn verraten werde, wo er seine Taler versteckt hätt'. Und so eifrig waren sie bei ihrem Werk, daß sie den Dieb nicht sahen, der in die Stube getreten war.

»Hauptmann! Hauptmann!« stöhnte der Feldscher. »Du mußt fort von hier, der Tod hat schon sein Maul und Rachen nach dir aufgetan. Du mußt vor Gottes Thron und heilige Gerichtsbarkeit.«

»Du hast Gott erzürnt mit vielen und schweren Sünden«, sagte der Feuerbaum und er hob die Hände und legte sie an seine Brust wie der Priester, der das Confiteor betet. »Nimm Christum auf in dein Herz, daß sich die Gnadentür dir öffne.«

Aber soviel sie auch sprachen, es war alles vergeblich. Der Ibitz wollte nicht hören, es war, als hätten sie in einen kalten Ofen geblasen. Das junge Weib an des Ibitz Seite nahm einen Löffel und versuchte dem Todkranken ein wenig Muskatwein einzuflößen.

»Lobet den Herrn, der zu Zion wohnt«, begann indessen der Feuerbaum von neuem seine Predigt. »Will denn kein frommes Wort aus deinem Hals heraus? Was soll dir dein Geld, Hauptmann? Du mußt es doch in der Welt lassen und nimmst mit dir nichts als deiner Sünden Last.«

In diesem Augenblick kam der schwarze Ibitz, vielleicht durch den genossenen Wein, vielleicht auch, weil er von seinem Geld hatte sprechen hören, für eine kurze Weile wiederum zu Sinnen. Er schlug die Augen auf und haschte mit den Händen nach dem jungen Weib, er nannte es sein Geißlein, seine Liebste und seine Seele und dann suchte er mit seinen Augen den Feldscher und fragte:

»Feldscher, wie spät ist's in der Nacht?«

»Die Zeit ist für dich vorüber und die Ewigkeit bricht an«, gab statt des Feldschers der Feuerbaum zur Antwort. »Richt deine Augen zu Gott, Hauptmann. Auf Erden ist keine Gnade für dich, du bist gar bald in des Tods Gewalt, aber Gott ist barmherzig. Darum beicht und bekenne deine Sünden!«

»Mit Fleisch und Eier essen im Fasten, damit hat, als ich noch ein Knabe war, die Sünd' begonnen«, klagte der schwarze Ibitz mit leiser Stimme.

Aber das war es nicht, was die beiden, der Feldscher und der Feuerbaum, zu hören begehrten.

»Hast auch gestohlen, geraubt, falsch Gewerb' getrieben, viel Gut zusammengebracht«, hielt ihm der Feuerbaum vor und schlug sich dabei vor die Brust, als wäre er in der Kirche beim Sanktus. »Daß Gott walte, Hauptmann, denk an deine Seligkeit!«

»Geraubt, gestohlen«, fuhr der schwarze Ibitz in seiner Beichte fort. »Hab' von des armen Mannes Schweiß und Blut gelebt.«

»Und jetzt beicht uns, wo du des armen Mannes Geld versteckt hast!« rief der Feuerbaum. »Bekenne es, eh' es zu spät ist, und hab Reue und Leid über deine Sünden, sonst bist du mit Leib und Seele verloren und für ewig des Teufels!«

»Nein, Schurke, dir zu Gefallen nicht!« keuchte der schwarze Ibitz. »Da soll mich eher der Teufel von hier hinwegführen, als daß ich dir, du Schurke ...«

Er hatte sich aufgerichtet, und jetzt hielt er inne, er hatte den Dieb gewahrt, der an der Tür stand. Und in seinem Fieberwahn hielt er ihn für den Teufel, der gekommen war, um ihn hinwegzuführen.

»Er ist da! Er ist da!« schrie er. »Warum habt ihr Tür und Fenster nicht besser verwahrt? Der schwarze Kaspar steht da und will nach mir greifen.«

Das junge Weib sah den Dieb und ließ vor Schrecken den Löffel mit dem Muskatwein auf die Erde fallen. Und der Feldscher und der Feuerbaum riefen wie aus einem Munde:

»Wer bist du! Was willst du?«

»Mit diesem da, mit eurem Hauptmann, will ich ...«, begann der Dieb, aber da hatte sich der schwarze Ibitz mit letzter Kraft von seinem Lager erhoben und kam in seinem Schafspelz und seinen Pantoffeln schwankenden Schritts auf ihn zu.

»Laß der Herr mich!« bat er mit einem irren Blick und klappernden Zähnen. »Ich hab' vor einer Stund' erst drei Paternoster gebetet, ich bin fromm, ich bin fromm. Es sind andere genug da, Spitzbuben allesamt, warum muß ich es sein?«

Und in seiner Sterbensangst riß er die Tür auf und deutete mit der Hand hinaus:

»Es sind ihrer genug da, nimm sie dir, sie gehören dir, nimm sie dir alle und führ sie hinweg von hier, aber mich laß in Frieden!«

Dann schwanden ihm die Sinne und er fiel hin. Das junge Weib zog ihn auf das Strohlager und wischte ihm den Schweiß von der Stirne. Der Dieb stand noch einen Augenblick lang verwundert da, dann aber wandte er sich und trat hinaus und zog die Tür hinter sich zu.

Draußen war es Tag geworden. Die beiden Feuer vor der Hütte waren im Erlöschen, eine bleiche, kalte Sonne stand über den Wipfeln der Tannen. Der Dieb hüllte sich fester in seinen Mantel. Einen Augenblick lang horchte er nach der Hütte hin, aber drin war alles still. Dann sagte er zu den Räubern, die im Kreise um ihn standen:

»Ihr habt es gehört. Er hat mich an seine Stelle gesetzt und zu eurem Hauptmann gemacht, und ich soll euch von hier hinwegführen.«

Unter den Räubern war ein Murren und ein Gelächter, und einer von ihnen rief:

»Du Narr, wohin willst du uns führen? Vielleicht ins Zwiebelland, wo die Narren wachsen und das Kalb den Metzger schlägt? Weißt du nicht, wie es um uns steht, und daß die Dragoner über uns sind? Wie sollen wir ihnen entrinnen, wir haben keine Pferde, wir sind abgemattet und harrassiert.«

»Wir werden sie bewillkommnen«, sagte der Dieb.

»Haltet euch resolut und fürchtet nichts. Wir werden sie abfertigen, daß ihrer keiner mehr unser begehren wird.«

»Hauptmann!« fragte der Wendehals, »woher hast du deinen guten Mut?«

»Den hab' ich mir nicht ersungen und nicht ersprungen«, gab der Dieb zur Antwort. »Merkt auf: Ich trag' ein Arcanum unter meinem Rock, das hat solche Kraft, daß mir alles muß wohl geraten. Und wenn ihr mir folgt, so wird das Glück bei euch schneien in großen Flocken.«

»Ich mein' auch, es ist besser, wir wehren uns«, rief der Wendehals, der schon halb gewonnen war. »Denn wenn wir uns dem Malefizbaron ergeben, dann gilt für uns, was der Koch von den Schleien sagt: Ein Teil sieden, ein Teil braten. Wer von uns nicht gehenkt wird, der kommt mit dem Brandzeichen auf der Stirne für lebenslang nach Venedig auf die Galeeren.«

»Wenn wir nur hätten Musketen genug!« meinte einer aus dem Haufen. »Wir wollten den Malefizbaron mit all seiner Macht nicht fürchten.«

»Was braucht ihr Musketen!« lachte der Dieb. »Ein dicker Prügel ist besser, der schießt nie daneben. Merkt auf: Ich acht' die Dragoner nicht für schlechte Soldaten. Sie können Schildwach' stehen, auch schanzen und graben und Brücken legen, mit der Schaufel und dem Spaten, da sind sie Meister. Aber laßt es nur zum Fechten kommen, so werdet ihr sehen, daß sie verzagter sind als die alten Weiber.«

»Und deine Husaren?« rief der Wendehals. »Hast mit ihnen großgetan. Wo sind sie? Wo bleiben sie?«

»Verzieh ein Weilchen, so will ich sie holen«, sagte der Dieb. Er zog seinen leeren Diebssack unter dem Rock hervor und dann ging er und verschwand im Waldgestrüpp und zwischen den Tannen.

Als er wiederkam, hing ihm der Diebssack schwer von der Schulter. Er hatte zuvor, als er durch den Wald gegangen war, nicht weit von diesem Platz in einem hohlen Baum ein Hornissennest entdeckt, das trug er jetzt in seinem Diebssack.

»Da sind sie, meine kleinen Husaren«, sagte er und hielt den Sack in die warme Luft über die Feuerstelle. »Sie werden bald munter sein. Sie sollen dem Malefizbaron ein Lied singen, das er noch nie gehört hat.«

Ein leises Summen war zu vernehmen. Der Gaul, der an den Baum gebunden war, spitzte die Ohren, schlug aus und wollte davon.

Die Räuber hatten begriffen, was ihr neuer Hauptmann mit den Hornissen im Sinne hatte. Ein wilder Eifer kam über sie, sie wollten dabei sein und den Kampf mit dem Malefizbaron und seinen Dragonern bestehen. Und sie begannen, einer den anderen zu überschreien:

»Wir werden sie abtun.«

»Wir wollen sie schlafen legen.«

»Ich werd' dem Malefizbaron das Licht ausblasen.«

»Wir werden nach ihnen schießen wie nach wilden Enten.«

Indessen kam einer, der Posten gestanden war, aus dem Wald gelaufen und rief, die Dragoner kämen von zwei Seiten über die Wiese geritten und es seien ihrer mehr als hundert. Und wiederum begann ein wildes Durcheinanderschreien:

»In die Wehr, Gesellen! Der Feind ist da!«

»Frisch Zündkraut aufgelegt! Die Muskete mit dreien Kugeln geladen!«

»Auf und ihnen entgegen!«

»Nicht auf den Kopf anschlagen, sondern auf die halbe Mannshöh'.«

»Ich ziel' in den großen Haufen, da tu' ich keinen Fehlschuß.«

»Stille!« gebot der Dieb. »Gesellen, ich geh' voran, ich hab' mit dem Malefizbaron zuvor ein Wort zu reden. Wenn ihr mich sagen hört, ›Fuchs‹, merkt euch, daß ist die Losung, dann brennt ihr los, und wer keine Musketen hat, der legt den Dragonern den Prügel um die Ohren. Und nun vorwärts und haltet euch redlich, und wem bang' ist bei der Sache, der bleib' zurück.«

»Dem Herrn Hauptmann meld' ich submissest«, sagte der Wendehals, »daß keiner von uns zurückbleibt.«

»Im Namen Gottes«, sagte der Dieb und warf seinen Diebssack über die Schulter.

Als der Malefizbaron an der Spitze seiner Vorhut durch den schütteren Hochwald ritt, da sah er im fahlen Schneelicht des Morgens die Räuber, die zu fangen er gekommen war, in geschlossenem Haufen ihm entgegentreten auf dem Waldweg, der in den Fuchsgrund führte. Und obgleich etliche von ihnen Musketen trugen, meinte er dennoch, daß sie entschlossen und bereit seien, sich ihm auf Gnad und Ungnad zu ergeben, denn daß sie einen neuen Mut gefaßt hatten, das wußte er nicht. Er gab darum seinem Falben den Sporen und wollte auf sie zu, da rief ihn aus der Höhe eine Stimme an:

»Bleib der Herr! Reit der Herr nicht weiter! Die Sach' geht übel aus.«

Der Dragonerhauptmann blickte auf und sah hoch oben im Geäst einer Kiefer einen Menschen sitzen, der schwenkte die Beine, als wüßte er sich nirgends in der Welt einen besseren Platz, und in den Händen hielt er einen vollen Sack.

Der Malefizbaron ritt, die Pistole mit aufgezogenem Hahn in der Faust, an den Baum heran und schrie:

»Komm herunter, Bursche, und laß sehen, wer du bist, oder ich jag' dir eine Kugel durch die Haut.«

»Was soll ich unten, ich sitz' hier gut«, lachte der Dieb. »Der Herr kehr um, das ist mein Rat, der Herr mach sich davon, denn weit vom Schuß ist gut für Leber und Milz.«

»Kerl, jetzt erkenn' ich dich«, rief der Malefizbaron. »Von allen Schurken, die Gott erschaffen hat, bist du der schlimmste. Ich hab's gewußt, daß du von der Bande einer bist, aber was ich dir gestern schuldig geblieben bin, das werd' ich dir heute auf Heller und Pfennig bezahlen. Such dir den Baum aus, an dem du hängen willst.«

»Der Herr will braten ungefangene Fisch'«, spottete der Dieb. »Hör der Herr auf mich, ich mein's ihm gut. Retirier er beizeiten, zu jähe Sprünge geraten nicht wohl.«

Indessen war die Hauptmacht der Dragoner herangekommen und hatte begonnen, sich um den Malefizbaron zu scharen. Und das eben war es, was der Dieb mit seinem Reden bezweckte, er wollte die Dragoner in geschlossenem Haufen haben.

Einer von ihnen drängte sein Pferd an den Baumstamm und rief:

»Komm herunter, Bursche, daß ich dir das Fell abzieh', ich will's um zehn Kreuzer dem Paukenschläger verkaufen.«

»Dich schüttel' ich herunter, Männlein«, schrie ein anderer, »und nehm' dich auf die Achsel und renn' mit dir bis hinein nach Ungarn ohne Rasten.«

»Wenn ihr und euer Hauptmann seid so mutig und stark«, höhnte der Dieb, »was laßt ihr den Türken noch länger in Konstantinopel residieren? Ich bin nur einer gegen euch, aber ich rat euch wohl: Fahrt nicht zu jäh in den Haferbrei, ihr verbrennt euch das Maul.«

»Daß dich zehntausend Sackerment schänd'!« Komm herunter vom Baum!« schrie der Malefizbaron, der jetzt die Geduld verlor.

»Hat's der Herr so eilig?« meinte der Dieb gelassen. »Ich hab's so eilig nicht. Muß dem Herrn zuerst seine Pferd' mit Hals- und Beinbrechen segnen.«

»Genug!« rief der Malefizbaron. »Rechts schwenkt! Die Reihen öffnet! Fertig zur Attacke! Und du, gib dich und komm herunter, oder ich schieß'.«

Und er hob die Pistole und legte auf den Dieb an, indes sich seine Reiter zur Attacke formierten.

»So hüte jeglicher Fuchs seinen Balg!« rief der Dieb so laut, daß es durch den Wald schallte, und mit diesen Worten hatte er seinen Gesellen das Zeichen gegeben.

Der Schuß fiel, die Kugel traf den Dieb in die Schulter, der aber hatte im gleichen Augenblick das Hornissennest mitten unter die Dragoner geworfen.

Anfangs war nur ein leises Surren und Singen zu vernehmen, die Reiter horchten auf und wußten nicht, was das bedeuten sollt'. Da stieg plötzlich eines von den Pferden kerzengerade in die Höhe und ein zweites sprang jäh zur Seite und schlug aus, seine blanken Hintereisen zuckten durch die Luft. Ein Fluch, ein zorniger Ausruf, das Aufschreien der von dem Eisen getroffenen Reiter, und einen Augenblick lang hörte man noch die Stimme des Malefizbarons, der sah, was kommen sollt', und seinen Leuten zurief: »Auseinander! In eine Reih'!«. Aber da brach auch schon rings um ihn die Hölle los.

Die Pferde in der Mitte des Haufens wollten ausbrechen, weil die Hornissen über sie geraten waren, sie bäumten sich und überschlugen sich und stürzten auf die Reiter nieder, die aus dem Sattel geflogen waren. Ein unbeschreibliches Getöse erfüllte den Wald: Pferdegewieher, Wehgeschrei, Flüche, streitende Stimmen, Kommandorufe, auf die niemand hörte, Musketen- und Pistolenschüsse und der Widerhall von all diesem Lärm. Der geordnete Reiterhaufen hatte sich in ein wildes Durcheinander von Pferdeleibern, Pferdehufen und schreienden, ächzenden und fluchenden Menschen verwandelt, von Menschen, die sich an die Mähnen der Pferde klammerten oder an den Bügeln hingen, von Musketenrohren, geschwungenen Säbeln, von Händen, die ins Leere griffen, und verzerrten Gesichtern. Und in dieses wirre Durcheinander schlugen die Musketenkugeln der Räuber ein.

Da war nicht Haltens und Kommandierens mehr. Die Pferde stoben auseinander und rasten mit ihren Reitern oder ihrer ledig über Busch- und Wurzelwerk wie toll durch den schütteren Wald. Nur wenige von den Dragonern versuchten, so wie sie wieder auf ihren Beinen standen, sich neu zu formieren, über die fielen die Räuber mit ihren Knüppeln und Musketenkolben her.

Der Malefizbaron war jetzt seines Pferdes Meister geworden, er riß es herum und wollte seinen Leuten zu Hilfe kommen. Aber es war zu spät, schon hatten die Räuber sie auseinandergetrieben. Und da er nun sah, daß für diesmal seine Sach' verloren war, gab er seinem Pferd mit einem Fluch die Sporen und ritt davon, und der Dieb rief ihm vom Baum herab ein spöttisches Lebewohl nach:

»Was reitet der Herr so ohne Abschied über Hals und Kopf? Er verderbt sich sein Pferd.«

Der Weg war frei, die Räuber hatten nichts weiter mehr zu tun, als die ledigen Pferde einzufangen und sich beritten zu machen. Der Dieb ließ sich sachte vom Baum herabgleiten und blieb an den Stamm gelehnt stehen. Seine Wunde begann zu schmerzen, das Blut sickerte ihm durch Hemd und Rock. In der Ferne blies der Trompeter des Malefizbarons das Signal zum Sammeln. Auf dem zerstampften Schneeboden lagen zwischen Blutlachen, verwundeten Dragonern, zuckenden Pferdeleibern und zerrissenem Sattelzeug vor Frost erstarrt die wahren Sieger dieses Tages, die Hornissen.

Dann, als die Räuber Pferde genug hatten, saßen sie auf, hoben ihren verwundeten Hauptmann in den Sattel und ritten mit Jubeln und Hüteschwenken in den Fuchsengrund zurück.

Als sie zur Köhlerhütte kamen, da stand der Feldscher vor der Tür, der riß die Augen auf, als er seine Gesellen zu Pferde dahertraben sah.

»Mirakel!« rief er. »Ihr seid da? Ich hätt's nicht geglaubt. Ich hab' gemeint, wir würden uns wiedersehen, wie der Wolf den Fuchsen wiedersah, da hingen sie beide an des

Kürschners Stange. Jetzt sitzt ab, wir trinken eins, und dann nehmt Schaufel und Spaten, der schwarze Ibitz ist tot, wir müssen ihn begraben.«

Der Dieb richtete sich im Sattel auf und sagte:

»Ein Paternoster und Ave Maria für ihn und Gott hab' ihn selig, zu mehr ist nicht Zeit, wir müssen davon. Wer mitkommen will, der sitz hinten auf, wer bleiben will, der bleib.«

Und als seine Leute zu murren begannen, fuhr er sie an:

»Ich bin euer Hauptmann, ihr habt zu gehorchen. Der Malefizbaron sammelt seine Leut' und will zum anderenmal über uns herfallen. Wir müssen davon. Ihr habt es gesehen, wie so rasch sich dreht das Rad des Glücks.«


Um die Mittagsstunde machten sie in einer Schenke halt, die war nicht weit von der polnischen Grenze. Hier wußten sie sich sicher. Der Dieb lag auf dem Heuboden und fieberte, der Feldscher hatte seine Wunde verbunden, der Wendehals war bei ihm geblieben. Seine neuen Gesellen saßen unten in der Wirtsstube und tranken polnischen Branntwein und lärmten, daß man es eine Meile weit hören konnte.

»Hauptmann«, sagte der Wendehals, der neben dem Verwundeten im Stroh kauerte. »Steht's so schlimm mit dir? Du stöhnst, als wolle dir das Leben vergehen.«

»Ich hab' zuviel von meinem Zinnober spendiert«, sagte der Dieb mit einem schwachen Lächeln. »Es geht mir übel genug. Wenn's mir übler ging, müßt' ich wohl sterben. Aber ich will nicht sterben, ich will mir mein Glück holen, und wär' es mit Ketten ans Firmament geheftet, ich will's mir holen.«

Er versuchte sich aufzurichten, sank aber gleich wieder auf das Stroh zurück.»Die halten unten ein großes Saufen und Banquettieren«, sagte er, »machen einen Lärm wie die

Frösche im Frühling, aber das Miserere kommt hinten nach. Sie sehen nicht des Henkers Strick und Rad. Wir müssen fort. Sag mir von jedem den Namen, und was er kann, so will ich dir wiederum sagen, wer von ihnen mit uns geht und wer bleiben mag.«

»Mich kennst du«, begann der Wendehals seinen Bericht. »Ich bin der Wendehals.«

»Ja, dich kenn' ich«, bestätigte der Dieb. »Im Magdeburger Stockhaus bist du mein Gesell' gewesen. Da gab's Brot aus gemahlenem Erbsenstroh. Du kommst mit mir.«

»Und ich will dir ein guter Gesell' bleiben«, beteuerte der Wendehals, »bis mir die Seele ausfährt und man in kahler Erde mich verscharrt.«

»Weiter! Weiter!« drängte der Dieb. »Der nächste. Wie heißt er? Was kann er?«

»Der schiefe Michel. Der ist gut, wenn's zum Raufen kommt. Er nimmt's mit dreien auf im Schießen, Fechten und Stechen.«

»Schießen, fechten und stechen – das dient nur zu lauter Ungemach«, murmelte der Dieb. »Den will ich nicht, dem geb' ich Feierabend.«

»Der Pfeiferbub«, fuhr der Wendehals fort, »der kann gut laufen, läuft mit dem Hund und dem Hasen um die Wette.«

»So mag er laufen, wohin er will, ich halt' ihn nicht«, entschied der Dieb. »Deck mich zu mit Stroh, mir ist gar bitter kalt.«

»Der tolle Mathes«, fuhr der Wendehals fort. »Wenn es gilt, Säbelhiebe auszuteilen, ist er der beste.«

Der Dieb war abseits mit seinen Gedanken. Den Wundsegen! Wenn er nur den Wundsegen wüßte! Der Schmerz war wieder mit Macht über ihn gekommen, es war, als wolle sein Leben verrinnen zugleich mit seinem Blut. Es gab einen Wundsegen, der hatte so zauberische Gewalt, daß das Blut stillestehen mußte, doch er konnte sich seiner nicht entsinnen, vergeblich zermarterte er sein Hirn, er fand die Worte nicht.

»Der tolle Mathes«, wiederholte der Wendehals. »Der kennt keine Furcht, deckt jeden Rückzug. Hörst du mich, Hauptmann?«

»Ja, ich hör' dich«, sagte der Dieb mit klappernden Zähnen. »Kennt er keine Furcht, so kennt er auch die Vorsicht nicht. Er mag gehen seines Wegs, ich brauch' ihn nicht.«

»Das Eulenmännchen«, fuhr der Wendehals fort. »Das braucht keinen Schlaf, kann sieben Tage lang wach sein.«

»Was soll der mir?« murrte der Dieb. »Hast du keinen, der Schlüssel löten und feilen kann und Schlösser in Wachs abdrücken?«

»Der Feuerbaum«, sagte der Wendehals, »dem ist kein Schloß zu fest und keines zu künstlich.«

»So mag er mit uns gehen«, entschied der Dieb, und mit einem leisen Stöhnen sagte er zu sich selbst:

»O wehe! Das sticht, das brennt. Daß mir der kalte Brand nur möcht' abgewendet sein!«

»Der Veiland«, sagte der Wendehals. »Der hat eines Fuchsen Ohr, hört auf drei Stunden weit Pferde wiehern, auf zwei Stunden Hunde bellen und Hähne krähen, auf eine Stunde Menschen reden.«

»Der wird einen guten Aufpasser abgeben«, erklärte der Dieb, »den nehm' ich mit mir.«

»Dann der Zinngießer-Hannes, daß ich den nicht vergess'«, fuhr der Wendehals fort. »Der ist so stark, bricht jede Tür auf, wenn er mit der Schulter gegen sie rennt.«

»Der taugt nicht zu uns«, meinte der Dieb. »Der macht nur Lärm, und ich mag nun einmal den Lärm nicht leiden. Weißt du mir keinen besseren?«

»Den Brabanter, der kann sich im Nu verstellen in einen Bauern, Fuhrmann, Krämer oder Studenten.«

»Der ist für uns der rechte«, sagte der Dieb. »Gutes Kundschaften ist immer von Nutzen.«

»Er kann auch französisch parlieren«, setzte der Wendehals hinzu.

»So ist er Schmalz auf meiner Suppen«, rief der Dieb.
»Und ich will's von ihm lernen, daß ich in der Welt kann als
Edelmann bestehen.«

»Als Edelmann?« fragte der Wendehals verwundert.
»Was red'st du da? Red'st du im Fieber?«

»Nein, ich bin ganz bei mir«, gab der Dieb zur Antwort.
»Und jetzt sind wir unser fünf, das ist genug. Geh hinunter
und sag denen dreien...«

»Aber die anderen?« rief der Wendehals. »Der Klap-
proth, der Afrom, der rote Konradsbub, der gehängte
Adam, der getaufte Jonas! Wir haben gelobt, zusammen-
zustehen und voneinander nicht zu weichen.«

»Es steht dir nicht zu, deinem Hauptmann in die Red' zu
fallen«, wies ihn der Dieb zurecht. »Zu schweigen und zu
gehorchen, das steht dir zu. Was ihr einander gelobt habt,
ist eure Sache und nicht die meine. Ich will nicht viel Volk,
ich will nicht, daß wir in einem Haufen beieinanderstehen
wie die Feldhühner im Winter. Fünf Finger sind an einer
Hand, daß sie greifen kann – warum nicht sechs, sieben
oder zehn? Und wenn's zum Teilen kommt, da sind wir
unser fünf schon zu viel.«

Er schwieg und atmete schwer, denn das Sprechen
machte ihm Mühe. Wie aber der Wendehals hörte, daß
vom Teilen die Rede war, da kam ihm ein Gedanke, den
wollte er nicht für sich behalten.

»Ich weiß nicht weit von hier einen reichen Bauern«, begann er. »Der hat viel Schinken in seiner Kammer, auch
Eier und Schmalz, im Keller Wein, in den Truhen Geld...«

»Nein«, sagte der Dieb und warf sich in seinem Fieber
auf die andere Seite. »Ich will dem Bauern nicht aufbrechen seine Kisten und Kasten, ich will nicht rauben und
brennen in den Dörfern. Ihr sollt den Ackermann lassen
bei seiner Arbeit.«

»So willst du am Weg liegen und Fuhrwerk' überfallen?« fragte der Wendehals.

»Nein. Das will ich nicht. Hab' anderes im Sinn«, stöhnte der Dieb und griff nach seiner Wunde. »Aus den Pfaffen ihren Häusern will ich das Gold mir holen.«

»Aus den Pfaffen ihren Häusern das Gold?«

»Aus den Kirchen und Kapellen das Gold und Silber«, erklärte der Dieb. »Mir ist's, als schrie's mich an, daß ich sollt's mit mir nehmen.«

»Da wollt' ich lieber, daß mich der Donner erschlag'«, rief der Wendehals entsetzt. »Das ist Todsünd'! Das ist Gottesraub.«

»Gib acht und spitz die Ohren, ich will dir ein Ding erzählen«, flüsterte der Dieb. »Alle Ding', die du auf Erden find'st, sind Gottes. Das Gold und Silber in den Pfaffen ihren Häusern ist Gottes und es bleibt Gottes, auch wenn wir's in unseren Säcken haben. Ich mein', es ist ein gutes Werk, den ruhenden Schatz unter die Leut' zu bringen. Ist's aber, wie du sagst, eine Sünd', so weißt du wohl: So wenig, wie du einen Rock machen kannst ohne Elle und Scher' und ein Haus nicht bauen kannst ohne Maurer und Zimmerleut', so kannst du auch zu guten Tagen nicht kommen ohne jegliche Sünd'.«

Der Wendehals nickte eifrig mit dem Kopf, daß er verstanden hätte und nun mit dem Hauptmann eines Willens wäre, und der Dieb fuhr fort:

»Geh hinunter und sag denen dreien, daß sie sich sollen bereithalten, um Mitternacht reiten wir, und für mich schaff einen Karren, daß ich kann auf dem Stroh liegen.«

Der Wendehals ging die Treppe hinunter, da kam hinter einem Strohhaufen die rote Lies hervor, die hatte alles gehört.

»Hauptmann!« bat sie. »Nimm mich mit dir und ich will dich liebhalten wie mein eigenes Herz.«

Der Dieb schlug die Augen auf.

»Wer bist du?« fragte er. »Ich brauch' dich nicht. Du hast rote Haar', und ich mag nicht Katz' noch Hund von dieser Farb'.«

»Die rote Lies bin ich, dem schwarzen Ibitz sein Geißlein. Der ist nun tot und ich bin allein in der Welt. Nimm mich mit dir.«

»Es kann das Geißlein nicht mit den Wölfen laufen«, flüsterte der Dieb.

»Ich kann wohl mit den Wölfen laufen«, sagte das Mädchen. »Nimm mich mit dir und ich will jede Arbeit machen. Flachs spinnen, kochen, waschen. Ich sing' auch zur Laute. Aus Hasenbälgen mach' ich warme Handschuh'. Und für deine Wunden hab' ich eine Salbe aus Engelsüß und Ehrenpreis und Wegebreit und Wintergrün. Es ist auch eine Blume, die heißt der Teufelsbiß, ein Lot davon und drei Lot von der Taubnessel mit roten Blüten . . .«

»Daß nur der kalte Brand mir möcht' abgewendet sein«, stöhnte der Dieb.

»Die Elben, die den Brand machen, die schick' ich an einen wüsten Ort, ins Wasser oder in einen hohlen Baum, ich kenn' den Segen«, versprach die rote Lies.

Der Dieb sah sie an und sagte mit fliegendem Atem und mit einem Röcheln in seiner Stimme:

»Den Segen! Wenn du den Segen weißt, so sag ihn, und ich will dich mit mir nehmen. Den Segen! Um alles in der Welt, den Segen!«

Das Mädchen dachte einen Augenblick lang nach, und dann begann es zu singen:

> »Als der Herr Jesus im Kreise ging,
> Da lief ein Stöhnen durch alle Ding'.
> Es weinte alles Laub und Gras . . .«

»Nein!« unterbrach sie der Dieb. »Das ist der rechte Segen nicht. Den anderen Segen! Den rechten Segen!«

»Den anderen Segen«, wiederholte die rote Lies. Und dann legte sie die Hand auf das blutgetränkte Leinen, mit dem die Wunde verbunden war, und begann mit leiser Stimme von neuem zu singen:

»Es wuchsen drei Blumen...«

»Ja! Das ist der Segen, der rechte Segen«, keuchte der Dieb. »Sing weiter! Sing ihn zu End'!«
Und das Geißlein sang:

»Es wuchsen drei Blumen auf Gottes Geheiß,
Die eine blüht rot, die andere weiß,
Die dritte heißt Gottes Wille.
Blut steh stille!«

»Blut steh stille!« flüsterte der Dieb. Er schloß die Augen und es war ihm, als löse der Schmerz die grausam-spitzen Krallen von seiner Wunde und flöge davon mit schweren, langsamen Flügelschlägen. Die Müdigkeit kam über ihn und der Schlaf, ein tiefer, traumloser Schlaf. Sein Atem ging ruhig, und unter dem Stroh schmiegte sich das Geißlein an seine Seite.

Länger als ein Jahr hindurch hausten die Gottesräuber in dem ganzen Land zwischen der Elbe und der Weichsel – in Pommern und in Polen, in Brandenburg und in der Neumark, in Schlesien und in den Lausitzer Bergen. In diesen Gegenden waren die Übeltäter immer zahlreich gewesen, aber nach den Heiligtümern Gottes zu greifen, dessen hatte sich bis dahin noch niemals eine Diebshand vermessen, auch in den Zeiten der schweren Kriegsnot nicht. Und daß das nun anders geworden war, darüber war das Entsetzen groß. Anfangs glaubte man, es müßten ihrer mehr als hundert sein, die überall im Land am Werke waren, die geweihten Stätten zu plündern und zu schänden. Dann, als es sich erwies, daß es nur eine einzige Bande von nicht mehr als sechs Köpfen war, die solchen Frevel beging, da hieß es alsbald, die Gottesräuber verstünden die zauberische Kunst, sich in den Augenblicken der Gefahr unsichtbar zu machen, und darum sei es nicht verwunderlich, daß es dem Malefizbaron niemals gelingen wollt', auch nur einen einzigen von ihnen in seine Gewalt zu bekommen, so sehr er auch hinter ihnen her war. Und viele sagten, daß der Satan, der ewige Feind Gottes, sich in eigener Person als ihr Hauptmann an ihre Spitze gesetzt hätt', um die Kirchen und Kapellen ihrer Heiligtümer zu berauben.

Der erste, der diesen Hauptmann zu Gesicht bekam, war der Pfarrer von Kreibe, einem kleinen schlesischen Dorf, das zu dem Besitztum des Herrn von Nostitz gehörte.

Der Pfarrer war an einem Tag im Mai nach der Abendandacht in das Nachbardorf gegangen, um dort mit dem Krämer einig zu werden, dem er seinen Honig verkaufen wollte, denn er war Bienenzüchter. Dann, als er den Krämer verließ, hatte ihn ein Gußregen genötigt, in der Wirtsstube Zuflucht zu suchen, und so war es schon nah der Mitternacht, als er nach Kreibe zurückkehrte.

Wie er nun an der Kirche vorüberkam, sah er hinter dem Fenster einen Lichtschein, und für einen Augenblick wurde in der pechschwarzen Finsternis der auf Glas gemalte heilige Georg in seinem blauen Mantel sichtbar und der Drachen, dem der dörfische Maler die Gestalt einer trächtigen Kuh mit Fledermausflügeln gegeben hatte.

Der Lichtschein war sogleich wieder verschwunden, doch der Pfarrer wußte nun, daß Leute in der Kirche waren, und obwohl sie einige Gegenstände von beträchtlichem Wert barg – ein fast mannshohes, schweres, silbernes

Kruzifix und ein elfenbeinernes Bildnis Unserer Lieben Frau mit einer goldenen Krone, beides Weihgeschenke des Herrn von Nostitz, der vier Jahre zuvor an den Pocken krank gelegen war –, dachte der Pfarrer nicht einen Augenblick lang an die Gottesräuber, sondern nur an die beiden Fäßchen Honig, die er zugleich mit den Räucherpfannen, dem Blasebalg und anderen Imkergeräten in der Sakristei verschlossen hielt, denn die schien ihm der einzige sichere Ort in seinem Dorf zu sein.

Die Kirchentür war versperrt, und er ging, den Schlüssel zu holen, erfreut darüber, daß er nun endlich die Honigdiebe auf frischer Tat ertappen konnte. Dann trat er, mit einem Donnerwetter auf den Lippen und einem Wachslicht in den Händen, in die Kirche ein.

Ein Windstoß blies ihm das Wachslicht aus. Er ging noch einige Schritte im Dunkeln, da fiel der Schein einer Blendlaterne auf sein Gesicht und glitt an seiner Soutane herab bis zu seinen Füßen, und er sah einen Mann vor sich stehen, der eine Pistole auf ihn gerichtet hielt.

Das Donnerwort erstarb auf seinen Lippen und er brachte in seiner Angst nichts anderes hervor, als ein geflüstertes »Gelobt sei Jesus Christus«.

»In Ewigkeit, amen, hochwürdiger Herr«, sagte der Mann, der vor ihm stand, mit großer Höflichkeit. »Es täte mir leid, wenn ich den Herrn erschreckt hätte. Ich hab' mich hier zu Gast geladen, obgleich ich nicht die Ehre hab', dem Herrn bekannt zu sein.«

Jetzt erst gewahrte der Pfarrer, daß der Mann eine Maske vor dem Gesicht trug, und es war ihm klar, daß er mit einem von den Gottesräubern sprach. Vor Schrecken wollte ihm das Herz stillestehen. Und während er noch auf die Maske starrte, wurde plötzlich die schwere eiserne Tür der Sakristei geöffnet und drei Männer traten hinter ihr hervor, die hatten ihre Gesichter mit Tuchlappen verhüllt und zwei von ihnen trugen das silberne Kruzifix und der dritte hielt die Krone vom Haupte Unserer Lieben Frau, des Pfarrers Räucherpfanne und ein Diebslicht in den Händen.

»Um Jesu willen, wie ist es möglich, daß euch die eiserne Tür nicht widerstanden hat?« ächzte an allen Gliedern schlotternd der Pfarrer, denn sie war mit Riegeln und Stangen wohl verwahrt gewesen und den Schlüssel hatte er soeben erst aus seinem Spind geholt.

Der Mann mit der Maske ließ die Pistole sinken und machte eine leichte Verbeugung, als hätt' ihm der Pfarrer mit seinen Worten eine große Ehr' erwiesen, für die er ihm danken müßt'. Dann sagte er:

»Der hochwürdige Herr mag wissen, daß eine eiserne Tür für uns nicht mehr als eine Spinnweben ist. Sie macht uns keine Molesten.«

Und zu seinen Gesellen gewendet, fuhr er fort:

»Macht rasch, wir haben nicht Zeit, wollen auch den hochwürdigen Herrn nicht länger als nötig incommodieren.«

Der Pfarrer sah, wie sie das Kruzifix und die goldene Krone in einem großen Diebssack verschwinden ließen. Er wußte wohl, daß ihm als Hüter dieser Heiligtümer seine Pflicht gebot, Lärm zu schlagen, Mordio zu schreien, die Treppe im Glockenturm hinaufzulaufen und Sturm zu läuten, daß man's meilenweit hören müßte. Aber er bangte um sein Leben. Und so blieb er stehen und tat nichts von alledem und schlug nur ein über das andre Mal die Hände zusammen.

»Das sind die Weihgeschenke unseres gnädigen Herrn«, jammerte er. »An denen wollt ihr euch vergreifen? Er hat sie Gott gegeben und nicht den Menschen.«

»Nein«, sagte der Hauptmann in völlig ruhigem Ton. »Nur das, was er von seinem Reichtum den Armen gegeben hat, das hat er Gott gegeben. Alles andre aber hat er der Welt gegeben, und ich nehm' mir mein Teil.«

»Das, was ihr da tut, ist die allerschwerste Sünd', es ist Gottesraub«, rief der Pfarrer. »Laß die Hände von den Heiligtümern, oder du bist verdammt in die tiefste Höllen für alle Ewigkeit.«

»Der hochwürdige Herr sollt' nicht so streng sein mit den Sündern«, meinte der Hauptmann. »Es braucht einer den andern. Denn wenn es keine Sünder gäbe und keine Sünde, wer begehrte dann noch eines Pfarrers?«

Jetzt war es dem Pfarrer klar, daß der Teufel aus diesem Mann sprach. Denn nur der Erzlügner und Widersacher Gottes konnte mit solch glatten, arglistigen und verruchten Reden eines Menschen Sinn verwirren. Er wich einen Schritt zurück, schlug eilig das Kreuzzeichen und dann murmelte er mit entsetzter Simme:

»Satan, Satan! Recede a me! Recede!«

»Was meint der Herr?« fragte der Mann mit der Maske. »Ich hab' den Herrn nicht verstanden. Ich bin nicht studiert, das Latein taugt mir zu nichts.«

»Daß der Teufel in dich gefahren ist, hab' ich gesagt«, rief der Pfarrer. »Er red't aus deinem Mund.«

»Hochwürdiger Herr, ich bitt' überaus: Nicht so laut, es könnten's die Leut' hören«, sagte der Gottesräuber mit leisem Spott. »Und wenn der Teufel in mich gefahren ist, so tat er es nach Gottes Willen und Beschluß. Denn ohne Gottes Beschluß kann der Teufel nicht einmal in eine Sau fahren, lies der Herr Mathäum.«

Er wandte sich und trat zu seinen Gesellen. Der Pfarrer sah ihm nach und überlegte, wie er diesen Mann beschreiben müßt', daß man ihn späterhin erkennen und ergreifen könnt'.

»Stattlich, von mehr als gewöhnlicher Länge«, sagte er zu sich selbst. »Im Gesicht mager, soweit man's sehen kann. Wenn er nur die Maske nicht hätt'! Eine Lockenperücke, ein weißbordierter Hut, ein schwarz und weiß verbrämter Mantel. Das ist alles, und für ein Signalement ist es nicht viel.«

Indessen hatte der Hauptmann dem einen von seinen Gesellen die Räucherpfanne aus den Händen genommen. Er betrachtete sie mit Aufmerksamkeit. Dann trat er wieder auf den Pfarrer zu.

»Ich seh', der hochwürdige Herr treibt fleißig die Bienenzucht«, meinte er. »Wieviel Stöcke, wenn es zu fragen verstattet ist?«

»Ihrer drei«, gab der Pfarrer zur Antwort, und zu sich selbst sagte er: »Schmale Hände, wie man sie sonst nur bei Leuten von Stand sieht. Lange Diebsfinger. Das Kinn glattgeschabt.« — Und laut fuhr er fort:

»Ich hab' sie hinter meinem Haus auf der Wiese stehen.«

»Drei Stöcke«, wiederholte der Hauptmann. »Die müssen geben an Frühjahrshonig achtzehn Maß oder mehr.«

»Es waren nur zehn und ein halbes Maß«, sagte der Pfarrer mit einem Seufzer.

»Für drei Stöcke ist das recht wenig«, stellte der Hauptmann der Gottesräuber fest. »Und dabei war's doch ein Jahr, wie sich's der Imker wünscht: ein Sommer mit kühlem Wind und starkem Nachttau, ein langer und trockener Herbst, ein Winter mit Schnee. Woran war's gelegen?«

»Es ist ein Jammer«, klagte der Pfarrer, dessen Gedanken zwischen dem geraubten Kirchenschatz und seinen Bienenstöcken hin und her flogen. »Mir ist die Darmseuch' über das Bienenvolk gekommen.«

»Und der Herr weiß sich keinen Rat? Gibt's nicht ein Mittel wider die Darmseuch'?«

»Nein«, sagte der Pfarrer bekümmert. »Es gibt keines. Man muß dem Elend seinen Lauf lassen.«

»So merk der Herr auf!« erklärte der Kirchendieb. »Zerriebener Feldkümmel und ein wenig Lavendelöl in das gezuckerte Wasser getan, davon die Bienen trinken, das hilft wider die Darmseuch'. Es ist erprobt.«

»Ich werd's versuchen«, sagte der Pfarrer nachdenklich. »Feldkümmel, wo find' ich den? Hier bei uns auf den Wiesen hab ich ihn nie gesehen. Aber was soll ich mit dem Honig beginnen? Er will sich nicht klären. Ich hab' ihn zweimal gesiebt, aber er bleibt trübe.«

Sie waren jetzt allein in der Kirche, die anderen hatten sich mit dem Diebssack davongemacht. Der Hauptmann schüttelte den Kopf.

»Das kommt von der Feuchtigkeit der Luft«, meinte er. »Die Sakristei, die ist für den Honig nicht der richtige Ort, da rinnt das Wasser von den Wänden. Stell der Herr ihn in die warme Sonne!«

»Ja, wenn nur die Bauern nicht wären!« rief der Pfarrer. »Die sind solch eine Diebsbande, sie stehlen mir den Honig, wo sie ihn finden. Nur in der Sakristei ist er vor ihnen sicher, denn ich hab' die eiserne Tür mit Riegeln und mit Stangen aufs beste versehen.«

»Das weiß ich«, sagte der Kirchendieb. »Es ist schlimm, wenn die Bauern diebische Schelme sind. Es sollt' jeder des Seinen warten und den Nachbarn auch ein gutes Jahr haben lassen. Aber jetzt sag' ich dem Herrn ein Gott befohlen, denn ich muß gehen.«

Sie waren im Gespräche zwischen den Bankreihen auf und nieder gegangen. Jetzt blieb der Pfarrer stehen.

»Ich bin betrübt«, sagte er, »daß ich des Herrn angenehme Unterhaltung nicht länger kann genießen.«

»Ich weiß die Freundlichkeit zu schätzen«, gab der Kirchendieb mit der gleichen Höflichkeit zurück. »Muß aber den Herrn dennoch bitten, daß er für diesmal mich entschuldigt.«

Er machte dem Pfarrer eine Verbeugung, blies das Diebslicht aus und war im nächsten Augenblick in der Dunkelheit verschwunden.

Der Pfarrer blieb in der Kirche zurück und überlegte, wo er den Honig verwahren könnte, denn es war wirklich so, daß in der Sakristei das Wasser von den Wänden lief. Dann, nach einer Minute etwa, fiel ihm ein, daß er jetzt

117

ohne Gefahr seines Lebens hinauf auf den Glockenturm könnte, um Sturm zu läuten. Aber es erschien ihm klüger, den Räubern heimlich nachzugehen und zu sehen, wohin sie sich wandten, und ob sie beritten seien. Dann erst wollte er die Bauern zu ihrer Verfolgung zusammenrufen.

Als er aber aus der Kirche trat, waren die Gottesräuber fort, und obwohl der Mond am Himmel stand, war weit und breit nichts mehr von ihnen zu sehen. Es schien – so berichtete er eine Stunde später den erschrockenen Bauern –, als hätten sie sich von der Eule und den Raben, die auf dem Kirchturm hausten, zu ihrer Flucht die Flügel geborgt.

Nicht immer kamen die Leute, die das Mißgeschick hatten, daß sie den Gottesräubern zur Unzeit über den Weg liefen, so ohne jeglichen Schaden und mit dem bloßen Schrecken davon, wie der Pfarrer von Kreibe. In Tschirnau, einem Dorf, das in der böhmischen Grafschaft Glatz am rechten Ufer der Neiße liegt, überraschte der Küster in der Nacht vor dem St. Kilianstag die Gottesräuber in der Kirche. Sie waren eben dabei, sich mit ihrer Beute davonzumachen. Hier, in dieser Kirche, zu der die Bauern der ganzen Grafschaft wallfahrteten, waren ihnen vier silberne Armleuchter, jeder sechs Pfund schwer, in die Hände gefallen, dann ein Rauchfaß, ein Tabernakel, eine Taufkanne und zwei Hostienteller, alle gleichfalls von Silber, eine schwere goldene Kette, ein Stück mit Gold durchwirkten Brokats und schließlich ein Buch, in dem die guten Werke St. Martins, des Papstes, aufgezählt und beschrieben waren. Aber nicht um dieser guten Werke willen hatten sie das Buch mitgenommen, sondern weil es mit Elfenbein belegt und mit Edelsteinen eingefaßt war.

»Das ist alles gut für den Schmelzkessel«, hörte der Küster, als er in die Kirche trat, eine Stimme sagen, und zuerst sah er nur den Räuber, der das Tabernakel in den Händen hielt, und dann erst zwei von den anderen. Er war ein tapferer Mann und er wußte auch, daß in der Schenke noch etliche Bauern wach waren, die würden ihm zu Hilfe kommen, wenn sie den Lärm hörten. Und da er keine andere Waffe sah, so riß er einem hölzernen Christophorus die Stange aus den Händen und mit der traf er einen von den Räubern, dessen rotes Haar ihm in's Auge stach, auf den Kopf.

Der Räuber schrie auf mit einer Weiberstimme. Da wurde der Küster auch schon von hinten gefaßt, er fuhr mit einer Hand nach seinem Hals, wollt' schreien und konnt' es nicht und ließ die Stange fallen. Und während sie zu Boden polterte, erschien in der offenen Tür ein Mann, der hatte, wie die anderen, das Gesicht mit einem Tuchlappen verhüllt und gab ein Zeichen und sagte:

»Er ist allein, es kommt keiner nach, darum hab' ich ihn passieren lassen.«

Das war das letzte, was der Küster hörte. Gleich darauf schwanden ihm die Sinne. Als er wieder zu sich kam, lag er auf den Stufen vor der Kirchentür, an Händen und Füßen gefesselt, den schmerzenden Kopf mit einem Tuch umwunden, Augen und Mund mit Pechpflastern verklebt. So fanden ihn die Bauern, die zur Feldarbeit gingen, und neben ihm auf den Stufen lag, in zwei Stücke gebrochen, die Stange des heiligen Christophorus.

Einen weit schlimmeren Ausgang nahm die Begegnung, die ein junger böhmischer Herr von Adel mit der Gottesräuberbande in einem Wirtshaus hatte. Er verlor dabei sein Leben.

Das Wirtshaus lag zwischen Brieg und Oppeln an der Landstraße, dort, wo sie durch den dichten Wald führt, und hatte selten andere Gäste als Zigeuner und allerlei Gelichter, Handwerksburschen und, wenn es hoch kam, einen Krämer, der seine Waren auf dem Buckel trug. Der junge böhmische Graf, der mit seinem Präzeptor und einem Lakaien nach Rostock an die Universität reiste, war genötigt gewesen, in diesem Haus für eine Nacht Quartier zu nehmen, denn an seinem Reisewagen war die Achse gebrochen. Es war eine Nacht im Herbst und der Regen strömte. Und während der Kutscher versuchte, den Wagen wieder in Stand zu setzen, saßen der junge Graf und der Präzeptor in der Wirtsstube beim Abendessen, und der Lakai wartete ihnen auf. Sie hatten sich einen jungen gebratenen Hahn und einen Pfannkuchen auftragen lassen, denn mehr vermochte die Küche nicht.

Nach dem Essen ging der Lakai hinaus, um dem Kutscher bei seiner Arbeit zu helfen, und auch der Präzeptor zog sich zurück. Er war müde und wollte zu Bett gehen, oben in der Dachkammer hatte der Wirt den beiden vornehmen Gästen das Nachtlager bereitet. Der Lakai sollte auf einer Bank in der Wirtsstube schlafen, der Kutscher im Stall.

Der junge Graf blieb bei einem Krug Wein in der Wirtsstube zurück, nicht völlig allein, denn auf der Ofenbank lag schon die ganze Zeit über der Vater des Wirts, ein alter Mann, und schnarchte. Der Regen schlug an die Scheiben, im Ofen knisterte das Feuer. Aus der Küche kam das Klirren der Pfannen und Schüsseln, die Wirtin briet für den Kutscher und den Lakaien eine Nürnberger Wurst.

Der junge Graf dachte darüber nach, ob nicht irgendwo in der Nähe ein Kerl von Ästimation aufzutreiben wär', mit dem er eine Partie L'hombre spielen könnte, denn zum Schlafengehen war ihm die Stunde zu früh. Und wie er so dasaß, die Ellbogen auf den Knien und den Kopf zwischen den Fäusten, da kam von draußen ein Lärmen und es war ihm, als hätte er einen von seinen Leuten, den Kutscher oder den Lakaien, um Hilfe rufen gehört. Er hob den Kopf und horchte, da kam aus der Küche der Wirt, bleich vor Entsetzen, und wollte etwas sagen, doch in diesem Augenblick ward die Tür aufgetan und eine gebieterische Stimme rief:

»Messieurs! Es bleibe ein jeder auf seinem Platz.«

In der Tür stand mit der Maske vor dem Gesicht der Gottesräuber, und hinter ihm wurden zwei seiner Gesellen sichtbar und von einem dritten der rote Schopf.

Der junge böhmische Edelmann blieb kalten Blutes hinter seinem Weinkrug sitzen. Er sagte sich, daß wenn das wirklich die Gottesräuber waren, von denen er schon so mancherlei gehört hatte, er hoffen dürfe, nicht nur sein Leben, sondern auch die dreißig böhmischen Dukaten, die er in seiner Börse hatte, zu behalten. Er nahm sich vor, sich in dieser Affäre rühmlich zu bewähren, damit er in Rostock an der Universität davon erzählen könnte. Und um sich Mut zu machen, trank er viermal rasch hintereinander seinen Becher leer.

Indessen war der Hauptmann in die Stube getreten. Mit einer leichten Verbeugung lüftete er ein wenig seinen Hut und erwies damit dem vornehmen Gast seine Reverenz. Dann verlangte er Wein und er trank ihn aus einem silbernen Becher, den einer seiner Gesellen aus seinem Reisesack hervorgeholt hatte.

Der Wirt stand dabei und zitterte an allen Gliedern, beinahe hätte er den Weinkrug fallen lassen.

»Was wollt ihr hier?« brachte er mit Mühe hervor. »Du weißt wohl, daß ich euch nicht annehmen und beherbergen darf.«

»Lirumlarum, heb dich hinweg!« gebot der Hauptmann. »Lauf in die Küche und sieh nach, ob für meine Leute gebratener Speck da ist und Brot und Dünnbier.«

Er hatte seinen Mantel über die Lehne eines Stuhls geworfen und stand nun in einem abgetragenen Rock von violettem Samt und in hohen Stulpenstiefeln da. Seine Gesellen hatten sich an einem Tisch nicht weit vom Ofen niedergelassen, nur der eine, der mit dem roten Haar, war an des Hauptmanns Seite geblieben. Das war die rote Lies, die in Mannskleidern stak.

Jetzt wendete sich der Hauptmann, indem er wiederum seinen Hut lüftete, dem jungen Edelmann zu.

»Mögen es die Umstände entschuldigen, daß ich so ungebeten hier erschein'«, sagte er mit großer Höflichkeit. »Aber heut weht von Polen her der eisige Wind, da wollt' ich meine Leut' im Regen nicht frieren lassen.«

»Eine Frage, mit Vergunst«, sagte der junge Edelmann. »Was ist mit meinen Leuten geschehen? Ich hab' sie schreien gehört. Und nehm der Herr seine Maske vom Gesicht, daß ich seh', mit wem ich red'.«

Der Hauptmann der Gottesräuber sah den jungen Edelmann einen Augenblick lang wortlos an.

»Davor wolle Gott in Gnaden den Herrn bewahren«, sagte er dann. »Und wegen seiner Dienerschaft sei der Herr ohne Sorge. Sie hat sich in den Kuhstall retiriert. Aber meine Leut' werden keinen Fleiß sparen, dem hochgeborenen Herrn in allem zu dienen.«

Und er wies auf die beiden Gesellen, die abseits an ihrem Tisch saßen.

Der junge Graf sah mit Verwunderung, daß der Hauptmann der Gottesräuber sich alle Mühe gab, es in Reden und Gebärden einem Edelmann gleichzutun. Und es erschien ihm um der Goldstücke in seiner Börse willen klug, dem gefährlichen Mann mit der gleichen Höflichkeit zu begegnen. Und so stand er auf und bat mit dem Hut in der Hand den Hauptmann, an seinen Tisch zu kommen und ein Glas Wein mit ihm zu trinken.

Der Gottesräuber schien eine kurze Weile lang zu überlegen. Dann sagte er:

»Ich kann des Herrn große Politesse nicht anders erwidern, als daß ich mich der Ehre nicht für wert eracht'. Indessen, wenn es des Herrn Wille ist, so will ich gern ein Glas auf des Herrn Gesundheit trinken.«

Wie sie aber zu dritt an des Edelmanns Tisch saßen, war es die rote Lies, die zuerst ihr Glas erhob, und sie leerte es auf die Gesundheit des Teufels, weil sie das vom schwarzen Ibitz her so gewohnt war.

»Du bist in honetter Gesellschaft«, wies sie der Hauptmann zurecht. »Laß das Maledeien.«

»Die Demoiselle«, begann der Edelmann die Unterhaltung, »trägt Mannskleider und einen Degen. Ist das hier im Land der Brauch?«

»Nein«, sagte der Hauptmann. »Die Mannskleider trägt sie, weil sich's darin besser zu Pferd sitzen läßt. Aber ihren Degen weiß sie zu gebrauchen, und wenn sie ihn zur Hand nimmt, so tut sie's pour se battre bravement et pour donner de bons coups.«

»Ich war auch in Paris«, erklärte der Edelmann, indem er die Beine zusammenschlug und seine Sporen klirren ließ. »Ich hab' den Louvre gesehen und des Königs neuerbautes Lust- und Residenzschloß.«

»Ich nicht«, sagte der Hauptmann. »Ich hab' das Französische von meinem Gesellen dort gelernt, dem fließt's wie Wasser aus seinem Maul.«

Und er wies über seine Schulter hinweg auf den Brabanter, der mit dem Wendehals an dem anderen Tische saß und den gebratenen Speck verzehrte.

»Und bleibt der Herr über Nacht in diesem Haus?« fragte der Edelmann, um die Unterhaltung nicht ins Stokken geraten zu lassen.

»Nein«, gab der Gottesräuber zur Antwort. »Ich muß bald fort. Ich hab' nicht weit von hier Geschäfte zu erledigen.«

»So will ich ein Glas auf den guten Ausgang des Unternehmens trinken«, sagte der Edelmann.

»Dessen sei der Herr überhoben«, erklärte der Hauptmann. »Dem Fischer, der ausfährt, soll man nicht Glück wünschen, sonst mißrät's.«

»Wie soll's mißraten«, mengte sich die rote Lies in die Unterhaltung, »da du doch das Arcanum bei dir trägst, das überwägt alle Dinge, auch die schwersten.«

»Schweig!« sagte der Gottesräuber voll Verdruß. »Du red'st zu viel. Ich hab dir's oft gesagt: Was der Mund schwätzt, muß der Hals bezahlen.«

Und zu dem jungen Edelmann gewendet, fuhr er fort:

»Ich hab' das Meinige im Land verstreut, muß viel reiten, keuz und quer, daß ich's zusammenbring'.«

»Und welcher Art sind des Herrn Geschäfte, wenn's zu fragen gestattet ist?« ließ sich der Edelmann vernehmen.

»Der Herr wird's erraten, wenn ich ihm sag', daß man mich hier im Land den Gottesräuber nennt«, sagte der Hauptmann mit völlig ruhiger Stimme.

Der Edelmann fuhr in die Höhe, er vergaß alle seine Höflichkeit, denn wenn es ihm auch von allem Anfang an bewußt gewesen war, wen er vor sich hatte, so war es ihm doch nicht lieb, daß er es so geradeheraus zu hören bekam.

»Und das sagst du mir«, rief er und schlug mit der Faust auf den Tisch, »und hast dessen nicht Scham?«

»Ich hab' dessen nicht Scham noch Schande«, gab ihm der Gottesräuber gelassen zur Antwort. »Wenn es dem höchsten Gott gefallen hat, mich zu dem zu machen, der ich bin – wie darf ich Staubkorn mich auflehnen gegen seinen Willen?«

»Dann wird es Gott auch gefallen, dich henken oder radbrechen zu lassen über kurz oder lang«, sagte der Edelmann, dem jetzt der Wein zu Kopf zu steigen begann. »Und das wird das Ende sein.«

»Das muß das Ende nicht sein«, widersprach der Gottesräuber. »Auch David war ein großer Sünder, ist aber vor seinem Tod doch noch zu hohen Ehren gekommen.«

»Bei meinem armen Leben, dahinter steckt Betrug!« rief

der Edelmann unwillig. »Mach mir mit deinem David den Kopf nicht wirblig. Aber das eine ist wahr, und ich habe oft darüber nachgedacht: Warum hat Gott die Menschen nicht alle zu Christen gemacht? Warum gibt es soviel Türken und Juden? Da ist etwas nicht so, wie es sein sollt'.«

»Vielleicht will Gott nicht, daß allzu viele von den Menschen den Himmel gewinnen«, gab ihm der Hauptmann zu bedenken. »Ich mein', daß Gott die Menschen lieber weit von sich unten in der Höllen als bei sich im Himmel sieht. Was hat er denn von ihnen Gutes zu erwarten? Sie waren zu viert auf der Welt, da schlugen sie einander schon tot, und sie werden's dort oben auch nicht anders treiben.«

»Hör auf zu predigen«, sagte der Edelmann. »Aber das weißt du, daß auf deinen Kopf zehntausend Reichstaler gesetzt sind, und wer dich lebendig bringt, der bekommt ein adeliges Gut.«

»Das ist wahr«, gab der Hauptmann zu. »Aber der Herr mag wissen, daß der Hase nirgends flinker ist als dort, wo man ihn jagt. Und der Leim, an dem ich zu fangen bin, der ist noch lange nicht gesotten.«

»Was weißt denn du!« rief der Edelmann, in dessen Kopf der Wein wild zu rumoren begann. »Dich erkenn' ich, wenn ich dich wiederseh'. Mit dir ist's aus. Über deinem Kopf schwebt des Henkers Beil wie ein gewisses Schwert eines alten Königs, dessen Name ich vergessen hab', aber mein Präzeptor weiß ihn, der liegt oben und schläft. Warum, zum Teufel, wollt' er nicht L'hombre spielen? Jetzt wären wir zu dritt.«

»Der Herr meint«, fragte nachdenklich der Gottesräuber, »daß er mich wiedererkennen wird?«

»Jawohl, das mein' ich. Par le sang de dieu!« erklärte der Edelmann. »Und ich will mit dir um zwei böhmische Dukaten wetten, daß ich dich erkenn'.«

»Zwei Dukaten, das ist nicht viel«, sagte der Hauptmann. »Die Wette halt' ich.«

»So ist das Geld auch schon mein, denn ich hab' ein gutes Gedächtnis für Physiognomien«, rief der Edelmann lachend und griff blitzschnell über den Tisch hinweg in des Hauptmanns Gesicht, und im nächsten Augenblick hielt er das schwarze Tuch, aus dem die Maske gefertigt war, in seinen Händen.

Da war es plötzlich still in der Stube, nur der Wendehals ließ sein Messer in den Teller fallen, daß es klirrte. Der Hauptmann stand auf. Sein verwegenes Gesicht, das er niemals sehen lassen wollte, war bleich und wurde noch bleicher, doch es zeigte keine Erregung.

»Der Herr hat seine Wette aufs rühmlichste gewonnen«, sagte er mit einem Lächeln. »Hier ist das Geld.«

Er holte zwei Dukaten aus seiner Tasche und warf sie auf den Tisch. Der Edelmann nahm sie und hielt sie in der offenen Hand. Und wie er so dastand, schien es, als wäre er jetzt plötzlich wieder nüchtern geworden und als sei er ein wenig erschrocken über seine Kühnheit.

»Da es nun an der Zeit ist, Abschied zu nehmen«, fuhr der Hauptmann fort, »denn der eine geht und der andere will bleiben, so mein' ich, daß wir zuvor noch ein letztes Glas zusammen trinken sollten um der Freundschaft willen und zu einem Valet.«

Und er hob seinen Becher:

»Ins Herz hinein! Und auf des Herrn Gesundheit!«

»Und langes Leben!« sagte der Edelmann mit unsicherer Zunge, und er schwenkte sein Glas und setzte es an die Lippen.

Er sah nicht, daß die rote Lies ein Terzerol in der Hand hielt und Pulver auf die Pfanne geschüttet hatte.

Der Schuß fiel, eh' noch das Glas zu Ende getrunken war. Der junge Edelmann sank mit einem leisen Seufzer in den Stuhl zurück. Sein Gesicht verfärbte sich, sein Kopf sank vornüber. Seine Hände hatten sich geöffnet, das Glas klirrte zu Boden, und die beiden Goldstücke rollten durch die Stube.

Der Gottesräuber stand eine Weile unbeweglich und sog den Geruch des Pulvers durch die Nase ein. Dann griff er nach seiner Maske.

»Ob er es wohl gewußt hat, daß er sterben müßt'«, fragte er mit einem Blick auf den Toten.

»Ich mein', in seinem letzten Augenblick hat er's gewußt«, sagte die rote Lies. »Aber ich ließ ihm nicht Zeit, ein ›Herr Jesus‹ zu rufen. Ins Herz hinein, wie du's befohlen hast. Mir ist's leid um ihn, er war recht munter. Aber die Sach' ist nicht zu Ende, frisch Pulver auf die Pfanne, denn dort ist noch einer, der dein Gesicht gesehen hat.«

Und sie wies mit dem Lauf ihres Terzerols auf den alten Mann, der aufgewacht war und nun mit einem blöden Lächeln auf der Ofenbank saß.

Der Gottesräuber verbarg sogleich sein Gesicht hinter der Maske.

»Daß Gott erbarm'!« schrie er auf. »Ist's denn an einem nicht genug? Ein alter Mann, was soll ich mit ihm tun? Er ist ohne sein Verschulden in die Sach' geraten. Soll ich des alten Mannes Mörder sein?«

»Tu, was du willst«, sagte die rote Lies. »Wenn es aber geschehen muß, dann laß ihn nicht allzulang auf die Kugel warten, denn am Sterben ist die Angst das schlimmste.«

»Ein alter Mann«, stöhnte der Hauptmann. »Wie soll ich eines alten Mannes Mörder sein! Ich kann's nicht tun und weiß mir keinen Rat.«

»Wenn du's nicht zuwege bringst, so will ich's für dich tun«, sagte der Wendehals. »Aber gib dem Wirt ein Stück Geld für das Begräbnis und daß er eine Messe lesen läßt.«

»Er darf nicht am Leben bleiben«, entschied der Hauptmann. »Aber leicht fällt's mir nicht, Gott weiß es. Ruf einer den Wirt.«

Der Wirt kam und sah den Toten und schlug die Hände zusammen, aber wie er nun hörte, daß auch sein Vater sterben müßte, da warf er sich auf die Erde und begann zu schreien, zu bitten und sich mit den Fäusten zu schlagen.

»Es hilft nichts«, sagte der Gottesräuber, »es ist mir leid, weiß Gott. Aber es muß geschehen. Geh und nimm Abschied von ihm.«

»Was hat er euch getan?« jammerte der Wirt. »Hab doch Erbarmen! Ist denn steinhart dein Herz, hilft denn kein Bitten? Er ist mein Vater und ich wollt' euch sein Leben abkaufen, wär' ich nicht so bettelarm.«

»Es ist ein Unglück«, sagte der Gottesräuber, dem des Wirts Jammern zu Herzen ging. »Aber nun ist's einmal geschehen, und ich kann's nicht ändern. Er hat mein Gesicht gesehen, das ich sonst immer hinter der Maske verborgen hab', und ich kann ihn, wenn ich von hier fortreit', lebendig nicht zurücklassen.«

Der Wirt stand auf und sah nach dem alten Mann hin, der auf der Ofenbank saß und vor sich hinstarrte, als wüßte er nicht, was rings um ihn vorging.

»Wie ist es möglich«, rief er, »daß er dich gesehen hat, da er doch seit zwölf Jahren völlig blind ist, man muß ihm den Löffel führen, daß er in die Schüssel findet. Und du sagst, er hätte dein Gesicht gesehen.«

Und er warf sich in einen Stuhl, schlug die Hände vors Gesicht und begann wild und kreischend zu lachen.

Der Hauptmann stand einen Augenblick lang wortlos da, dann ging er auf den Alten zu und hielt ihm mit einer plötzlichen Bewegung die Pistole dicht vors Gesicht. Der aber rührte sich nicht, er starrte in einen dunklen Winkel der Stube, kein Muskel zuckte.

»Er ist wahrhaftig blind!« rief der Gottesräuber und ließ die Pistole sinken. »Dem Himmel sei's gedankt, daß es mir erlassen ist. Hör auf zu lachen! Er darf leben, und ich freu' mich dessen. Und nun auf und zu Pferd, wir haben schon allzuviel Zeit verloren!«

Der Wirt saß noch immer auf seinem Stuhl und lachte.

Als die Gottesräuber fortgeritten waren, kam der Wirt in die Stube zurück, da fand er seinen Vater, der kroch auf dem Boden hin und her.

»Du hast sein Gesicht gesehen?« rief der Wirt ihn an. »Steh auf und sprich! Was sollen die Possen, du bist jetzt nicht mehr blind.«

»Jetzt, da ich reich bin«, sagte der alte Mann, indem er sich langsam vom Boden erhob, »werd’ ich mit dir nicht teilen. Denn du hast mich in Kost und Kleidung immer gering gehalten und nicht so, wie sich’s gehört. Schon oftmals hab’ ich dir gesagt ...«

»Du hast ihn gesehen? Und du wirst ihn wiedererkennen?« unterbrach ihn der Wirt.

»Nein. Ich hatt’ nicht Zeit, auf ihn zu achten«, murmelte der Alte.

»Du hattest nicht Zeit?« fuhr ihn der Wirt an. »Wie, zum Teufel, soll ich das verstehen?«

»Nein! Ich hatte nicht Zeit, ihn anzusehen«, wiederholte eigensinnig der alte Mann. »Ich wurde wach, als der dort hinfiel« – und er wies auf den Toten –, »da rollten die Goldstücke über den Boden und liefen durch die Stube, die sind nun mein. Denn ich war mit den Augen hinter ihnen her und gab scharf acht, daß sie mir nicht entliefen. Und das eine sah ich in dem Spalt dort in der Ecken verschwinden, das war mir sicher. Und das andere kam hieher zu mir unter die Bank, da setzt’ ich geschwind den Fuß darauf und rührte mich nicht. Aber vielleicht waren es ihrer drei, man muß noch suchen.«

»Und wenn es zwanzig gewesen wären, du Vieh, du Narr!« rief der Wirt. »Verstehst du nicht? Zehntausend

Reichstaler sind dahin. Solch eine Gelegenheit kommt nie wieder!«

Er schlug wütend die Türe hinter sich zu, und dann ging er, den Kutscher und den Lakaien aus dem Stall zu holen, daß sie die Nacht über bei ihrem Herrn die Totenwache hielten.

Im Frühling des Jahres 1702, am Montag nach Judica, unternahmen die Gottesräuber ihren letzten Überfall. Er galt einer Kirche unweit von Militsch, die berühmt war durch ein schweres, goldenes und mit etlichen Edelsteinen besetztes Kruzifix, das an der Wand über dem Hauptaltar hing. Der Anschlag mißlang, denn der Pfarrer hatte einige Wochen zuvor das goldene Kruzifix auf Rat des Bischofs nach Militsch auf das Schloß in Sicherheit gebracht, und über dem Hauptaltar hing jetzt ein holzgeschnitzter Christus von mäßiger Arbeit.

Ein Bauer, der mitten in der Nacht aufgestanden war, um nach seiner kranken Kuh zu sehen, erblickte die Räuber, wie sie mit leeren Händen aus dem Kirchenfenster stiegen. Er wischte davon und lief, so wie er war, im Hemd auf den Hof des Melchior von Bafron. Dort schlug er Lärm. Der Herr von Bafron, der noch wach war und am Spieltisch saß, alarmierte, was von seinen Leuten im Augenblick zur Hand oder rasch erreichbar war: seine Bauern, seine Köhler, seine Dienerschaft und die ganze Jägerei.

Aber dieses Aufgebot kam zu spät. Die Räuber hatten sich, als sie sich in Gefahr sahen, sogleich nach ihrer Gewohnheit in alle Winde zerstreut, jeder trachtete für sich allein die polnische Grenze zu erreichen. So kam es, daß man nirgends auf die Bande stieß, obgleich man alle Wege abritt und auch die Wälder der Umgebung durchstreifte. Man fand nur einen Leinensack, den einer von den Räubern auf der eiligen Flucht verloren hatte. Dieser Sack enthielt Brot und Zwiebeln, ein Säckchen mit grobem Salz und außerdem einige in einen Tuchlappen gehüllte Backenzähne von erschreckender Größe – vermutlich heilige Reliquien aus einer der ausgeplünderten Kirchen.

Am nächsten Morgen kam aus dem Städtchen Trachenberg, wo er im Quartier lag, der Malefizbaron mit etlichen seiner Dragoner. Er war vier Monate vorher aus Ungarn, wo er gegen die Türken gefochten hatte, nach Schlesien zurückgekehrt und hatte sogleich den Kampf mit den Gottesräubern aufgenommen; wie ein Spürhund war er hinter ihnen her. Und er begann zu wüten und zu toben, als er hörte, man hätte nicht weit von der polnischen Grenze einen Bettelmönch in einer braunen Kutte festgenommen und wieder laufen lassen; denn er wußte, daß einer von den Gottesräubern sich bisweilen einer solchen Verkleidung bediente. Er selbst freilich war in der Morgendämmerung einem schwedischen Kurier begegnet, der mit seiner ledernen Diensttasche auf Trachenberg zuritt. Er hatte mit ihm, der ihn »Herr Bruder« titulierte, auf schwedisch und auf französisch parliert, und der Fremde war ihm völlig unverdächtig erschienen, denn in diesen Tagen traf man des Schwedenkönigs Envoyés von Schlesien bis hinauf nach Pommern auf allen Wegen.

Diesen Verlauf nahm der letzte Anschlag, den die Gottesräuber verübten, und lange Zeit hörte man nichts von ihnen, bis dann, in der Woche nach Christi Leichnam etwa, zum erstenmal das Gerücht auftauchte, daß es mit den Gottesräubern zu Ende sei.

Sie seien – hieß es – irgendwo im polnischen Wald bei der Teilung der Beute uneins geworden und alsbald mit Messern und Musketen aufeinander losgegangen. Drei von ihnen seien tot am Platz geblieben, die anderen hätten

mit dem erbeuteten Gold das Weite gesucht. Unter den Toten habe sich der Hauptmann befunden.

Das Gerücht lief durch das Land, der Fuhrmann rief's
im Vorüberfahren den Schnittern auf dem Felde zu, der
Pfarrer nahm's in seine Predigt auf, es gab Leute, die taten
so, als hätten sie die Leichen der Erschlagenen mit eigenen
Augen gesehen, überall herrschte Freude darüber, daß das
Unwesen ein Ende genommen hätte, und von dem klägli-
chen Tod des Hauptmanns hatte man ein gedrucktes Lied
gemacht, das sang man auf den Jahrmärkten und in den
Schenken.

Es gab aber einen im Land, der wollte es nicht glauben.
Das war der Malefizbaron. Der lachte darüber und nannte
es Betrug. Die Gottesräuber, sagte er, hätten das Märlein,
daß ihr Hauptmann drei Schuh tief unter der Erde verscharrt sei, selbst unter die Leute gebracht, damit man auf-
höre, nach ihm zu fahnden und ihn in Ruhe seinen Raub
verzehren ließe. Und er schwur dem Teufel Klauen,
Schwanz und Hörner ab, daß er nicht rasten und nicht gute
Tage haben wolle, eh' er nicht die Gottesräuber mit ihrem
Hauptmann dem Henker überliefert hätte.

Doch von den Gottesräubern hörte man nichts mehr,
kein Überfall erfolgte fortan auf Kirchen und Kapellen,
und die Kleinodien, die in ihnen noch vorhanden waren,
leuchteten und glänzten in dem Dämmerlicht, das durch
die Fenster fiel, und keine räuberische Hand streckte sich
nach ihnen aus.


Drüben im Böhmischen in den Bergen, die man die »Sieben Gründe« hieß, hatten die Gottesräuber in einer Hütte
im Wald ein heimliches Quartier, dort trafen sie einander
zum letztenmal.

Es war früh am Morgen und noch kalt, der Wind blies
durch die Ritzen und Löcher, draußen rieselte ein dünner

Regen. Vier von den Raubgesellen lagen in ihre Mäntel gehüllt auf dem Stroh und starrten mit übernächtigen Augen in die Mitte des Raumes auf den blinkenden Schatz, auf die Taler und Doppeltaler, die Kremnitzer und Danziger Dukaten, die sie aus der Beute des vergangenen Jahres in Böhmen und in Polen bei den Hehlern in den Winkelgassen gelöst hatten.

Sie hatten die ganze Nacht hindurch einen Rat gehalten, diskutiert, geschrien und gestritten, denn sie wollten ihren Hauptmann nicht ziehen lassen, sie meinten, daß sie noch immer nicht Golds genug hätten und daß es für sie noch viel zu gewinnen gäbe überall im Land. Aber der Hauptmann war bei seinem Willen geblieben, daß sie nun müßten auseinandergehen, da war all ihr Reden und Widerreden vergeblich gewesen.

»Wir treiben ein Gewerb'«, hatte er gesagt, »dafür ein jeder muß zuletzt zahlen den Zins und Zoll mit seinem Hals und Buckel. Nehmt euch in acht, es wird zuviel geredet von uns unter den Leuten, da ist's dann nicht mehr weit dahin, daß der Henker streckt seinen Arm nach uns. Auch ist der Malefizbaron wiederum im Land, und ich will ihm nicht zum andernmal begegnen. Darum mein' ich, daß wir nicht länger dürfen beieinander sein, oder unser Glück wird gehen den Krebsgang. Es soll ein jeder seine Straße ziehen und keiner sich nach dem anderen umsehen. Das ist mein Wille, und ihr habt gelobt, mir in allen Stücken zu gehorchen, als ich euch holte aus des Henkers Hand!«

Dabei war es verblieben, und sie hatten nichts anderes zu tun, als von dem Geld, das aufgeschichtet in der Stube lag, den größeren Haufen unter sich zu teilen und dann ein jeder seines Wegs zu gehen.

Der Hauptmann stand vor der Türe in seinem abgetragenen und verblichenen Rock von violettem Samt. Seine Gedanken waren bei den künftigen Tagen, er sann darüber nach, wie er mit dem gewonnenen Geld die Schulden zahlen wollte, die auf dem Gute lasteten, Gerät und Zuchtvieh kaufen, neues Gesinde in den Dienst nehmen, allweg gute Pferde auf der Streu halten für die Postkutschen, die vorüberkamen. »Auch ein Windspiel und ein Reitpferd für die junge Demoiselle, des Herrn von Tornefeld hochgeborene Braut!« sagte er mit einem Lächeln zu sich selbst. »Geld ist ja jetzt im Haus.«

Indessen kauerte die rote Lies in der Hütte auf dem Boden neben dem kleineren Haufen von gemünztem Gold und Silber, der des Hauptmanns Anteil war, und füllte seinen Mantelsack mit den Doppeltalern und Dukaten. Der Feuerbaum war aufgestanden, er konnte es nicht länger mit ansehen. Das Geld, das ein anderer bekommen sollte, tat ihm im Aug' weh.

»Teufel!« rief er. »Wie geht's hier zu? Nimmt sich ein jeder, soviel er mag?«

»Das ist des Hauptmanns Anteil, was kümmert's dich?« wies ihn der Wendehals zurecht. »Du solltest ihm billig danken für das, was er dir läßt. Denn als er zu uns stieß, da hattest du weder Kleider noch Schuh', ein zerfetztes Hemd auf dem Leib, das war alles, was du besaßest. Er aber hat uns zu guten Tagen geführt, du bist von Stund' an reich.«

»Reich?« schrie der Feuerbaum voll Empörung. »Was red'st du da? Wer ist reich in diesen teuren Zeiten, da elf und einen halben Groschen gilt der Scheffel Korn? Meinen Teil rühr' ich nicht an, den spar' ich auf für meine alten Tage, denn wenn ich gichtbrüchig bin und lahm, wer wird mir helfen? Aber bis dahin muß ich gehen auf Gottes Barmherzigkeit und vor den Bauern ihren Türen um eine trockene Brotrinde betteln, daß ich nicht Hungers sterb', dahin hab' ich's gebracht, das ist mein Lohn.«

Und er nahm mit einem bitteren Auflachen seinen Anteil in Empfang, den der Wendehals ihm hinschob: einen Hut, gestrichen voll mit Talern, und eine Handvoll Gold.

»Wir haben dem Gold nachgestellt mit Leib- und Lebensgefahr, bis wir's erjagten«, sagte der Brabanter. »Jetzt will ich mir einen langen blauen Montag machen. Es wird kommod gelebt. Ein feines Logis in irgendeinem ›Hechten‹ oder ›Hirschen‹, einen guten Tisch, alle Tage Fisch und Braten, dazu den rechten Wein. Früh zeitlich zur Messe, nachmittags wird spazierengefahren, am Abend ein Spielchen gemacht. So will ich leben und in Ruhe sehen, was die Zeiten Gutes und Schlechtes bringen.«

»Wenn aber«, rief mit schriller Stimme der Feuerbaum dazwischen, »nach dem blauen Montag ein dürrer Dienstag kommt oder gar ein hungriger Mittwoch, dann laß du mich zufrieden, ich hab' für dich nicht einen Kupferdreier, das sag' ich dir schon heut, komm mir nicht an meine Tür gehinkt!«

»Sei ohne Sorge«, gab der Brabanter gelassen zur Antwort. »Du magst vor deiner Türe Lilien und Reseden wachsen lassen, ich werd' sie nicht zertreten.«

Jetzt nahm der Wendehals das Wort, der, weil er in der Bande nach dem Hauptmann der erste war, von dem gemünzten Gold zwei Hände voll bekommen hatte.

»Wir waren wie die Nachteulen«, sagte er, »durften uns bei Tag nicht sehen lassen. Das ist vorbei. Jetzt will ich alle Länder ausreiten, Venedig, Spanien, Frankreich und die Niederlande, will mir die Welt besehen bei hellichtem Tag. Und wenn ich von meinem Geld verzehr' zwei Taler in der Wochen und am Sonntag noch einen halben springen lasse, so wird es reichen bis an mein Lebensend'.«

Der Veiland, ein großer schwerer Kerl mit bleichem Gesicht, ließ die Dukaten durch die Finger gleiten und kicherte in sich hinein:

»Hier im Böhmischen, wo mich nicht Hund noch Katze kennt, da laß ich mir machen aus purem Gold: ein Becherlein und ein Messerlein, einen Schöpflöffel und einen Schnupflöffel, dazu zwei Büchslein auch von Gold, eins in die rechte Tasche und eins in die linke. Das in der rechten

Tasche für Spaniol, der ist für mich, und das in der linken für Bahia, mit dem wart' ich meinen Freunden auf, denn man muß sparen.«

»Und du, Geißlein?« rief der Wendehals der roten Lies zu, die schweigend auf der Erde kauerte. »Was blickst du gar so erbärmlich drein, du kannst nun auch leben in Samt und Seiden. Hast einen Wehetag im Herzen? Laß ziehen, was nicht bleiben mag! Ein Liebster geht, da kommt auch schon ein anderer daher, solltest der Sache schon gewohnt sein. Und wenn du erst trägst goldene Schnallen an den Schuhen, Kopfschmuck, Halsschmuck, goldene Ringe und Reifen, dann werden ihrer viele dich begehren.«

Die rote Lies gab keine Antwort. Sie stand auf und wollte den Mantelsack des Hauptmanns von der Erde aufheben, aber er war zu schwer, der Wendehals mußte ihr helfen, die Last hinaustragen.

Draußen vor der Tür sprach die rote Lies noch einmal mit ihrem gewesenen Liebsten, ein letztesmal versuchte sie, seinen starren Sinn zu wenden.

»Nimm mich mit dir!« bat sie und legte ihre Stirne an seine Schulter. »Sag nicht wiederum: Nein! Ich weiß es wohl, daß du deine Liebe hast auf eine andere geworfen, die ist wohl schöner als alles, was Himmel und Erde umschließt. Was liegt daran! Nimm mich mit dir, ich werd' dich nicht hindern auf deinen Wegen. Ich will mich in der Gesindestube hinter den Ofen drücken und die schlechteste Arbeit tun, nur daß ich weiß, wo du bist in Gottes Welt und wie es dir ergeht.«

»Das kann nicht sein«, sagte der Hauptmann kaltsinnig und starr. »Such im Meer einen trockenen Kieselstein, aber mich such nicht, du sollst mich auf ewig nicht finden.«

Die rote Lies weinte ein Weilchen vor sich hin, wurde dann wiederum ruhig, wischte sich die Tränen aus den Augen und sagte mit leiser Stimme:

»Leb ewig wohl! Ich hab' dich lieb gehalten als wie mein

eigenes Herz. Geh, und möge dich Gott behüten auf allen deinen Wegen.«

Da waren indessen der Veiland und der Brabanter aus der Hütte gekommen und nahmen nun lärmend Abschied von ihrem Hauptmann, indem sie ihre Hüte mit Vivatrufen in die Höhe warfen und ihre Pistolen in die Luft abfeuerten, daß es durch den Wald hallte. Und wie nun der Hauptmann seinem Pferd die Sporen gab und seinen Gesellen ein letztes Lebewohl zuwinkte, da riß sich der Veiland sein Halstuch herunter und verbrannte es auf des Hauptmanns Gesundheit und ferneres Glück.


Eine Woche später ging der Feuerbaum in seiner Kutte auf der Schlesischen Landstraße dahin. Er hatte sein Geld an drei Stellen im Wald versteckt und Zeichen an den Bäumen gemacht, daß er es wiederfinden konnte. Jetzt wanderte er von Dorf zu Dorf, von Gehöft zu Gehöft, und in seinem Bettelsack hatte er Brot und Zwiebeln, drei sauere Äpfel, ein Stückchen Käse und ein in einem Tuchlappen eingeschlagenes Büschlein Haare, das er für eine heilige Reliquie ausgab.

Und wie er so auf der Landstraße den Staub schluckte, da hörte er hinter sich einen Reiter traben, und als er den Kopf wendete, sah er einen schwedischen Kurier, der trug den blauen Rock mit den Messingknöpfen, die elchledernen Hosen, den Gürtel von Büffelleder und auf dem Kopf den Federhut. Sogleich drückte sich der Feuerbaum zur Seite und hielt dem Reiter, wie er vorüberkam, die offene Hand hin, freilich ohne große Hoffnung auf ein Almosen, denn die Offiziere des schwedischen Königs griffen, wenn sie einen Bettelmönch sahen, nur selten in die Tasche.

Der Reiter aber hielt sein Pferd an. Über seine Züge glitt ein Lächeln, und er warf dem Bettelmönch einen halben pommerschen Gulden hin.

Der Feuerbaum fing die kleine Silbermünze auf. Doch im nächsten Augenblick fuhr er in die Höhe und starrte den Reiter an.

Dieses spöttische Lächeln kannte er. Und diese Augen, die wie Wolfslichter brannten, die buschigen und zusammengewachsenen Brauen, die Falte auf der Stirn, war das nicht sein gewesener Hauptmann, der da vor ihm auf dem Pferde saß?

»Ist das alles, was du für deinen Gesellen übrig hast?« rief er und griff nach des Reiters Arm. »Ich hab' dich gleich erkannt, trotz dem Bärtchen an deinem Kinn. Komm herunter von deinem Gaul, und wenn du einen Schluck zu trinken hast...«

Er verstummte, denn das Lächeln war aus dem Gesicht des Reiters verschwunden, ein völlig anderer, ein Fremder blickte auf den Mann in der Kutte herab, und eine nie zuvor gehörte Stimme sagte in gebrochenem Deutsch:

»Was willst du, Mönch? Ein halber Gulden nicht genug? Fahr aus dem Weg, sonst Prügel auf deinen Buckel.«

Der entlaufene Mönch starrte noch einen Augenblick lang in das fremde Gesicht, dann hob er entsetzt seine Hände und rief Gott zum Zeugen an, daß er den hoch- und großedelgeborenen gestrengen Herrn für einen andern gehalten hätte, er könnte es jetzt selbst nicht mehr recht verstehen. Da schnitt ihm der Reiter das Wort ab:

»Das sind miserables excuses!« schnarrte er. »Ich will nicht hören. Ein halber Gulden nicht genug! Fahr aus dem Weg, er vermaledeites Vieh!«

Der entlaufene Mönch sprang gehorsam zur Seite, da war der Reiter auch schon davon. Nur ein spöttisches Lachen war noch zu hören, das klang dem Feuerbaum wiederum bekannt. Und er starrte mit glotzenden Augen und offenem Maul dem schwedischen Reiter nach, bis er verschwunden war, und seine zitternde Hand schlug ein Kreuzzeichen über das andere, als wär' er dem Teufel selbst begegnet.

# Dritter Teil
# Der schwedische Reiter

Es war früh am Nachmittag, die Sonne stand an einem wolkenlosen Himmel, und sommerliche Stille lag über dem Land, da kam der schwedische Reiter zur verlassenen Mühle.

Kein Windhauch regte sich, kein Vogellaut war zu hören, nur die Grillen sangen ihr Lied und die Bienen summten, das klang wie leiser Orgelton. Ein Distelfalter taumelte zwischen Ehrenpreis, Schaumkraut und Löwenzahn. Weit in der Ferne, dort wo des Bischofs Schmelzöfen und Eisenhammer lagen, hing eine Wolke von schwarzem Rauch über dem Tannengrund.

Der schwedische Reiter sah sie, und ein leises Gefühl des Mißmuts und des Unbehagens wurde in ihm wach, als drohe ihm von dorther Gefahr. Doch er verscheuchte mit einem Kopfschütteln diesen Gedanken, eh' er noch Gestalt gewonnen hatte. Dann stieg er ab und band sein Pferd an einen Weidenstrunk, daß es im Kreise gehen und grasen konnte.

Die Tür des Müllerhauses war verriegelt, aus dem Schornstein kam kein Rauch, die Fensterladen waren geschlossen. Sicherlich fuhr der gewesene Müller, den er dereinst in einer dunklen Stunde für ein dem Grabe entstiegenes Gespenst, für eine arme Seele aus dem Fegefeuer gehalten hatte, mit Peitschenknall und Hüh- und Hottruf die Landstraße dahin, um seinem Herrn, dem Bischof, Kaufmannsgüter aus aller Welt zu holen. Und wenn er jetzt mit seinem Fuhrwerk den Hügel heraufgefahren käme – wer wollte ihn fürchten?

Der schwedische Reiter ließ sich auf dem Wiesengrund ins hohe Gras nieder und streckte die Beine von sich. Den Rücken an das Mauerwerk des Ziehbrunnens gelehnt, träumte er mit halb geschlossenen Augen vor sich hin.

Der Tag kam ihm wiederum in den Sinn, an dem er arm und elend und halb erfroren durch den mannshohen Schnee hinauf zur Mühle gegangen war und wie er dann das Arcanum gewonnen hatte, das war seines Glückes Beginn gewesen. Und daß er nun so herrlich auf Erden dastünd' mit Federn auf dem Hut und Geld und Wechselbriefen in seinen Taschen und daß er als einer von Adel aufziehen und prangen konnte. Der tote Müller, der sollte nur kommen mit seinem krummen Maul, das Fegefeuer war kein wahrhaftiges, sondern ein erdichtetes Wesen, in den Meßpfaffen ihren Köpfen war das Fegefeuer, das hatte ihm der Brabanter gesagt, der hatte alle Länder ausgefahren, überall war er gewesen, wo man den Speck auf Kohlen brät, aber was war das für ein Brausen rings um ihn, solch ein Lärmen, als wär' Venedig in des Großtürken Hände gefallen, was wollen die Leut', was rufen sie? Es kommt von allen Seiten, aus der Ferne und aus der Näh', tiefe Stimmen und schrille Stimmen, und immer das gleiche rufen sie, immer wieder das gleiche: »Lauft zu! Lauft zu! Lauft zu!«

Der schwedische Reiter fuhr auf. Was waren das für Leut', was wollten sie? Er blickte um sich, kein Mensch war zu sehen, nur sein Pferd stand neben ihm und riß Grasbüschel, Heidekraut und Hornklee von der Erde, und nichts war zu hören, kein Rufen, kein Schreien, nur die Bienen summten rings um ihn her.

Er lehnte sich zurück an das Gemäuer, sein Kopf sank ihm zur Brust. Da war es wiederum, das Rufen, viel hundert Stimmen, jetzt aus der Nähe, dann aus der Ferne, bald leise, bald gewaltig anschwellend: »Lauft zu! Lauft zu! Lauft zu!«

Der schwedische Reiter wollte aufstehen, aber er vermochte es nicht mehr. Etwas hielt ihn, etwas hob ihn, etwas trug ihn, höher und immer höher ging die Fahrt und rings um ihn dröhnte und brauste es: »Lauft zu! Lauft zu! Lauft zu!« Und dann war Stille.

Er sah, daß er in Himmelshöhen stand, zwischen Wolkentürmen und Wolkenmauern, auf denen lag solch ein Leuchten und Gleißen, daß es seine Augen kaum ertragen wollten. Er hielt die Hände vor sein Gesicht, und zwischen den Fingern hindurchblickend, gewahrte er drei Männer, die saßen auf Stühlen, zu denen Stufen führten, und trugen lange, pelzverbrämte Mäntel und rote Schuhe, und den einen von ihnen, den Weißbärtigen mit den strengblickenden Augen, der in der Mitte saß, den kannte er, er hatte ihn oftmals abkonterfeit gesehen, das war ja St. Johannes, des Himmels Kanzler. Vor den dreien aber stand ein Cherub von riesenhaftem Wuchs, der hielt ein bloßes Schwert in den Händen, und ringsumher in weitem Kreis drängten sich Kopf an Kopf die himmlischen Scharen, und sie waren es gewesen, die zuvor gerufen hatten: »Lauft zu! Lauft zu!« Denn es sollt' jedermann sehen, wie Gericht gehalten wurde.

»Votre très humble serviteur«, murmelte der schwedische Reiter und er verbeugte sich, indem er seinen Hut auf Edelmannsart schwenkte, vor den drei himmlischen Beisitzern, wollt' ihnen die Ehre erweisen, die ihnen gebührte. Doch die drei achteten seiner mit keinem Blick. Und wie nun Stille eintrat unter dem himmlischen Volk, da erhob der Engel mit dem Schwerte seine Stimme, daß es weithin schallte:

»Ihr Beisitzer des höchsten Gerichts, ich frage euch, ob es der Tag ist und die Zeit, das Gericht zu hegen und zu halten.«

Und die drei Männer mit den langen Mänteln antworteten wie aus einem Mund:

»Da es dem allmächtigen Richter dünkt Zeit zu sein, so ist es Zeit.«

Der Engel mit dem Schwerte blickte hinauf in die leuchtende Himmelsnähe.

»Allmächtiger Herr Richter!« rief er. »Ist das Gericht auch recht besetzt?«

Da kam aus der Höhe die Stimme des allmächtigen Richters, die war, wie wenn der Sturmwind fährt durch einen Eichenwald.

»Das Gericht ist recht besetzt, und wer zu klagen hat, der klage!«

Von den himmlischen Scharen ringsumher kam ein Flüstern und Flügelrauschen. Dann trat Stille ein. In dem schwedischen Reiter stieg jetzt plötzlich eine Angst auf. — »Was soll ich hier?« fragte er sich. »Was will ich hier?« Er zupfte verlegen an seinem blauen Rock und blickte sich um, ob er nicht einen Weg fände, sich hinwegzuschleichen, da sah er, daß die Augen aller auf ihn gerichtet waren. Und der Engel mit dem Schwerte brach jetzt das Schweigen:

»So klage ich an«, sprach er, »den Mann dort, den ich vor das Gericht gefordert hab', daß er ein Dieb gewesen ist, viele Jahre hindurch, und daß er den Bauern aus ihren Kammern gestohlen hat Brot und Wurst und Eier und Schmalz und was er sonst erlangen konnt', dessen klage ich ihn vor Gottes Gericht zum ersten, zum andern und zum drittenmal.«

»Ist es nichts als dies?« ließ sich der Mann im langen Mantel, der zu St. Johannis Rechten saß, vernehmen. »Es ist auf Erden gar schwer, ein Stückchen Brot, ein Ei, ein wenig Schmalz auf ehrliche Art zu gewinnen.«

»Er hatte nichts als seinen Schatten, so arm war er«, sagte der auf der linken Seite.

Und der heilige Johannes, des Himmels Kanzler, erhob sein strenges und hageres Antlitz und sprach:

»Der arme Mann in seinem Zwilchkittel, wenn der zum Dieb wird, wer soll ihn darum schelten, da doch die Reichen allesamt ihr Gut vermehren auf unrechte Weis'.«

»Er mag seines Weges gehen, er ist nicht schuldig«, kam aus der Höhe die Stimme des Richters, die klang wie Harfenton so mild.

»Gelobt sei Gott!« flüsterte der schwedische Reiter und

dabei wischte er sich den Schweiß von der Stirne. »Seinem heiligen Namen sei Ehr' und Preis.«

Und im gleichen Augenblick ertönte es von allen Seiten und aus der Höh' in großem Chor:

»Gelobt sei Gott! Seinem heiligen Namen sei Ehr' und Preis.«

Der Engel mit dem Schwerte rührte sich nicht von der Stelle. Er blickte mit gefurchter Stirn auf die drei Beisitzer des Gerichtes, und wie nun wiederum Stille war, begann er von neuem zu reden:

»Es ist nicht alles«, sagte er. »Ich klage an den gleichen Mann, daß er ein Gottesräuber gewesen ist, ein Jahr hindurch, hat geraubt in den Kirchen das silberne Gerät, Rauchfäßlein, Schüsseln, Kannen und Leuchter, auch Zieraten und Kleinodien von Gold, will's verwenden zu seinem Wohlergehen und Flor, dessen klage ich ihn an, zum ersten, zum andern und zum drittenmal.«

»Ja, das habe ich getan, daß Gott erbarme!« stöhnte der schwedische Reiter, und er warf einen scheuen Blick auf den heiligen Johannes. – »Daß Gott erbarme!« ertönte es ringsum im himmlischen Chor. Da nahm der erste von den Beisitzern das Wort und sagte:

»Das Gold und das Silber, das ist des Bösen Waffe und grausam Rüstzeug auf Erden. Was haben wir damit zu schaffen, es ist nicht unser.«

»Es ist nicht unser«, wiederholte der zweite. »Es ist der Menschen ihr eitler Wahn. Ein Ave Maria, in Demut gesprochen, gilt dem Himmel mehr als die goldene Pracht.«

»Es ist nicht unser«, entschied als dritter der heilige Johannes, und er wendete himmelwärts seinen Blick. »Als Er mit uns auf Erden ging, da hatte Er nicht Gold noch Silber, was soll's Ihm heute?«

Und in den lichten Höhen erhob sich die Stimme des allmächtigen Richters:

»Er mag seines Weges gehen, er ist nicht schuldig.«

»Ich hab' das nicht gewußt«, murmelte der schwedische Reiter mit einem tiefen Aufseufzen zu sich selbst, während rings um ihn ein gewaltiges »Benedicamus Domino« gegen den Himmel brauste. »Ich hab' das, bei meiner Seele, nicht gewußt, daß man hier oben mit den armen Sündern so gnädiglich verfährt. Ich mein', der dort, der mit dem Schwert, hat alleweil das Nachsehen, ich wär' nicht gern an seiner Stell'. Warum geht er nicht? Die Sach' ist nun zu Ende. Was will er noch hier?«

»Die Sach' ist nicht zu Ende!« rief in diesem Augenblick der Engel mit dem Schwerte. »Denn dieser Mann, der dort steht und mit sich selbst ein groß Gemurmel hat, dieser Mann, ihr Beisitzer des höchsten Gerichts, hat im Verborgenen solch ein böses Gemüt, daß er seinen Kameraden im Elend, den schwedischen Edelmann, schändlich belogen und auch mit einem falschen Eid betrogen hat. Zeter, Wehe und abermals Wehe über ihn, zum ersten, zum andern und zum drittenmal!«

Da war, als der Engel sein Zeter und Wehe geschrien hatte, ein langes Schweigen, und dann sprach der erste von den Beisitzern mit einer Stimme, in der Trauer und Bestürzung klang:

»Das ist eine schwere und bittere Sünd', die muß wohl erwogen und ponderiert werden.«

»Wie konnt' es sein, daß er seinen Kameraden im Elend verraten hat«, klagte der zweite. »War denn in seiner Seele erloschen das Gotteslicht?«

Der heilige Johannes schüttelte den Kopf:

»Es wird so viel geredet, es muß nicht wahr sein«, meinte er, und dann erhob er sich und fragte:

»Kläger! Wo sind deine Zeugen?«

»Ja, wahrhaftig, wo sind sie, deine Zeugen?« flüsterte der schwedische Reiter, in dessen Brust Angst und verwegene Hoffnung miteinander rangen. »Wo willst du, Kläger, sie finden, es hat's niemand gesehen.«

146

»Die Zeugen sind bereit, sie warten, daß ihr sie vernehmt«, kam von dem Engel, der das Schwert trug, die Antwort. »Schafft Raum für sie, denn es sind ihrer viele.«

Auf seinen Wink wichen die himmlischen Scharen zurück, der Kreis weitete sich. Und der Engel mit dem Schwerte rief in die Tiefe hinab:

> »Heide, Weide, Rohr und Sand,
> Stege, Wege, Ackerland,
> Wind und Schnee und Busch und Moor,
> Feuer, Wasser, Zaun und Tor,
> Stein am Weg und Licht im Haus!
> Tretet vor und saget aus!«

Da stiegen sie aus der Tiefe empor, die stummen Zeugen, die irdischen Dinge, sie kamen mit Dröhnen und Knirschen, mit Knarren und Zischen, mit Brausen und Rauschen, und die himmlischen Beisitzer verstanden ihre Sprache. Und über allem Lärm erhob sich des heiligen Johannes Stimme, der rief:

»Die Zeugen sind vernommen und haben ausgesagt. Er ist des Frevels überwiesen.«

»Er ist schuldig«, kam aus der Höhe das donnernde Richterwort. »Und so verkünde ich das Urteil, daß er soll allein tragen durch sein Leben seiner Sünden Last und sie keinem gestehen und bekennen als der Luft und dem Erdreich.«

Dem schwedischen Reiter kam Angst und Zittern an, Verzweiflung packte ihn, er preßte die Fäuste an die Schläfen, und Entsetzen kroch ihm bis in sein Gebein. Rings um ihn klagten und weinten die himmlischen Scharen, ja selbst der Engel mit dem Schwerte hatte Erbarmen mit ihm und rief in die Höh':

»Allmächtiger Herr Richter! Das ist eine schwere Straf'. Ist denn keine Gnade für ihn?«

»Für ihn ist keine Gnade«, kam aus der Höh' das Donnerwort. »Ich übergeb' ihn dir auf deine Ehr' und deinen Eid, es ist dir anbefohlen, daß du das Urteil an ihm vollziehen sollst.«

Der Engel mit dem Schwerte neigte in Gehorsam sein Haupt.

»So will ich ihn nehmen in meine Hände«, sagte er, »und ihn hinunterführen auf die grüne Heid'...«

Der schwedische Reiter streckte die Hände von sich und stand auf. Er reckte sich nochmals, rieb sich die Augen und band sein Pferd los.

»Wenn's nicht geträumt wär'«, sagte er, als er den Hügel hinunterritt, zu sich, »dann hätt' ich keine Angst mehr vor Gottes feuerbrennendem Zorn. Was wollt' er denn anderes, als daß mein gewesenes Dasein verborgen bleibt, das will ich auch. Ich werd' ein Narr sein und den Leuten sagen, wer ich gewesen bin und was ich getrieben hab'! Das große Gericht, das ist ein ander Ding, da wird mit so viel Trompeten durcheinandergeblasen, daß es einem in den Ohren gellt, ich hab' aber nicht einmal eine Sackpfeife wimmern gehört, es war alles nur Schattenwerk des Traums.«

Es erschien ihm nur sonderbar und unbegreiflich, daß ihn in diesem Traum solch ein Entsetzen gepackt hatte darüber, daß er von seinem vergangenen Leben nichts sollte bekennen dürfen. Er konnte es jetzt nicht verstehen, hatte aber nicht länger Zeit, darüber nachzudenken. Denn es gab nun etwas anderes, das ihm Sorge schuf und sein Herz bedrückte.

Wie er so dahinritt, da standen auf den Feldern, die an seinem Weg lagen, Korn und Weizen in reifer Pracht, schwer von Frucht waren die Ähren, es war ehrlich gedüngt, auch gutes Wetter abgewartet und zur richtigen Zeit gesät worden, und überall waren die Knechte mit Fleiß und Eifer bei der Arbeit, hinter dem Schnitter ging der Raffer und hinter dem Raffer kam der Binder und hinter dem Binder der Garbenträger.

»Da ist eines Herrn harte Hand über den Knechten«, sagte der schwedische Reiter, und es gab ihm einen Stich ins Herz. »Es ist nicht mehr, wie es einst war. Ich mein', ich komm' zu spät. Die junge Demoiselle ist ehelich geworden, und der neue Herr auf dem Hof, der weiß, was dem Acker frommt. So ist mein Glück zu Ende, eh' es begonnen hat.«

Wie er aber weiterritt und schon das Dorf mit seinen Strohdächern zu sehen war und hinter den Ahornbäumen das Schieferdach des Herrenhauses, da waren die Felder wiederum in ihrem alten schlechten Stand, viel Unkraut zwischen den Halmen: Trespe, Wicke, Storchschnabel und Ackerrot, und an den Ähren statt der Frucht ein schwarzes, staubiches Wesen, das kam davon, daß zur Unzeit gesät worden war, mit unreifen Körnern auf schlecht gedüngtem Boden.

Der schwedische Reiter richtete sich im Sattel auf und gab dem Pferd die Sporen.

»Nein!« frohlockte es in ihm. »Sie ist nicht ehelich geworden. Es ist auf dem Hof kein neuer Herr. Sie ist nur zu solch armen Tagen gekommen, daß sie ihre Felder und Wiesen den Nachbarn hat verkaufen müssen. Nicht viel, nur das, was dem Hof zunächst liegt, ist ihr geblieben. Dem Himmel sei's gedankt, ich komme zurecht.«

Wie ein wilder Hengst, so sprang sein Herz, jetzt, da er sie wiedersehen sollte. Er stand im Garten und wartete, und wie er sie in ihren roten Maroquin-Schühlein über den Kiesweg laufen sah, da vergaß er all die courtoisen Reden, die er sich zurechtgelegt hatte, er konnte an nichts anderes denken, als daß jetzt Traum und Chimäre zur Wirklichkeit geworden waren und daß in dieser Stunde sein Schicksal entschieden werden sollte. Und zum erstenmal kam die Angst über ihn und ließ ihn erzittern, daß sie ihn wiedererkennen könnte. – »Du armer Mann, wo kommst du her?« klang es ihm im Ohr. »Geh in die Küche und laß dir ein Stück Brot in die Suppe brocken!«

Er nahm all seinen Mut zusammen und ging mit dem Hut unter dem Arm auf sie zu, verbeugte sich, blieb stehen. Und jetzt sollte er reden, doch er brachte kein Wort aus der Kehle, und sie war es, die zu sprechen begann:

»Der Herr wird's mir verzeihen, daß er hat warten müssen. Man hat es mir erst jetzt gemeldet, daß ein fremder Kavalier begehre, mir Visite zu machen. Ich war nicht im Haus, hab' müssen das Hühnervolk aus dem Garten jagen, es macht viel Schaden.«

Ja, das war die Stimme, die ihn dereinst vom Galgen losgebeten hatte. Der schwedische Reiter stand wie verzaubert und sah und horchte. Schön war sie wie die liebe Sonne, der Teufel selbst mußt' so viel Schönheit benedeien.

Und sie fuhr fort:

»Es ist wohl gegen den Brauch, daß der Herr sich selbst mir präsentiert, mais, Monsieur, je ne tiens pas à l'etiquette.«

»Sag die Demoiselle mir das noch einmal«, bat der schwedische Reiter, der wie aus einem Traum erwachte. »Ich versteh' das Französische nur so la la, hab' in meiner Jugend keinen guten Präzeptor gehabt, es geht mir leichter aus dem Mund als in die Ohren.«

Das Mädchen sah ein wenig verwundert den Edelmann an, der so freimütig einbekannte, daß es mit seinem Französischen nicht weit her war. Für einen Alamode-Kavalier wollt' er nicht gelten.

»Der Herr ist Offizier?« fragte sie.

»Jawohl, das bin ich, Offizier der schwedischen Krone, Gott und allen guten Leuten zu dienen«, sagte der schwedische Reiter und schlug an seinen Degen.

»Und der Herr kommt von weit her?«

»Geradewegs von Seiner Majestät Armada, bin auch, ohne Ruhm zu melden, bei etlichen Bataillen dabeigewesen, jetzt aber hab' ich dem Soldatenleben widersagt.«

»Und was steht hier zu des Herrn Gefallen?« fragte das Mädchen, das sich den Besuch des fremden Offiziers nicht zu erklären wußte.

»Da mich mein Weg hiehergeführt hat, wollt' ich's nicht versäumen, der Demoiselle aufzuwarten«, gab der schwedische Reiter zur Antwort.

»Ich bin dem Herrn reconnaissant davor«, sagte die Demoiselle und blickte verlegen auf ihre roten Schuhe.

Eine Weile standen sie und wußten einander nichts zu sagen. Sie zupfte an der Schleife an ihrer Brust. Vom Garten her kam der Duft der Tuberosen, der Nelken und des Jasmins. In der Ferne knarrte ein Ziehbrunnen, und sonst war Stille.

»Es ist auch nicht das erstemal, daß ich hier auf diesem Hof bin«, begann jetzt mit unsicherer Stimme der schwedische Reiter.

»Ja«, meinte nach einem Augenblick des Nachdenkens das Mädchen, »da mein Vater noch lebte, hatten wir alle Tage Gäste im Haus, auch viele Offiziere. Jetzt freilich geht es klein her bei uns.«

»Ich hab's mit Leid vernommen«, beteuerte der schwedische Reiter, »daß der Demoiselle ihr Herr Vater von dieser Welt gegangen ist. Ich hab' seiner oft gedacht, er war mein Pate.«

»Dem Herrn sein Pate? Mein Vater?« rief das Mädchen überrascht.

»Ja, und ich hab' ein Ringlein, das hat mir die Demoiselle

verehrt, ich halt's in Ehren«, fuhr der schwedische Reiter fort.

Das Mädchen war totenblaß geworden. Sie griff nach ihrem Herzen und holte tief Atem, und dann hauchte sie mit einer Stimme, daß es kaum zu vernehmen war:

»Ich bitt' den Herrn um alles, daß er mir sagt, wer er ist.«

»Ich hab' gehofft, daß ich der Demoiselle noch werd' bekannt sein«, sagte der schwedische Reiter stockend und leise, denn die Angst preßte ihm die Kehle zusammen. »Wenn sich die Demoiselle doch nur erinnern wollt', wie wir sind den Berg hinuntergefahren, da schlug der Schlitten um, weil die Pferde scheuten . . .«

Ein Schrei durchschnitt die Luft, und das junge Kind lag, von Schluchzen geschüttelt und an allen Gliedern zitternd, an des schwedischen Reiters Brust und jubelte und klagte:

»Christian!«

»Ja, der bin ich«, sagte der schwedische Reiter, und in diesem Augenblick war er wirklich dieser Christian von Tornefeld, den er in die Hölle des Bischofs gestoßen hatte, und seine Hand glitt mit unendlicher Zärtlichkeit über ihre Haare und seine Lippen formten den Namen, den er nur ein einziges Mal gehört und nie zuvor ausgesprochen hatte – »Maria Agneta«, rief er, und sie hob ihr glückseliges und tränenüberströmtes Antlitz dem seinen entgegen.

Wie sie nun Hand in Hand mit ihm in vertrautem Gespräch, mit vielen »Denkst du's noch« und »Weißt du's noch« auf dem Kiesweg und durch die Laubgänge schritt, da war's dem schwedischen Reiter, als müßte er Himmel und Erde umarmen, als wär' er aus dem verwilderten Buschwerk seines vergangenen Lebens auf eine blumige Wiese, die im Sonnenlicht lag, geraten.

Vor einer mit Moos überzogenen Bank, auf die eine

Nymphe aus verwittertem Sandstein mit einem scheuen und schwermütigen Lächeln herabsah, blieb er stehen und blickte nachdenklich auf die Bruchstücke eines bockfüßigen Fauns, die verstreut im Grase lagen. Maria Agneta lehnte ihren Kopf an seine Schulter und drückte seine Hand.

»Ja«, flüsterte sie. »Du weißt es noch. Hier, wo der kleine Heidengott im Grase lag, ist es gewesen.«

»Hier ist es gewesen«, wiederholte der schwedische Reiter und wußte nicht, was hier gewesen war, und sein unsicherer Blick glitt von dem gehörnten Kopf des Fauns auf die Bank und auf die Nymphe.

»Wo wir einander geschworen haben«, fuhr Maria Agneta fort, »daß die Lieb' in unseren Herzen nicht erlöschen sollt'. Und du, Christian, hast gesagt: Ich werd' dich nicht vergessen, so wie ich Gott nicht vergessen werde.«

»Ja, das waren meine Worte«, sagte der schwedische Reiter mit fester Stimme.

»Sie waren«, sprach sie, indes sie weitergingen, »in den schweren Zeiten, die nach meines Vaters Tode kamen, meine einzige Consolation und meine Zuversicht. Ich dank' es Gott mit gefalteten Händen, daß du gekommen bist. Du hast mich lange warten lassen, Christian.«

»Es waren schlimme Zeiten, auch für mich«, beteuerte der schwedische Reiter. »Ich hab' müssen die staubichte Landstraße gehen, bin hinter vielen Hecken und Zäunen gelegen im Regen und im Schnee. Doch das ist nun vorbei.«

»Hättest mich bald hier nicht mehr angetroffen«, erzählte sie. »Denn ich muß fort von hier und irgendwo in der Welt mit Waschen und Kinderwarten dienen.«

»Mit Waschen und Kinderwarten? Ein so hochgeborenes Fräulein?« fragte der schwedische Reiter überrascht und aufs höchste betroffen.

»Ja, oder Flachs und Leinwand in die Häuser tragen. Ich darf hier auf dem Hof nicht bleiben.«

»Und warum«, forschte er, »darf ma cousine hier auf
dem Hof nicht bleiben?«

»Ich bin arm geworden, meine Mittel sind zerronnen«,
gab sie zur Antwort. »Dem Herrn von Saltza, meinem Paten, gehört alles: das Dach über meinem Kopf, das Bett, in
dem ich schlafe. Er hat die Schuldscheine. Und er drängt
mich, daß ich soll ehelich mit ihm werden. – Christian! Die
Sommerflecken in deinem Gesicht, wo sind sie hin? Jetzt
weiß ich's, warum ich dich nicht sogleich erkannt hab'.«

»Dieser Herr von Saltza, ich mein', den kenn' ich«, erklärte
der schwedische Reiter, indes das Bild des Mannes mit dem
Knebelbart vor seinen Augen aufstieg und zerrann. »Und
ma cousine will mit ihm nicht ehelich werden?«

»Wie kannst du mich das fragen, Christian!« sagte sie
mit leisem Vorwurf. »Ich will lieber schlafen als eine Bau-
ernmagd auf dem Haberstroh, als daß ich mit dem Herrn
Paten lieg' auf Schwanenfedern.«

»Meine Herzliebste und Vertraute!« rief der schwedische
Reiter in überströmender Freude und griff mit beiden Händen nach den ihren. »Du sollst nicht Furcht haben vor diesem
Herrn von Saltza und den Schuldscheinen. Nur her mit ihnen, sie werden bezahlt. Wieviel macht's aus in Summa?«

»Das weiß ich nicht«, gab das Mädchen zur Antwort.
»Der Rentmeister hat's in seinen Büchern stehen. Ich hab'
auch müssen verkaufen Äcker, Wiesen und den Fischteich,
weiß selbst nicht, wie das kam. Es war nie Geld im Haus.«

»Wie hätt's denn auch anders kommen sollen!« rief der
schwedische Reiter mit solch einem wilden Auflachen, daß
das Mädchen erschrocken zusammenfuhr. »Es ist auf diesem Hof nicht einer ehrlich – weiß das ma cousine? Der
Rentmeister, der Kornschreiber, der Großschäfer, die sind
eine Bande ungehangener Diebe – weiß das ma cousine?
Und darum können sie auch nicht Zucht und Ordnung
halten unter den Knechten, es tut ein jeder hier, was ihn
gelüstet – weiß das ma cousine?«

»Und woher weißt du es, Christian?« fragte Maria Agneta.

»Ich hab mir gestern, chemin faisant, die Äcker besehen, es ist ein Jammer«, berichtete der schwedische Reiter. »War auch heute in aller Morgenfrüh', als ma cousine noch schlief, hier auf dem Hof. Da gab es viel zu sehen. Der Kornschreiber hält sich vier Kühe, die füttert er mit der Herrschaft ihrem Grummet – weiß das ma cousine? Der Roßknecht und der Ochsenknecht, die essen morgens Eierfladen und gebratenen Speck, trinken Buttermilch dazu und sollten doch haben Suppe, Erbsen, Rüben oder Kraut. Die Mäher, die aufs Feld gehen, die nehmen mit sich: der eine einen Laib Käse, der andere ein halb Schock Eier oder eine Ente, drüben im Dorf wird's dann verkauft, und der Rentmeister muß tun, als säh' er's nicht, denn von seinen Diebsschlichen weiß der ganze Hof. Und solch einen Kerl setzt ma cousine obenan und zahlt ihm noch dafür Geld über Geld.«

»Das hab' ich nicht gewußt«, sagte das Mädchen kleinlaut. »Mein Vormund, der Herr von Tschirnhaus, der kennt ihn von Kind auf, sagt, er sei ehrlich.«

»Sans doute«, lachte der schwedische Reiter. »Da er in der Wiegen lag, war er ehrlich, aber seitdem nicht mehr. Es ist auch noch nicht alles. In den Scheunen und Ställen – die Löcher! Da regnet's hinein, daß das Futter verdirbt, davon kommt dann die Viehseuch'. Es sollt' auch um die Zeit schon Hirse gesäet und Kraut gesteckt sein, das Gras gehauen, das Heu gemacht – es ist von alldem nichts geschehen. Weiß das ma cousine?«

»Du solltest, Christian«, bat das Mädchen, »mit den Leuten reden, ihnen deinen Willen zu erkennen geben, daß es soll anders werden.«

Der schwedische Reiter wies diesen Vorschlag mit einer Handbewegung von sich.

»Das Reden hilft nichts, das macht nur einen dürren

Hals«, erklärte er. »Denen werd' ich müssen den Prügel um die Ohren legen, daß sie zahm und ehrlich werden. Mit dem spanischen Rohr in der Hand werd' ich Ordnung machen. – He du, Kerl! Hast du redliche Leut' nicht gelernt grüßen?«

Es war ein Knecht, der vorüber wollte, der riß nun, da ihn der fremde Kavalier so anfuhr, die Schmerkappe vom Kopf und machte seinen Kratzfuß.

»Lauf und such den Rentmeister!« befahl ihm der schwedische Reiter. »Und wenn du ihn gefunden hast, so meld ihm der gnädigen Herrschaft ihren Willen, daß er soll mit seinen Büchern kommen und mir Rechnung legen. Oben in der Herrschaft ihrer Tafelstube mag er mich erwarten.«

Erst nach zwei Stunden kam der schwedische Reiter in den Garten zurück. Maria Agneta sah ihn und lief auf ihn zu.

»Ich hab' mein Leben lang keine schlimmere Arbeit gehabt als diese«, berichtete er und fuhr sich mit dem Rücken seiner Hand über die Stirne. »Ich wollt' lieber reiten zehn Stunden auf grundlosen Wegen in Regen und Wind, als sie nochmals tun. Der Rentmeister hat mit der Feder und Tinten soviel Papier verderbt, daß alle Käskrämer des Heiligen Römischen Reiches hätten für zwei Jahr' genug. Aber daß er von der Wolle den fünften Teil genommen hat und von der Milch alle Tage das vierte Töpfchen, das hat er nicht in seine Bücher geschrieben. Ich hab' ihn mit ma cousine ihrer Permission zum Teufel gejagt. Er ist fort und davon.«

»Es ist alles recht, was du für gut befindest«, sagte Maria Agneta.

»Wenn die Schulden bezahlt sind«, fuhr er fort, »dann bleibt mir noch so viel, daß ich dem Pfarrer zahlen kann für den Kirchgang und die Hochzeit und was die Spielleut' kosten und das Brautkleid und für die Nachbarn die Morgensuppe, wenn ma cousine auch hierin mit mir eines Willens ist.«

»Christian!« sagte das Mädchen leise. »Ich hab' auf dich gewartet und auf diesen Augenblick. Und nun, da er gekommen ist, übergeb' ich mich dir, ich hab' dich immer geliebt, mein Leben lang, und nur dich.«

»Und nur mich«, wiederholte der schwedische Reiter und er ließ den Kopf sinken, und einen Augenblick lang mußte er wider seinen Willen an den anderen denken, an den Verlorenen, dem er um dieser Liebe willen Namen, Freiheit und Ehre genommen hatte.

Dann sprach er weiter:

»Ma cousine wird auch auf Gottes Welt keinen finden, der sie so lieb halten wollt' wie ich, das ist die Wahrheit, Gott mag mir helfen.«

»Das weiß ich, Christian«, sagte mit einem Lächeln Maria Agneta.

»Muß aber meiner herzliebsten Braut noch das eine sagen«, fuhr der schwedische Reiter fort, »daß ich werd' hart werken müssen und daß wir werden lange Zeit mit dem Gesinde essen müssen das schwarze Haberbrot.«

»Ich will mit dir essen, Christian, das schwarze Haberbrot«, sprach Maria Agneta. »Und ich will es Gott danken, daß er mich überschüttet hat mit soviel Glück.«


Es war zwei Monate vor ihrer Niederkunft, da erwachte Maria Agneta eines Nachts, da es zwölf Uhr geschlagen hatte, und fand nicht wieder Schlaf. Sie fühlte, wie in ihrem Leib das Kind sich regte, es sollte Maria Christine heißen, wenn es ein Mädchen war, und sie wollte ein Mädchen, sie sah es in ihren Träumen schon über den Hof laufen in einem weißen Taffetkleid und mit einem schwarz und weißen Mützlein auf dem Kopf, und wenn es sich in seinem Kleid verfing und stolperte, da lachten die Knechte und die Mägde und liefen hinzu, ja sogar die Gänse und die Ziegenböcke auf dem Hof, die lachten mit. Und wie sie so mit geschlossenen Augen und mit einem Lächeln auf den Lippen dalag, da gingen ihr die Gedanken durch den Kopf, vor einem Jahr, sagte sie sich, waren die Kasten leer gewesen, sie hatte nicht Linnen noch Bettlaken gehabt, jetzt aber ging alles auf die rechte Weise, denn es war ein Herr im Haus, und sie fühlte, daß ihr Glück nun auf festem Boden stand, dafür mußte sie Gott danken, dem Geber alles Guten. Sie liebte ihren Mann über alle Maßen, und wenn er fort auf den Feldern war, konnte sie es nicht erwarten, daß er wiederkäme, und wenn sie abends seinen Schritt auf der Treppe hörte, da sauste ihr das Blut in den Ohren vor Wiedersehensfreude. Jetzt lag er neben ihr und schlief. Sie richtete sich ein wenig auf und horchte. Er atmete ruhig, aber manchmal nachts, da hatte er im Traum solch ein wildes Leben, er stöhnte, focht mit den Armen und schrie auf – da war er wohl bei seinem König und im schwedischen Heer.

Die Leute im Dorf und auch die adeligen Nachbarn, die nannten ihn alle den »schwedischen Reiter«, denn er trug tagaus, tagein den blauen schwedischen Rock, in dem er dereinst auf den Hof gekommen war. Die Leute spotteten, er ginge nicht gerne in die Sonne, denn da könnte man an seinem alten Rock die Flicknähte sehen. Er sparte an allen Ecken und Enden, für den Taufschmaus, sagte er, müßt' Geld im Haus sein. Sie aber, Maria Agneta, hatte dennoch heimlich von einem Juden, der aus Polen nach Leipzig zur Messe fuhr, ein Stück blauen Samts auf einen Rock für ihn gekauft, die Elle zu einem halben Gulden. Daß die Leute ihn sollten sehen in einem neuen Rock. Sie hatte nur Furcht, es ihm zu sagen. Denn als sie einmal davon gesprochen hatte, daß ein Edelmann müßt' stattlich einhergehen, da hatte er dawider gesagt: »Ein jeder Schreiner, ein jeder Küfer stolziert heut in Samt und Seiden, da soll der Edelmann ihnen zum Trotz in eines Bauern Zwilchkittel gehen.«

Die Leute im Dorf, die redeten: »Was ist das für ein Edelmann? Wenn er ein Fohlen, ein Kalb, einen Hammel zu verkaufen hat, versteht sich keiner auf das Feilschen so wie er, um einen Kreuzer streitet er mit dem gemeinen Mann, wo bleibt die Edelmannsehr'?« – Wenn's ihm zu Ohren kam, dann lachte er. »Was soll mir die Edelmannsehr'? Es wird mir keine Kuh und keine Sau fett von der Ehr'.« Er war aber dennoch ein Offizier und Edelmann sans reproche, machte ihr auch alle Tage eine neue Declaration d'amour, wie hörte sie's gerne, wenn er sie sein Seelchen, sein Engelchen, seinen höchsten Schatz nannte. Freilich, der Alamode-Galan von einst, der war er nicht mehr, er mußte hart werken, daß sie essen und trinken könnten nach Genügen. Er hatte nicht Zeit, am Mittag mit ihr, seiner Eheliebsten, bei Tisch zu sitzen, in der Gesindestube ließ er sich einen Teller Hafersuppe reichen. Er mußte tagsüber seine Augen überall haben, bald da, bald dort sein, und oftmals sagte er: »Der Herr auf dem Hof, der muß wissen, von jedem Strohhalm, der in die Raufe kommt, und von jedem Span, der auf dem Holzplatz zu Boden fällt.«

Sie wollte auch gern ihrem Christian eine rechte Hilfe sein, nur war es nicht leicht, das alles, was er sie gelehrt hatte, im Kopf zu behalten. Wieviel an Holz und Reisig alle Tage ins Haus gebracht werden mußte, das wußte sie, auch wieviel Quart Bier am Sonntag für den Tischtrunk gebraucht wurden, wann das Gesinde Fleisch zu bekommen hatte und wann Hirse, Milchsuppe, Mehlbrei oder Klöße, und daß die Klöße gemacht werden sollten halb aus Roggen- und halb aus Gerstenmehl. Aber sie wußte noch viel mehr und sie sagte es sich, daß ihr die Zeit verginge, leise vor, so wie sie es von ihrem Christian gehört hatte.

»Der Wirt im Dorf soll haben alle Monat zwei Paar Hühner und ein Schock Eier, dafür ist seine Frau schuldig, elf

159

Stück Leinen für die Herrschaft zu weben. Da ich ein Kind war, da hatten sie im Dorf ein heiliges Dreikönigsspiel und der Wirt hat den Balthasar agiert, mußt' aber auch vorher und nachher als einer von den Hirten die Sackpfeife blasen, war ein kohlschwarzer Hirt, was hab' ich da gelacht! Der Ruß wollt' nicht aus seinem Gesicht. Der Müller ist vom Herrschaftsdienst befreit, hat aber jährlich vier Schweine auszumästen. Der Schmied im Dorf bekommt elf Gulden Eisengeld und acht Scheffel Korn, daß er das Ackergerät in Stand hält, er hat ein Büblein, das ist neun Jahre alt, zieht ihm den Balg. Die Bäume, die auf den Auen stehen, gehören der Herrschaft, da hat der Müller kein Recht darauf, es sind Ulmen und Eichen, und die Eiche, sagt Christian, ist ein guter Baum, man kann von ihm Schinken und Bratwürste pflücken. Die Dorfweiber sind schuldig, die Hofarbeit zu verrichten für einen Kreuzer täglich und die Kost. Ein Schaf gibt auf eine Schur ein und ein Viertel Pfund Wolle, ein Schöps aber ein und ein halbes. Dem Schäfer, daß ich's nicht vergess', will ich morgen sagen, daß er seine Hühner im Schäferhaus halten soll und nicht im Schafstall. Ein Schaf gibt auf eine Schur..., warum seh' ich den Mond nicht mehr? Es ist wohl draußen wiederum der Nebel. Die Märznebel, die sind nicht gut, von denen, sagt Christian, kommt hundert Tage später der Hagel. Ein Uhr schlägt's. Bin schon lange nicht wach gelegen zu so später Stunde. Ein Uhr war's in der Nacht, da haben sie den Herrn Jesus zum Pilatus geführt. Und Petrus stand im Hof und wärmte sich über dem Feuer die Händ'. Mich friert!«

Sie zog sich die Decke über die Schultern, und wie sie so in der Finsternis lag und auf den Schlaf wartete, der nicht kommen wollte, da erfaßte sie mit einem Male eine Traurigkeit und eine Angst, es war ihr, als läge sie allein in der Stube, und ihr Christian war weit fort und in schwerer Not, rings um ihn zuckten Flammen und er schrie um Hilfe, und so stark war dieses Gesicht in ihr, daß sie selbst hätte laut aufschreien mögen vor Angst und vor Verzweiflung, und sie wußte doch, daß er neben ihr lag und friedlich schlief, und dennoch klagte es in ihr wie um einen Verlorenen. – »Was ist das?« fragte sie sich verstört. »Ich bin in Melancholie geraten – warum? Warum? Er ist doch da, er ist bei mir – nein, er ist weit fort und schreit um Hilfe, und keiner hört ihn. Verzeih mir Gott, es ist ja nicht wahr, was ich da sag', ich sollt's nicht sagen, es ist nicht recht. Wie ist mir denn und woher kommt diese Angst?«

Sie erhob sich in ihrem Bett, schlug mit bebenden Händen Feuer und zündete den Docht der kupfernen Lampe an, daß der flackernde Lichtschein auf das Gesicht des Mannes fiel, der an ihrer Seite schlief. Sie sah ihn an, wie er dalag, die Hände über der Brust gekreuzt, und die Angst in ihr wollte nicht weichen. Es schien ihr, als wäre in diesem regungslosen Gesicht etwas ihr Fremdes, etwas, was sie nie zuvor gesehen zu haben vermeinte, etwas aus einer anderen Welt, aber was es war, das konnte sie nicht sagen.

Ein Schauer überlief sie und sie begann zu weinen, daß eine Träne die andere schlug.

»Er ist nicht fort«, flüsterte es in ihr. »Er ist bei mir. Aber, Gott steh mir bei – es war mir einen Augenblick lang, als läge ein fremder Mann an meiner Seite. Wie konnte das geschehen, daß mir ein solcher Gedanke kam? Und warum muß ich weinen, jetzt, da ich ihn doch sehe. Warum? Warum?«

Sie blickte wiederum in das Gesicht des Schlafenden, wollt' in ihm Trost und Beruhigung finden, aber je länger sie hinsah, desto schwerer wurde es ihr ums Herz.

Da kam ihr in ihrer tiefsten Not mit einemmal ein Einfall. Sie entsann sich, daß die Margret, die einstmals in diesem Hause ein Kammermädchen gewesen war, sie gelehrt hatte, wie man mit einem Schlafenden sprechen müßte. »Mach über ihn das heilige Kreuzzeichen«, hatte die Margret gesagt, »und faß ihn an seinem linken Daumen, so hast du Gewalt über ihn, dann ruf ihn an im Namen Gottes und frag ihn, was du zu wissen begehrst, und er muß dir die Wahrheit sagen.«

»Es ist ja nur ein Spiel«, hauchte sie. »Ich bin recht dumm, verzeih mir's, Christian. Nur weil ich sehen will, daß es gelogen ist, und weil sich's just so trifft, daß du schläfst und ich lieg' wach. Sie hat mir viel Märlein erzählt, die Margret, eh' sie mit den Soldaten ist davongezogen, auch daß man, wenn man sich mit Fledermausblut die Augen bestreicht, den Teufel durch die Luft reiten sieht, das ist nicht wahr, es hat's einer versucht, hat nichts gesehen. Ich tu's auch nur, daß mir die Zeit vergeht, verzeih mir's, Christian, ich find' nicht Ruh' noch Schlaf, und die Nacht ist gar lang.«

Sie malte mit fliegender Hast das Kreuzzeichen über seine Stirne und faßte den Daumen seiner linken Hand. Dann fragte sie mit stockendem Atem:

»Wer bist du? Sag es mir, wer du bist! Im Namen des allmächtigen Gottes, gib Antwort!«

Da geschah es, daß das Gesicht des Schläfers sich jäh verfärbte, und sein Atem ging so schwer, als wäre unter Steinen seine Brust begraben. Und wie er nun in seinem Mund die Worte formte und dennoch stumm blieb und die Zähne zusammenpreßte, da war es, als kämpften ihrer zwei in ihm, der eine begehrte zu sprechen und zu bekennen, der andere aber wollte es nicht leiden und blieb Sieger, und aus des Schlafenden Brust kam nur ein Stöhnen.

»Im Namen des allmächtigen Gottes!« rief Maria Agneta in Verzweiflung und sie wandte sich ab, wollte das fremde Antlitz nicht länger sehen. »Wenn du nicht bist mein Christian – warum bist du gekommen, hast gesagt, daß du mich liebst?«

Einen Augenblick lang war Schweigen, und dann kam schwer und langsam und wie aus einem Traum die Antwort:

»Im Namen Gottes, ich bin gekommen, weil ich dich lieb hielt seit Jahr und Tag. Da ich dich sah zum erstenmal, da ist's geschehen, ich mußte dich lieben.«

»Christian!« rief sie in freudigem Erschrecken, denn wer konnte von den vergangenen Tagen so sprechen, wenn nicht er. Sie sah ihn an, da schlug er die Augen auf und strich sich mit der Hand die Stirne, und wie er sich nun halb im Schlaf noch aufrichtete und sie erkannte und den Arm um ihre Schulter legte, da war sein Antlitz ihr wiederum vertraut, und Angst und Zweifel verschwanden aus ihrer Seele, so wie dem Erwachenden die Wirrnis seines Traumes im Nu entschwindet.

»Mein Engelein«, hörte sie ihn sagen. »Du hast geweint. Was ist dir widerfahren?«

»Es ist nichts«, flüsterte sie. »Nein, Liebster, es ist nichts. Ich hab' geweint, weiß nicht warum, es ist vorbei. Manchmal, weißt du, wenn man glücklich ist, da ist einem das Weinen so nahe.«

»Schlaf ein, Herzliebste!« sprach er ihr zu. »Es ist noch früh am Tag, du sollst schlafen.«

Sie hauchte schon halb im Schlaf ein »Ja«, die Müdigkeit war über sie gekommen. Er löste sich aus ihrer Umschlingung und strich ihr das Kissen glatt. Sie sank zurück, und wie nun das Licht der Lampe erlosch, tastete ihre Hand noch einmal nach der seinen, dann fielen ihr die Augen zu.

Es war nur dieses eine Mal, daß das wahre Bild des Geliebten ihrer Kindertage in ihrer Seele aufstieg, und von dieser Nacht an verschmolz es mit dem Bild des Mannes, mit dem sie ehelich lebte, und kam nicht wieder.


Am Mittwoch nach Exaudi wurde sie, als sie über den Dorfplatz ging, um der alten Botenfrau, die nicht mehr gehen konnte, ein Pfund Brot zu reichen, von den Wehen überfallen. Sie hatte gerade noch Zeit, nach Hause zu laufen und ihre Haare in Ordnung zu bringen.

Ihn mußte man auf den Feldern suchen. Als er auf den Hof geritten kam, rief man's ihm schon entgegen, daß es ein Mädchen sei.

Zum Tauffest kam der Adel der Nachbarschaft zu Pferd und in Kaleschen: die Uechtritz, die Dobschütz, die Rottkirchs, die Bafrons, die Bibrans, aus dem Böhmischen die Nostitz und aus Kursachsen die Herren von Tschirnhaus.

Am Nachmittag war das Haus voll Gäste. Die Damen saßen in einem Zimmer im Erdgeschoß, aßen Eingemachtes und Backwerk und tranken Aquavit. Bei der Wöchnerin war nur die Barbara von Dobschütz geblieben, eine spitznäsige alte Dame, die immer nur von ihrer Frömmigkeit, von Gott und von den heiligen Dingen redete, aber sie tat es auf ihre eigene Weise, sie sprach von Gott in dem gleichen Ton, in dem sie ihre Bedienten ausschalt.

»Es will mir oft nicht mit der Zeit langen, meine Liebe«, klagte sie. »Am Sonntag die Predigt hören, alle Wochen einen Buß- und einen Bibeltag. Almosen geben, bei den Kranken Visite machen, dann alle Nachmittage die Lesestunde, ich hab' in diesem Jahr das ›Paradeisgärtlein‹ und den ›Himmlischen Ehrenkranz‹ dreimal vom Anfang bis zum Ende gelesen. Nom de Dieu, man tut ja, was man kann, um Gott zufriedenzustellen. Er hat aber oft eine wunderliche Art, mit den Seinen umzugehen, das kann ich wohl sagen. Ich hab' ihn gebeten mit gefalteten Händen...«

Der schwedische Reiter war geräuschlos ins Zimmer und an das Bett getreten. Er legte seine Hand auf das weiße Spitzenhäubchen, das Maria Agneta über ihren braunen Locken trug, und sagte mit leiser Stimme:

»Mein herzallerliebstes Engelchen, ich komm', um dich und das liebe Herzchen zu sehen. Du bist schmal im Gesicht, aber schön wie ein Sommertag.«

».. . daß er mich soll mit Gliederreißen verschonen in diesem Jahr«, fuhr die Dobschütz fort. »Was half's? Statt des Gliederreißens hab' ich jetzt die Kopfgicht. Meine Liebe, ich habe gelitten . . .!«

Der schwedische Reiter beugte sich über die Wiege.

»Du meine liebste Seele, von Gott mir anvertraut«, flüsterte er. »Es hat die Händchen geballt, es schläft.«

Und so leise wie er gekommen, verließ er die Stube und zog die Türe hinter sich zu.

»Wenn er es mit den anderen auch so tut«, sagte mit einem Seufzer die Dobschütz, und sie sprach jetzt wiederum von Gott, »dann darf er sich nicht wundern, wenn ihm bald alle Kirchen leer stehen werden.«

Die Herren saßen im großen Tafelzimmer rings um den Tisch und hatten Weinkrüge vor sich stehen und Bouteillen mit Rosaglio, Spanischbitter und Danziger Branntwein. Der schwedische Reiter hatte sich mit dem Melchior Bafron, der als der beste Landwirt in ganz Schlesien galt, in eine Fensternische zurückgezogen. Dort entspann sich zwischen ihnen ein Gespräch über guten und schlechten Boden, über den Wiesenertrag und den Graszins, über die Wartung der Kälber und wie schwer es sei, in diesen Zeiten die Schweinemast mit einigem Vorteil zu betreiben.

»Ich hab' mich allezeit mehr auf die Rinderaufzucht verlegt«, sagte der Melchior Bafron. »Die Sau tut viel Schaden, es ist von ihr nichts Gutes zu erwarten, eh' sie nicht auf des Metzgers Schragen liegt. Nehm der Herr Bruder dawider die Kuh . . .!«

Der Herr des Hofes konnte ihm nicht völlig beipflichten.

»Alles Vieh tut Schaden, wenn es nicht recht gehalten wird«, meinte er. »Zwölf Scheffel geringes Getreide für die Sau und zwölf Wochen Zeit darf man sich nicht reuen lassen. Dafür ist dann, was ich für den Speck löse, eine angenehme Rubrik in meiner Geldrechnung.«

Die Herren, die rings um den Tisch saßen, waren indessen in eine Unterhaltung über die Zeitläufte, den Kriegslärm und die nahe Feindsgefahr geraten. Es hieß, daß der junge Schwedenkönig, der mit seinem Heer in Polen lag, durch Schlesien marschieren und den Krieg hinüber nach Kursachsen tragen wolle.

»So werden wir bald Teuerung und Seuchen haben im Land«, seufzte der Freiherr von Bibran. »Der Durchmarsch fremden Kriegsvolks bringt dergleichen Übel immer mit sich.«

»Es wär' für uns so übel nicht, wenn Korn und Vieh im Preise steigen wollten«, warf der Herr von Dobschütz ein. »Der Schwedenkönig ist ein guter Zahler.«

»Ja, mit Worten aus dem Evangelium ist er ein guter Zahler«, lachte der alte Tschirnhaus.

»Wenn Polen und Kursachsen ihre Kraft ochsenweis' zusammenspannen«, rief der junge Hans Uechtritz voll Begeisterung und schwenkte sein Glas, »dem Löwen des Nordens können sie nicht widerstehen. So wie er hat den Dänenkönig zu einem Akkord gebracht, so wird er auch den sächsischen Kurfürsten zum Gehorsam treiben.«

»Stoß an, Hans!« hörte man die tiefe Stimme des Herrn von Nostiz, der dem Hans Uechtritz verschwägert war. »Sollst leben, Hans! Aber ich sag' dir's frei: Wenn ich wär' König in Polen, so wollt' ich lieber den Teufel zum Nachbar haben als den schwedischen Karl. Denn vor den Teufel kann ich mich gesegnen.«

»Schweig!« zischte ihm über den Tisch hinweg sein Vetter, der Georg von Rottkirch, zu. »Hast du vergessen, in wessen Haus du bist? Er ist Schwede von Geburt, er wird seines Königs Partei nehmen. Suchst du Händel?«

»Ich hab' nichts gesagt«, verwahrte sich der Herr von Nostiz, der gerne mit aller Welt in Frieden lebte. »Vor den Teufel kann man sich gesegnen, vor einem bösen Nachbar aber nicht. Mehr hab' ich nicht gesagt. Ich such' nicht Händel.«

»Bei uns, wo die Kuriere die Pferde wechseln«, berichtete der junge Tschirnhaus, »erfährt man mancherlei. Es heißt, daß der Schwedenkönig vom Adel den doppelten Roßdienst verlangen will und von den Bauernsöhnen den siebenten Mann. Er will, heißt es, den Krieg bis zu den Samojeden tragen, die hinter Moskau im Schnee wohnen.«

»Er wird Krieg führen, solange er Leute findet, die zum Krieg sich brauchen lassen«, sagte der Freiherr von Bibran.

»Ich seh' in ihm den evangelischen Helden, ein Wunder der gegenwärtigen und ein Beispiel für die kommende Zeit«, rief vom Wein erhitzt der junge Uechtritz so laut, daß über dem Tisch die kupferne Leuchterkrone zu zittern begann. »Auf des Schwedenkönigs Sieg und immerwährende Glorie heb' ich mein Glas.«

Die Herren sahen verdrossen darein, es wollte ihm keiner gern Bescheid tun, und nur um des Herrn des Hauses willen hoben sie ihre Gläser. Und in der Stille, die nun eintrat, hörte man die Stimme des schwedischen Reiters, der sagte zum Melchior Bafron:

»Wider die Kolik, da geb' ich den Ferkeln gestoßene Ziegelsteine in etwas Öl.«

Der junge Uechtritz stellte schweigend sein Glas auf den Tisch. Der Herr von Nostitz warf sich in seinen Stuhl zurück und lachte, daß ihm die Perücke schwankte. In diesem Augenblick wurde die Türe aufgerissen und einer von den Knechten, der in eine Livree gesteckt worden war, meldete einen verspäteten Gast, den Freiherrn von Lilgenau.

Die Herren sprangen auf und umringten den Neuangekommenen. Anfangs war nichts zu hören als ein wirres Durcheinanderrufen. Dann übertönte des Herrn von Nostitz tiefe Baßstimme alle anderen:

»Hans Georg! Herzbruder! Wo kommst du her? Es ist ein Jahr, daß ich dich nicht gesehen hab'.«

167

Der schwedische Reiter war aufgestanden.

»Ich hab' vom Brautstand und von der Hochzeit nichts gewußt«, hörte er den Neuangekommenen sagen. »Da, wie ich vorbeireit', ruft einer, daß hier ein Tauffest sei. Ich, vom Gaul herunter und die Treppe hinauf. Tornefeld? Ich muß ihn sehen. Ich mein', ich hab' seinen Vater gekannt.«

Dem schwedischen Reiter war es, als griffe eine eiskalte Hand nach seinem Herzen. Alles im Zimmer drehte sich, die Wände, die Menschen, die Weinkrüge, der Tisch. Und wie im Traum vernahm er die Stimme des Herrn von Nostiz:

»Herr von Tornefeld, ich bringe Ihnen hier den Hans Georg Lilgenau, Hauptmann bei den Dragonern. Er ist ein Freund von mir und sehr begierig, Ihre Bekanntschaft zu machen. Zu den Lilgenaus auf Mankerwitz ist er ein Vetter.«

»Der Herr ist mir willkommen«, murmelte der schwedische Reiter, der Boden schwankte, die Gläser tanzten, die Lichterkrone schaukelte. Er nahm seine Kraft zusammen und hielt sich aufrecht. Seine Gedanken waren in diesem Augenblick bei Maria Agneta, die drüben in ihrer Stube im Bette lag. Zu Ende. Alles war zu Ende.

Zum zweitenmal stand er in diesem Haus dem Malefizbaron gegenüber.

»Ich habe Ihren Herrn Vater, den Obristen, gekannt«, klang die Stimme seines Todfeindes an sein Ohr. »Bei Saverne hatte ich die Ehre, unter seinem Kommando zu fechten.«

Saverne? Ist das eine Falle? durchfuhr es ihn. Saverne! Saverne! Woher kenn' ich diesen Ort? Es war ein Tag, da saß ich in der Mühle, da sagte der andere: ›Was weißt du, Bruder, von Saverne und wie's dort zuging...‹

»Ja«, sagte der schwedische Reiter und holte tief Atem. »Mein Vater hat es mir oft erzählt, wie es bei Saverne ist zugegangen mit Blitz, Donner und Geschrei und..., wie waren nur seine Worte? Mit Hin- und Herlaufen, Vorwärts! Zurück! Sich umformieren, von neuem attackieren. – In dieser Bataille hat er seinen Arm verloren.«

Der Malefizbaron sah ihm lange und mit Aufmerksamkeit ins Gesicht.

»Sie sehen Ihrem Herrn Vater ähnlich, daß es beinahe zum Lachen ist«, sagte er dann, und das Fest nahm seinen Fortgang.


Alle Jahre hatte der schwedische Reiter, wenn die Ernte gut geraten war, etliche Morgen Landes von den Nachbarn zu seinen drei Hufen hinzugekauft, bald ein Stück Acker, bald eine Wiese, und wie nun fünf Jahre verstrichen waren, hatte er alles Land wiedergewonnen, das der gewesene Rentmeister dereinst zu seinem eigenen Vorteil verschleudert hatte. Er kannte kein Behagen an Essen und Trinken, es litt ihn niemals lang am wärmenden Feuer des Kamins. Zu jeder Jahreszeit war er nach dem Morgenläuten schon auf dem Feld und sah den Knechten zu, wie sie mähten, schnitten und banden, den Dünger breiteten, die Wasserfurchen zogen.

Der Ackerbau ernährte die Herrschaft und das Gesinde, die Viehzucht war im Aufsteigen, die Holzung brachte Nutzen. Die Vorratskammern waren mit allem versehen, was in ein großes Haus gehörte, im Wagenschuppen standen große und kleine Schlitten, Kutschen und Kaleschen, zu jeder Stunde waren frische Pferde bereit für die Postwagen, die Ordonnanzreiter und die Kuriere, die auf dem Hof Aufenthalt nahmen, und aus der ganzen Nachbarschaft kamen die Leute, um in der Schäferei die spanischen Zuchtböcke zu sehen.

Manchmal aber, wenn er über die Felder ritt, und rechts

und links dehnte sich das Land, das ihm gehörte – da flog ein Schatten über seine Seele, wie kalter Nachtwind wehte es ihn an: Als wäre dies alles, was er für sein eigen hielt, die Felder, die Wiesen und die Auen, die verstreuten Birken und auf den Feldern die junge Saat und zwischen den Wiesen der Bach und daheim das Haus und der Hof und die Frau, die er liebte, und das Kind, nach dem ihm bange war – als wäre dies alles nicht sein eigen, sondern ihm nur geliehen für kurze Frist, und als müßte er es wieder hingeben, und je heller über ihm die Sonne schien, desto düsterer wurde es in seiner Seele. Da wendete er sein Pferd und ritt heimwärts wie vom Sturmwind gejagt, und wenn dann auf dem Hof die Eisen seines Pferdes Funken aus den Kieselsteinen schlugen, kam aus dem Garten das Kind gelaufen und hinter dem Kind lief Maria Agneta und sie erhaschte es, hob es und trug es ihm mit lachendem Gesicht entgegen, daß er es vom Pferd herab umhalsen und liebkosen konnte.

Dann erst, wenn er das Kind, ein leibhaftiges Wesen, in seinen Armen fühlte, wichen die Schatten aus seiner Seele.

Seine Frau, die Maria Agneta, liebte er, so wie er sie am ersten Tag geliebt hatte – da hatte die alles zerstörende Zeit ihre Macht verloren. Aber brennender noch und voll schmerzhafter Unruhe war – das wußte ein jeder auf dem Hof – seine Liebe zu dem Kind, zu der kleinen Maria Christine. Sie zuerst suchte sein Blick, wenn er heimkam. Sah er sie, dann war in seinem Aug' der Widerschein der ewigen Freuden.

Manchmal, wenn er den ganzen Tag über auf den Feldern gewesen und spät erst heimgekehrt war, schlich er sich des Nachts an Maria Christinens Bett, saß schweigend und horchte auf ihre Atemzüge. Aber sein Blick drang, obgleich er es nicht wollte, bis in des Kindes Traum, daß es erwachte, den Mund zum Weinen verzog und dann, sich aufrichtend, den Vater erkannte und die Arme um seinen

Hals schloß. Wenn er freikommen wollte, mußte er Kinderlieder singen, immer die gleichen, denn es waren nicht gar viele, deren er sich entsann: Das Lied vom Wolf, der Fastnacht hielt, und das Lied von den Englein, der auserwählten Schar. Wie der Schneider vor der Himmelstür stand, wie der Bettelmann Hochzeit feierte, und vom Hühnchen, das nicht Eier legen wollte. – »Schlagt's Hühnchen tot! Schlagt's Hühnchen tot! Es legt keine Eier und frißt mein Brot«, sang der schwedische Reiter, da flatterte das Hühnchen auch schon über den Bettrand und suchte Brotkrumen, und der Wolf, der Fastnacht hielt, das Fleisch wollt' ihm nicht schmecken, lag faul zu des Kindes Füßen, zwischen den Stühlen tanzte der Schneider mit dem Bettelmann, und durch das Fenster sah der Herodes in die Stube, der kam aus dem Dreikönigslied, das hörte Maria Christine am liebsten, und oft begann sie's selbst mit ihrem dünnen Stimmchen zu singen.

> »Kaspar, Balthasar, Melchior zart
> Der Herodes hat einen langen Bart.«

Dann fiel der schwedische Reiter mit seiner tiefen Stimme ein, und sie sangen zu zweit so leise, daß niemand im Haus es hörte:

> »Sie ritten dahin in Windeseil',
> In sieben Stunden fünfhundert Meil',
> Sie kamen an des Herodes Haus,
> Der Herodes sah zum Fenster hinaus.
> ›Kaspar, Balthasar, Melchior zart,
> Wohin die Fahrt? Wohin die Fahrt?‹
> ›Wir reiten dahin so schnell wie der Wind,
> Wir suchen Maria und das Kind.‹
> ›Kaspar, Balthasar, Melchior fein,
> Bleibt hier und trinkt einen Branntewein!‹

›Wir können nicht bleiben, wir müssen fort,
Nach Bethlehem, dem stillen Ort.‹«

»Ewig, ewig sehen dein Antlitz klar«, erklang jetzt das
Stimmchen der Maria Christine, das war aber aus einem
anderen Lied, der Schlaf kam und verwirrte alles, sie hatte
Mühe, die Augen offen zu halten. Der schwedische Reiter
erhob sich und schlich unhörbar, wie er gekommen war,
zur Tür hinaus, und hinter ihm her huschten die sonderbaren Gestalten, die eine Weile hindurch das Zimmer bevöl-
kert hatten, der Wolf, das Hühnchen, der Schneider, der
Bettelmann, und der langbärtige Herodes verschwand als
letzter.

Es war an einem Tag im März, um die Zeit also, da, wie die
Bauern sagen, der Faden am Spinnrocken reißt, was so viel
heißen soll, als daß nun die Arbeit auf dem Feld beginnt.
Draußen wollte es dämmern, Schneewolken zogen über
den Himmel, im entlaubten Geäst der Ahornbäume
schrien die Krähen. Oben im Haus, in der »langen Stube«,
ging der schwedische Reiter auf und nieder. Maria Agneta
saß am Kamin und betrachtete die Kupfer in einem Buch,
das hieß *Des Amaranthi neuer Weltgarten*, und der Schein
des Holzfeuers fiel auf ihr braunes Haar und gab ihm einen rötlichen Schimmer. Nicht weit vom Fenster saß der
Schulmeister mit Maria Christine und lehrte sie die hohe
Kunst des Buchstabierens, doch das Kind lugte immer
wieder nach dem Winkel, wo sein hölzernes Spielzeug
lag, ein Pferd und ein Wagen. Zwischen Tür und Tisch
standen mit den Mützen in den Händen zwei Leute aus
dem Dorf, ein Bauer, der um Saatgut bitten kam, und der
Zimmermann, den der schwedische Reiter zu sich befohlen hatte, weil er über seinem Pferdestall einen neuen
Schüttboden bauen lassen wollte. Der Zimmermann zog in

seinem Kopf die Summe, wieviel er an Arbeitslohn, an Wein, Fleisch, Brot und Käse für sich und seine Leute verlangen sollte. Der Bauer begann zum zweitenmal seine Litanei:

»Hab' an Euer Gnaden eine große Bitte zu tun, weil ich will ins Feld hinausgehen, den Roggen säen.«

Der schwedische Reiter unterbrach seinen Gang durchs Zimmer, blieb vor dem Bauer stehen und fuhr ihn an:

»Du kommst alle Jahr um Brot und Saatgut. Du könntest mit deinem Acker dich und deine Kuh ernähren, auch den künftigen Samen gewinnen und so deine Wirtschaft mit Vorteil kontinuieren. Aber wie geht es zu? Schon am frühen Vormittag sitzt du beim Wirten in der Schankstube, und wenn du nicht beim Wirten bist, liegst du daheim auf der Ofenbank. Da ist dann kein Gedeihen. Wider den Durst weißt du dir Rat, wider den Hunger kommst du zu mir gelaufen.«

Der Bauer wußte wohl, daß er das böse Wetter vorüberziehen lassen mußte, um zu seinem halben Scheffel Saatkorn zu gelangen. Er duckte sich, ließ die Scheltreden über sich ergehen, drehte seine Mütze aus Kaninchenfell in den Händen und begann nach einer Weile von neuem:

»Weil es das alte Herkommen ist, daß die Herrschaft auf dem Gut den Bauersmann soll gern und willig hören, auch gegen sein Anbringen sich freundlich und ernsthaft verhalten, wie es einem Christen ansteht, so hab' ich an die gnädige Herrschaft eine große und schwere Bitte zu tun. Es ist wegen des Saatkorns, ich will's auch nur geliehen.«

»Da führen sie wiederum einen vorüber«, sagte in diesem Augenblick Maria Agneta, die, weil es zu dunkeln begann, das Buch mit den Kupfern beiseitegelegt hatte und an das Fenster getreten war. »Es ist in dieser Woche der dritte. Daß Gott erbarm', warum sterben dort soviel Leut', und hat der Herr Bischof keinen Totenacker auf seinem Gut?«

»Nein«, sagte der Schulmeister. »Er hat nur Hammer-

173

hütten und Schmelzöfen und viel Gruben und Stollen. Die Sankt-Mathäi-Grube, die ist die größte. Die Sankt-Laurentii-Grube, den Armen-Seelen-Gang. Sterben dürfen die Leut' auf dem Stiftsgut, aber begraben läßt sie der Vogt in den Dörfern ringsumher.«

Draußen, im fahlen Licht des schwindenden Tages, kam ein armseliger Leichenzug von den Hügeln herab über die Landstraße geschlichen. Ein Mann mit einem Kreuz ging voran, dann kam ein Klepper, der zog den Karren, auf dem der hölzerne Sarg ruhte. Ein alter, Gebete murmelnder Priester beschloß den Zug, und sonst war keiner da, der um den Toten klagte.

»Es heißt«, berichtete der Zimmermann, »daß Seine fürstliche Gnaden, der Herr Bischof, in seiner fränkischen Residenz sich einen neuen Lustgarten anlegen will mit Bassins und Kaskaden, Felsgrotten, Wasserkünsten, chinesischen Pavillons und mit einer Orangerie. Das kostet Geld, aber die bischöfliche Hofkammer hat keines. Darum hat man auf das Stiftsgut einen neuen Vogt geschickt, der hat den Leuten die Ration gekürzt, sie bekommen kein Schmalz mehr und auf die Hand alle Tage nur ein halbes Pfund Brot, müssen aber werken wie zuvor.«

»Vielleicht weiß es der Herr Bischof nicht, wie's hier bei ihm zugeht, man müßt's ihm sagen«, meinte Maria Agneta.

»Er weiß es wohl, er weiß es wohl«, widersprach der Schulmeister. »Man nennt ihn im Land nicht ohne Grund ›des Teufels Ambassadeur‹. Er hat einen herrischen Sinn, will's in Prunk und Glanz seiner Hofhaltung allen weltlichen Fürsten zuvortun, es ist ihm kein Vogt, kein Grubenhauptmann zu den armen Leuten hart genug.«

Der schwedische Reiter stand am Fenster und blickte schweigend auf den Karren, der mit seiner Last langsam die Landstraße dahinfuhr, und auf den Priester, der dem Sarge folgte.

»Es ist Krieg ringsumher«, fuhr der Schulmeister fort, »das ist für das Stiftsgut die erwünschte Zeit. Der schwedische Karl und der Moskowiterzar, die brauchen beide viel grobes und leichtes Geschütz, auch Musketenläufe, Kürasse und Pallaschklingen. Da rauchen die Schlote und in den Essen glüht das Eisen. Alle Tage gehen die schwerbeladenen Wagen aus dem Stiftsgut hinüber nach Polen.«

»Das Stiftsgut, das ist die Herberge der Verlorenen und Verdammten«, sagte der Bauer, der an der Türe stand, leise. »Es wird aus ihr keiner anders erlöst, als durch den barmherzigen Tod.«

Da begann der schwedische Reiter, von der Gewalt seiner Erinnerung gepackt und fortgerissen, mit einemmal zu sprechen:

»Für die Kalköfen die Arbeit, die ist die schlimmste«, sagte er. »Da sind die Steinbrecher, die lockern den Stein mit dem schweren Hebebaum und brechen ihn mit bloßen Händen ab, da sind dann wieder andere, die zertrümmern ihn mit eisernen Schlegeln. Sie schlucken tagaus, tagein den Staub, und etliche Jahre nur, dann speien sie Blut und siechen dahin. Gott sei ihnen allen gnädig, auch denen, die an den Karren geschmiedet sind, die führen den zerschlagenen Stein zum Ofen und schaffen den gebrannten Kalk hinweg. Der Kalkofen, der hat fünf glühende Schlünde...«

»Woher weißt du das alles, mein Christian?« fragte Maria Agneta verwundert. »Du sprichst, als hättest du selbst in des Bischofs Hölle den Stein gebrochen.«

»Als ich noch die Landstraße hinauf und hinunter ritt, da bin ich viel Vaganten und armen Marktdieben begegnet, die haben mir von des Bischofs Hölle erzählt«, gab der schwedische Reiter zur Antwort, und dann fuhr er fort:

»Vor dem Kalkofen steht der Schürofen, der hat zwei flammende Mäuler, das eine, um das Holz hineinzuwerfen, das andere, um den glühenden Schutt hinauszuziehen. Er braucht drei Leut', die ihn bedienen, den Brenner, den Schürer und den Raffer. Der Schürer, der muß den Ofen stufenweis' erwärmen, erst wirft er ihm Späne in sein Maul, dann Reisigbündel, dann das gespaltene Holz, und mit der eisernen Gabel zerteilt er's und zerstreut er's. Der Raffer, der holt den glühenden Schutt aus dem Ofen, er muß die Hitze wohl ertragen können. Manchmal aber, wenn Wind ist, dann verbrennt der feurige Atem des Ofens ihm Gesicht und Haar, da kann man ihn weithin brüllen hören. Der dritte ist der Brenner, der regiert das Feuer. Erst ist die Flamme fast schwarz von Rauch, dann ändert sie die Farb': sie wird dunkelrot und violett, dann blau und endlich weiß. Wenn die Flamme weiß ist und der Stein die schöne Rosenfarb hat, dann ist das Werk gelungen. Der Brenner, der muß sein Aug' immer am Guckloch haben. Denn wenn das Feuer nicht recht um sich greift oder es geht gar aus, dann ist das Werk mißraten und die Aufseher fallen mit Prügeln über den Brenner und seine Gesellen her. Im Winter aber, wenn bei der Arbeit am glühenden Schlund dem Brenner, dem Schürer, dem Raffer der Schweiß stromweis' über den Leib rinnt und sie treten hinaus in die eiskalte Luft, dann kommt der Tod und mustert seine Leut'. Und ist einer gemustert und liegt mit fiebrigen Wangen und bei jedem Atemzug sticht's ihn in seiner Brust, dann heißt es: ›Lieg nicht im Weg! Wer braucht dich? Bist du krank, so streck dich, tu deinen letzten Atemzug und stirb, es braucht dich keiner.‹«

Er schwieg. Maria Agneta zündete die Lampe an. Das Kind, die Maria Christine, hatte sich von des Schulmeisters ABC-Buch zu ihrem hölzernen Spielzeug fortgestohlen und man hörte sie, wie sie leise vor sich hinjauchzte und dem hölzernen Pferd ein Hüh und Hott zurief. Unten auf der Landstraße zog indessen der Karren mit dem Sarg am Haus vorüber. Der schwedische Reiter neigte den Kopf, und seine Lippen bewegten sich in lautlosem Gebet.

»Mit wem sprichst du, Vater?« rief da aus ihrem Winkel die Maria Christine. »Ich seh' dich sprechen, hör' dich aber nicht.«

»Ich bet' ein Vaterunser für eines armen Mannes Seele«, sagte der schwedische Reiter. »Ist vielleicht eine edle Blume gewesen, die früh verwelken mußt'. Komm und bet mit mir!«

Er nahm das Kind in die Arme und trat an das Fenster zurück. Maria Christine sah hinab, und wie sie auf der Landstraße den Karren und den Klepper erblickte, warf sie die Arme in die Höhe und begann wiederum zu jauchzen und ihr Hüh und Hott zu rufen.

Die Stirne des schwedischen Reiters furchte sich.

»Nicht Hüh und Hott!« sprach er. »Du sollst ein Vaterunser beten für eines armen Mannes Seele. Hast du's nicht gehört?«

Es war ein fremder Klang in des schwedischen Reiters Stimme, der das Kind erschreckte. Es legte ängstlich die Arme um seinen Hals und sprach, dem Weinen nah, die Worte des Vaterunsers nach, indes der Karren mit dem Sarg im Dämmerlicht des Abends dahinfuhr und verschwand.


Als die Zimmerleute mit ihrer Arbeit beinahe fertig waren, ging der schwedische Reiter eines Tages um die Mittagsstunde vom Schüttboden fort und mit dem Stemmeisen in der Hand quer über den Hof, da sah er zwei Männer in der Toreinfahrt stehen. Ein Schreck durchfuhr ihn, sein Herz sprang und schlug wie toll, doch er ließ sich nichts anmerken, mit unbewegtem Gesicht wollte er an den beiden vorübergehen, als wären sie ihm fremd, er meinte, es könnt' sie nur ein Zufall auf den Hof geführt haben und sie wür-

den ihn nicht erkennen, denn es waren sechs Jahre dahin-
gegangen, seit er sie zum letztenmal gesehen hatte. Doch
da traten sie ihm auch schon in den Weg, der Veiland riß
die lederne Kappe vom Kopf, und der Wendehals bückte
sich, fegte mit seinem Hut die Erde und sprach mit einem
Lachen in seinem bärtigen Gesicht:

»Hauptmann! Gottes Donner, du stolzierst einher, siehst
so hochgeboren darein, als wärest du dem römischen Kaiser der drittnächste. Kennst du deine alten Gesellen nicht
mehr?«

»Merkst du die Freud'? Sie könnt' gar nicht größer
sein«, murrte der Veiland. »Ich hab' dir's vorher gesagt:
Ungebetene Gäste, die sind wie ungeschmalzenes Kraut,
das will keiner gern schlucken. Hauptmann, ich hab' nicht
gemeint, daß du würdest stracks um die Ecke zum Metzger
laufen und das beste Stück vom Kalb aussuchen für uns zu
einem Braten. Wenn du uns auf die Nacht ein Plätzchen
gibst in deinem Pferdestall oder in deinem Krautkeller, so
bin ich schon zufrieden.«

»Ich nicht«, erklärte der Wendehals. »Er ist doch unser
gewesener Hauptmann. Sind wir denn bei ihm in Ungnad'
geraten? Hauptmann, ich bleib' bei dir, und wenn du einen
brauchst, der dir alle Tage einen guten Morgen wünscht
und dich fragt: ›Haben Euer Gnaden auch wohl geruht?‹,
so soll das mein Geschäft sein, und du wirst mich darin
nicht lässig finden.«

Der schwedische Reiter schwieg noch immer, doch in den
wilden Wirbelsturm seiner Gedanken kam jetzt langsam
Ordnung. Er sah, daß ihn das Schicksal in die Hände seiner
gewesenen Gesellen gegeben hatte, die waren jetzt seine
Todfeinde geworden. Ihm blieb nichts anderes, als heimlich
Haus, Hof, Weib und Kind und Acker und Wiesen zu verlassen, sich in einem fremden Land zu verbergen und dort alles
zu vergessen, was ihm lieb und teuer war. Und Angst, Zorn,
Qual und Verzweiflung brachen aus ihm hervor.

»Ihr Schelme!« fuhr er mit erstickter Stimme die beiden an. »Könnt ihr mich nicht in Frieden leben lassen? Ich hab' gemeint, der Teufel hätt' euch schon lang hinweggeführt. Was hab' denn ich mit euch zu schaffen?«

»Daß du hast solch eine wilde Art!« sagte der Wendehals in vorwurfsvollem Ton. »Nennst mich einen Schelm und bin doch immer dein guter Gesell' gewesen. Ich hab's für gewiß gehalten, daß du uns würdest aufnehmen bei dir in brüderlicher Lieb' und gutem Vertrauen. Kannst du denn zusehen, daß wir in Not leben?«

»Ich hab' euch reich gemacht mit viel hundert Talern und Dukaten«, flüsterte der schwedische Reiter. »Wo sind die hin?«

»Ist alles durch die Gurgel gefahren, es war kein Gedeihen dabei«, erklärte der Wendehals.

»Die drei großen Wehs, Hauptmann, die Weiber, die Würfel, die Wirte!« seufzte der Veiland. »Ich hätt' sollen von dem Geld ein weniges in fließendes Wasser werfen, wie's der Brauch ist, da hätt' der neidige Teufel auch seinen Teil gehabt, jetzt hat er alles. Wo ein Bräuhahn ist im Land, da legt der holländische Krämer seine War' aus.«

»Und wie alles dahin war und wir uns des Hungers nicht zu erwehren wußten«, beschloß der Wendehals seinen Bericht, »da haben wir zum Sack und zum Stecken gegriffen und sind wiederum Vaganten geworden.«

Der schwedische Reiter starrte vor sich hin, sein Atem ging rasch, in seinen Augen flackerte ein böses und gefährliches Feuer. Er wollte nicht fort, nein, er durfte das Haus und den Hof nicht verlassen, er mußte bleiben und mit beiden Händen festhalten, was er dem Himmel und der Erde abgetrotzt und abgerungen hatte. Die beiden da, der Veiland und der Wendehals, die standen dem Fortgang seines Glücks im Weg, wenn's übel für sie ausging, so war's nicht seine Schuld – wer hatte sie geheißen, hieherzukommen? Er mußte sie für alle Ewigkeit zum Schweigen bringen.

Und wie ihm dieser Gedanke kam, da strafften sich seine Arme, und das Stemmeisen wurde schwer in seiner Hand.

»Wer hat euch den Weg hieher gewiesen?« fragte er. »Wie wußtet ihr's, wo ich zu finden bin?«

»Der Brabanter«, gab der Wendehals Bescheid, »der hat es uns gesagt. Er ist in Ratibor ein Kaufmann geworden, hat einen Handel mit Farbhölzern und allerlei Gewürzen aufgetan, mit Zimmet, Ingwer, Muskatnüssen, Nägelein und Pfeffer. Er hat's in der Stadt zu hohen Dignitäten gebracht, sitzt im Rat, du solltest sehen, wieviel Ehre man ihm erweist. Als wir kamen zum erstenmal, hat er uns mit großer Freude bewillkommnet, alle Leut' aus der Stuben geschickt und die Tür hinter ihnen verschlossen. Wir saßen und tranken den Wein bouteillenweis' und aßen, was da war, Wildes und Zahmes, und zum Abschied hat er uns einem jeden zehn Reichstaler verehrt, die sollten wir auf seine Gesundheit verzehren. Wie wir kamen zum andernmal, da mußten wir ihn erst lang und dick bitten, eh' er uns mit vielen: ›Hätt' ich's, Könnt' ichs, Dürft' ichs‹, einen Gulden über den Tisch hinwarf. Beim drittenmal aber, da schrie er uns an: ›Seid ihr wiederum da, was sucht ihr mich heim? Geld und abermals Geld! Wollt ihr, daß ich bancorott mach'? Geht doch zu unserem gewesenen Hauptmann, der ist ein Strohjunker geworden und sitzt auf seinem Hof, hat alles, was dem Menschen begehrlich ist.‹ Und dann sagte er uns, wo du zu finden seist.«

»Der Teufel lohn ihm's!« zischte zwischen zusammengepreßten Zähnen der schwedische Reiter. »Und wer hat's ihm verraten? Ich hab's nicht austrommeln lassen im Land.«

»In Oppeln, auf dem Pferdemarkt, hat er dich gesehen, es mag her sein ein Jahr oder ein halbes«, berichtete der Wendehals. »Er saß in der ›Goldenen Krone‹, hatte seinen Schoppen vor sich stehen, da sah er dich, Hauptmann, wie du Arm in Arm mit etlichen Standespersonen über den

Marktplatz gingst. Er erkannte dich sogleich, nahm den Wirt beiseite und fragte ihn, wer du seist und wo du säßest, und der Wirt sagte es ihm, und auch, daß du weit und breit die besten Fohlen ziehst auf deinem Gut.«

Der schwedische Reiter hatte seinen Entschluß gefaßt.

Sie waren seine guten Gesellen gewesen, hatten mancherlei Gefahren mit ihm bestanden, jetzt aber überwogen in der Waagschal' die Furcht und der Zorn. Sie hatten sich, die drei, in sein Leben eingeschlichen, so mußte er sie für immer verschwinden lassen, erst diese beiden da, dann den Brabanter. Und in seinen Gedanken sah er einen einsamen Ort, der war nicht weit von seinem Hof. Dort in der Schlucht, wo der Bach zwischen den Weidenbüschen hindurchlief, dort sollte es geschehen.

»So sind es nun drei, die wissen, wer ich gewesen bin«, sagte er halb zu sich selbst, »und wenn ich mich nicht vorseh', so werden es ihrer bald hundert sein.«

»Was Teufels red'st du da?« rief der Wendehals, der die letzten Worte des schwedischen Reiters gehört hatte. »Für den Brabanter steh' ich ein wie für mich selbst. Wenn alle Scharfrichter des Römischen Reiches zusammenkommen und ihm um die Wette Riemen aus seiner Haut schneiden, er wird dich nicht verraten.«

»Hat seine Richtigkeit, will's nicht bestreiten«, sagte der schwedische Reiter und gab sich den Anschein, als wäre er nun völlig beruhigt und zufriedengestellt. »Merkt auf, ich hab' an einem sicheren Ort, nicht weit von hier, mein Geld vergraben und ich will's mit euch teilen, um der alten Freundschaft willen, und weil wir drei sollen zusammenstehen wie die Blätter am Klee. Nehmt darum Schaufel und Spaten und kommt mit mir!«

Er wies auf das Gartengerät, das an der Wand lehnte. Der Veiland sah ihn nachdenklich und verwundert an und rührte sich nicht. Der Wendehals aber warf seinen Hut in die Höh' und stimmte einen Jubelgesang an:

»Hallelujah! Preis, Ehr', Lob und Dank, da ist uns aus aller Not geholfen. Sollst leben, Hauptmann, und viel guter Tage haben!«

Der schwedische Reiter winkte ihnen, Spaten und Schaufel zu nehmen, und ihm zu folgen. Wie er sich aber umwandte, sah er die Maria Christine vor sich stehen, die war lautlos herbeigekommen und zupfte ihn am Rock.

»Vater«, mahnte sie mit ihrem dünnen Stimmchen. »Warum kommst du nicht? Die Mutter schickt mich, die Schüssel steht auf dem Tisch.«

»Ist das der gnädigen Herrschaft ihre junge Tochter?« fragte der Wendehals in großer Devotion, denn er wollt' das Kind nicht merken lassen, auf welch vertrautem Fuß er mit dem Herrn des Hofes stand.

»Ja«, sagte der schwedische Reiter. »Das ist mein Töchterlein.«

Die Maria Christine sah die beiden abgerissenen Gestalten ohne jede Furcht eine Weile hindurch an, dann zupfte sie ihren Vater wiederum am Rock und fragte:

»Vater, was sind das für Leut'? Sind's gute Leut'? Ich kenn' sie nicht.«

»Das sind Leut', die wollen Arbeit haben hier auf dem Hof«, erklärte ihr der schwedische Reiter.

Der Wendehals kauerte sich vor dem Kind seines gewesenen Hauptmanns auf die Erde hin und begann mit ihm zu reden.

»Du kleines Prinzeßlein!« sprach er. »Du bist im Gesicht so weiß und rot wie die allerschönste Tulipan. Sag mir, was kannst du noch anderes als von einem Bein auf das andere hüpfen?«

»Ich kann«, sagte die Maria Christine, und sie stieg, um größer zu erscheinen, auf einen Kieselstein. »Im ABC-Buch lesen. Ich kann tanzen Courante und Sarabande und auch spielen auf dem Klavichord, aber nicht viel, hab's erst begonnen, und was kannst du?«

»Ich kann vielerlei Künste«, rühmte sich der Wendehals. »Ich kann einem Igel die Flöh' absuchen, und der Gans schlag' ich Hufeisen auf. Den Grashüpfern mach' ich bunte Schürzen, und ich muß nur pfeifen, dann springen die Fische reihenweis' aus ihrem Teich.«

Die Maria Christine stand mit offenem Mund und sah den Wendehals aus großen Augen an. Dann wies sie auf den Veiland.

»Und der dort? Was kann der?«

»Der kann aus langen Würsten im Nu kurze machen, das ist seine beste Kunst«, lachte der Wendehals. »Aber er kann auch schreien wie ein Esel und zischen wie eine Gans. Und er kann dir mit seinem Maul vorführen, wie ein Hund und eine Katze miteinander einen Streit haben.«

»Das soll er mir zeigen, wie Katz' und Hund miteinander streiten«, bat die Maria Christine.

Der Veiland ließ sich nicht lange bitten. Er begann zu schnurren, zu kläffen, zu fauchen, zu knurren, zu bellen, zu heulen und dazwischen wiederum zornig zu fauchen, und wie er zu Ende war und der Hund sich winselnd davongemacht hatte, da schlug die Maria Christine die Hände zusammen, hüpfte von einem Bein auf das andere und rief in heller Freude:

»Ihr dürft nicht fort, ich leid's nicht, daß ihr geht, Hund und Katz' können's nicht besser, ihr sollt hier auf dem Hof bleiben. Und merkt euch, um zwölf und abends um sechs ist der Gesindetisch, da geht's streng zu, und wer um diese Stunde nicht mit seinem Krüglein da ist, der bekommt kein Bier.«

Der schwedische Reiter sah es mit Staunen, daß zwischen seinem Kind und den beiden zerlumpten Gesellen so rasch eine Freundschaft und Vertraulichkeit entstanden war. Es wurde ihm leicht ums Herz. Diese beiden, die der Maria Christine ihre tollen Possen vorgeführt hatten, um sie zum Lachen zu bringen, die würden ihn nicht verraten, dessen war er sicher. Und er sah sie nun als das, was sie wirklich waren, als zwei armselige Elendsbrüder von der Landstraße, die gekommen waren, nicht um sein Glück zu zerstören, sondern, weil sie hofften, daß es ihnen bei ihm besser ergehen würde, als wenn sie vor fremden Türen ihren Bissen Brot suchten. Und die Mordgedanken wichen, von eines Kindes Lachen verscheucht, aus seiner Seele.

»Weil euch meine junge Tochter hat aufgenommen auf dem Hof«, sagte er, »so mögt ihr bleiben, und ich mein' auch, es ist besser, ihr seid bei mir, als weit fort von mir. Geht jetzt in die Gesindestube und holt euch eure Suppe mit Kraut und Speck darin. Und wenn ihr gegessen habt, so will ich sehen, zu welcher Arbeit ein jeder von euch taugt. Die Schafschur beginnt und die Habersaat, von den Äkkern müssen die Steine gelesen werden, und bald wird auch der Obstgarten ein wachsames Auge brauchen. Für jetzt: Gott befohlen! Und merkt euch das eine: Keine alten Historien, denn die taugen zu nichts.«

Er ging, und die Maria Christine hüpfte neben ihm her, und seine beiden neuen Knechte sahen ihm nach, bis er im Haus verschwunden war. Dann sagte der Wendehals mit einem Seufzer:

»Hast du's gemerkt? Von dem Geld und daß er's mit uns teilen wollt', hat er kein Wörtlein mehr gesprochen. Ich mein', da ist uns auf dem Weg zum Brunnen der Krug zerbrochen. Es war uns nicht beschert und wir müssen arm bleiben.«

Der Veiland, der auf drei Stunden weit ein Pferd wiehern und auf zwei Stunden weit einen jeden Hahn krähen hörte, der schüttelte den Kopf:

»Mir ist's so lieber«, meinte er. »Als er von dem Geld sprach und daß wir mit ihm gehen sollten, ich weiß nicht, wie mir da war, meine Beine wollten sich nicht rühren. Jetzt werd' ich mich den Tag über bücken und schinden und die Steine von den Äckern lesen und am Abend eine

Suppe mit Kraut und Speck darin haben, aber, weiß Gott, ich kann's nicht sagen, warum – es ist mir lieber so.«

Man sah die beiden neuen Knechte nicht gar oft zusammen, denn der Wendehals tat im Pferdestall mit dem Striegel und mit der Kardätsche seinen Dienst, indes der Veiland sich auf den Feldern beim Pflügen, Säen und Eggen gebrauchen ließ. Dennoch hielten sie Kameradschaft miteinander, saßen alle Abende im Stall, spielten Karten und tranken ihr Maß Wein zusammen, und was der eine wollte, war dem anderen recht. Mit dem übrigen Gesinde hatten sie wenig Umgang. Doch wenn der Wendehals die Maria Christine von fern erspähte, gab er ihr mit einem Pfiff das Zeichen, daß sie zu ihm in den Stall kommen sollte. Dort lag in seiner hölzernen Truhe immer etwas für sie bereit, einmal eine Pfeife, die er im Röhricht geschnitten, ein andresmal ein Affe mit beweglichen Gliedern, den er aus einem Holzsparren geschnitzt und mit Farben angestrichen hatte.

Dem schwedischen Reiter wichen sie aus, soweit sie es vermochten, denn sie betrachteten ihn nicht mehr als ihresgleichen, sondern sahen in ihm den adeligen Herrn und hatten Furcht, es könnte ihn einmal reuen, daß er sie auf den Hof genommen hatte. Wenn er aber kam, den Pferdestall zu visitieren, oder es sich sonst traf, daß einer von ihnen ihm unversehens in den Weg lief, dann standen sie vor ihm, wie ein Soldat vor seinem Leutnant steht, und weder ihre Mienen noch ihre Worte ließen erkennen, daß sie mit ihm zusammen ein Geheimnis hüteten.

So lebten sie ein Jahr hindurch, so hielten sie es bis zu dem Abend, an dem der Blitzstrahl niederfuhr, der das Glück des schwedischen Reiters in Trümmer schlug.

An diesem Abend hatte der schwedische Reiter etliche Edelleute aus der Stadt zu Gast bei sich. Er war ein wenig später, als er es gewohnt war, vom Tisch aufgestanden und hatte sich beurlaubt, um rasch seinen Rundgang durch den Hof zu machen. Wie er nun aus dem Haus trat und nach dem Wetter sah, da stand der Wendehals vor ihm, der wollte reden, wußte aber nicht recht, wie beginnen, und der schwedische Reiter, der es eilig hatte, fuhr ihn an:

»Was willst du? Hast du nicht nach Genügen dein Contentament bekommen?«

»Euer Gnaden, ja, ich hab's bekommen«, bestätigte der Wendehals. »Zu Mittag Hirse und rote Wurst und jetzt am Abend Biersuppe, Brot und Käse. Hab' aber Euer Gnaden mit schuldigem Respekt etwas anderes zu vermelden, nämlich, daß einer da ist, der in gebührender Modestie mit Euer Gnaden zu sprechen begehrt, ich kenn' ihn und weiß auch, daß er Euer Gnaden bekannt ist, er ist in einer Kalesche angefahren gekommen, steht draußen, und ich mein', es hat nichts Gutes zu bedeuten.«

»Wer, zum Teufel, ist es?« fragte der schwedische Reiter. »Red kurz, ich hab' nicht Zeit.«

»Es war dunkel, ich hab' ihn nicht erkannt«, widersprach sich der Wendehals. »Euer Gnaden werden selbst sehen, wer es ist.«

Der schwedische Reiter dämpfte seine Stimme zu einem zornigen Flüstern.

»Kerl, so sprich! Ist es am Ende der Malefizbaron?«

»Gott steh mir bei, nein, der ist es nicht«, gab der Wendehals ebenso leise zurück. »Es ist, Euer Gnaden zu dienen, der Brabanter. Ich wollt' es nicht sagen, denn es ist mir verboten, von den alten Historien zu reden, Euer Gnaden hören es nicht gerne.«

Der schwedische Reiter wandte sich mit einer ungeduldigen Handbewegung von ihm ab und ging auf die Toreinfahrt zu, da trat der Brabanter aus dem Schatten in den Lichtschein der Hoflaterne.

Niemand hätte in ihm den gewesenen Spitzbuben zu erkennen vermocht. Er sah aus wie ein Mann, der sich seines Werts und des Ansehens, das er in der Welt genießt, bewußt ist. Er trug seidene Strümpfe, Hosen von kirschrotem Samt, ein schwarzes Kamisol mit reicher Silberstickerei, an der Seite einen Degen, und um den Hals eine goldene Kette, an der eine Lorgnette befestigt war. Seine Bewegungen waren gemessen, und aus allem, was er sagte, klang eine ruhige Würde, die durch nichts erschüttert werden konnte.

»Einen schönen guten Abend!« begann er die Unterhaltung. »Du blickst mich an, als könntest du's nicht glauben, daß ich es bin. Du hast wohl nicht erwartet, daß wir uns wiedersehen würden.«

»Ich hab' es immer gewußt, daß ich deiner Freundschaft nicht werd' verlustig gehen«, sagte der schwedische Reiter mit leisem Spott. »Nun also! Was bringst du? Was führt dich her? Willst du von den vergangenen Zeiten mit mir reden?«

»Nein«, sagte der Brabanter. »Es sind die gegenwärtigen Läufte, um derentwillen ich gekommen bin. Laß dich ansehen, Hauptmann! Ich hab' mit Freud' vernommen, daß du dich in deinem neuen Stand so redlich hältst. Jedermann ästimiert dich, dein Name wird aller Orten mit Respekt genannt. Ich sag' das nicht aus Politesse, es ist die Wahrheit.«

»Schönen Dank«, erwiderte der schwedische Reiter. »Ich nehm's für eine Ehr', daß du an meinem Tun ein freundliches Belieben zeigst. Und du? Womit ernährst du dich?«

»Mit Handelschaft«, erklärte der Brabanter. »Was tät' die Maus, hätt' sie nicht ihr Haberstroh. Ich hab' gekauft und mit kleinem Nutzen verkauft und dabei meinen Vorteil gefunden, von der Hauptsumme ist nichts verzehrt.«

»Und sonst?« fragte der schwedische Reiter. »Wie passierst du durch die Zeit? Hast du ein Weib und Kinder?«

»Nein«, gab der Brabanter zur Antwort. »Ich hätt' können eine Doktorstochter bekommen, hielt's aber für heilsamer, unbeweibt zu bleiben. Am Abend, wenn ich meine Briefe expediert hab', geh' ich in die Komödie oder in eine Assemblée, dort wird dann diskuriert, bisweilen auch, pour passer le temps, ein Spielchen sich verstattet, am Sonntag wiederum hab' ich bei gutem Wetter die Zeit in meinem Garten zugebracht – so war's bisher. Jetzt aber hab' ich alles, was ich besaß, zu Geld gemacht, auch die Möbel und die Gemälde in meinem Haus, und gehe außer Landes.«

»Ich werd' wohl alt und grau werden hier auf meinem Hof«, meinte der schwedische Reiter. »Denn wenn man auch sagt, daß der Herr soll stärker sein als der Acker, so erweist es sich doch oftmals, daß der Acker ist stärker als der Herr, denn er hält ihn und läßt ihn nicht fort. Du aber kannst fremde Länder besehen, bist wahrhaft zu beneiden.«

»Wer in der Welt ist zu beneiden«, ließ sich der Brabanter vernehmen. »Wenn ich die seltsamen Zufälle meines Lebens überdenk', die verwichenen und die gegenwärtigen, dann wird es mir klar, wie nichtig und vergänglich alle Freude ist. Denn alles vergeht, wie das Licht vergeht, wenn es seine Zeit geleuchtet hat, und wir sind nichts als ein Ball des wandelbaren Glücks, das uns in die Höhe wirft, damit wir um so härter fallen.«

»Das sind wunderwürdige Speculationes«, gab der schwedische Reiter zu, »aber mir taugen sie zu nichts, denn es mangelt mir die Zeit, ihnen nachzuhängen. Ich muß sorgen, daß ich mein Weib und mein Kind und die vielen Leut' auf meinem Hof ernähr'.«

»Hauptmann!« sagte nach einer kurzen Weile der Brabanter mit gedämpfter Stimme. »Hör mich an! Ich klag' es Gott, daß ich dir's melden muß. Ja, Hauptmann, ich hab' dir mit einer schlimmen Post aufzuwarten. Du mußt fort.«

»Was ist geschehen?« fragte der schwedische Reiter, doch es klang weder Unruhe noch Besorgnis aus seiner Stimme.

»Du mußt fort«, wiederholte der Brabanter. »Mach dich davon! Der Malefizbaron ist hinter dir her.«

Der schwedische Reiter zuckte die Achseln.

»Der Malefizbaron?« meinte er mit einem kurzen Auflachen. »Wenn's nichts ist als das ... Er mag kommen, das macht mir keine Sorge. Was weiß er denn von mir?«

»Von dir nicht viel«, gab der Brabanter zur Antwort. »Aber von den Gottesräubern und ihrem Hauptmann weiß er alles, denn die rote Lies, das Geißlein, ist zu der anderen Partei übergelaufen, darum sag' ich dir: Mach dich davon!«

»Christian!« erklang in diesem Augenblick die Stimme Maria Agnetas durch die Nacht. »Wo bist du? Wir warten schon so lange Zeit. Die Herren murren wider dich, daß du des Nachts läufst alle Ställe aus.«

Sie hatte ein Fenster geöffnet und beugte sich hinaus. Ein Gewirr von streitenden und lachenden Stimmen kam aus dem Zimmer.

»Herzliebste, nur ein kleines Weilchen noch gedulde dich, ich komme«, rief der schwedische Reiter, und dann wandte er sich wiederum dem Brabanter zu:

»Was sagtest du von der roten Lies?«

»Ist das Madame de Tornefeld?« fragte der Brabanter, und er hielt die Lorgnette vors Auge und spähte hinauf.

»Ja, das ist mein Weib«, sagte der schwedische Reiter. »Sie ist die Beste, die Reinste, die Heiligste auf Erden, und was bin ich?«

»Sublime! Adorable!« flüsterte der Brabanter mit gespitzten Lippen, indes Maria Agneta vom Fenster verschwand. »Du solltest von ihr ein Porträt malen lassen in Öl, in Gouache oder in Tempera. Excusier mich bei ihr, daß ich ihr nicht meine Devotion zu Füßen leg'.«

»Was ist's mit der roten Lies? Sprich rasch! Du hörst, ich werd' erwartet«, drängte der schwedische Reiter.

»Da ist uns, Hauptmann, eine böse Lauge eingegossen«,

189

berichtete der Brabanter. »Die rote Lies hat sich mit einem Korporal von den Dragonern des Malefizbarons, die in Schweidnitz in Quartier liegen, zusammengetan, ist mit ihm ehelich geworden, es ist noch nicht lang her, aber ihre Lieb' zu dir hat sich in Haß verkehrt. Der Korporal ist ein junger Kerl und sie will für ihn Beförderung erlangen, hat darum dem Malefizbaron Botschaft zugehen lassen . . .«

»Wo ist der Malefizbaron?« fragte der schwedische Reiter. »Ist er noch Hauptmann bei den Dragonern?«

»Er war in Spanien, in Ungarn und zuletzt Geschäfte halber in Wien, jetzt aber ist er, wie ich berichtet bin, auf dem Weg nach Schweidnitz. Er ist Obrist geworden, und die rote Lies rühmt sich, daß sie uns wollt' in seine Hände geben, dafür sei ihrem Korporal das Offizierspatent schon zugesprochen, und wir müßten uns, sagt sie, noch für glücklich halten, wenn wir mit dem Brandzeichen auf der Stirne Seiner Majestät, dem Römischen Kaiser, auf der Galeere dienen dürften. Beschick dein Haus, Hauptmann, und mach dich davon, du hast von ihrer Rachsucht alles zu befürchten.«

Der schwedische Reiter zog die Brauen zusammen und starrte in das Licht der Hoflaterne.

»Es ist wohl schlimm«, sagte er nach einer Weile, »aber ich mein', es könnt' noch schlimmer sein. Warum sollt' ich fort? Es ist besser, ich bleib', wo ich bin. Sie weiß nichts von mir, sie wird mich auf der Landstraße suchen, in den Schenken, auf den Märkten, auf den Kirmessen, überall, wo die geringen Leut' zusammenlaufen, wird sie mich suchen, aber nicht hier auf dem Hof.«

»Hauptmann«, meinte der Brabanter, »ich muß mich deiner sehr verwundern. Du red'st, als hättest du deine fünf Sinne nach Ostindien geschickt. Die rote Lies weiß gar wohl, wo sie dich zu suchen hat. Hast du dich nicht oftmals vernehmen lassen, daß du noch wolltest zu Edelmannsehren gelangen? Und als du einst im Fieber lagst und die rote

Lies wusch dir mit Essigwasser die Stirne und das Gesicht, da hast du den Knechten und den Mägden, die du in deinem Traume sahst, harte Worte gegeben, sie ein unnützes, lässiges und diebisches Volk genannt und ihnen angedroht, wenn du übers Jahr wieder auf den Hof kämst, dann würden sie ein strenges Regiment zu spüren bekommen. Mit solchen Gedanken hast du dich geschlagen. Die rote Lies hat es mir noch an dem Tag, an dem wir auseinanderliefen, gesagt: ›Wenn einer dich finden wollt', so müßt' er nur die adeligen Gutshöf' abgehen.‹ Darum ist mein Rat ...«

»Es gibt viel hundert Gutshöfe hier zu Land, in Pommern, in Polen, in Brandenburg und anderwärts, wie will sie mich finden?« warf der schwedische Reiter ein, aber seine Stimme hatte einen unsicheren Klang.

»Sie wird dich nicht lang zu suchen haben«, gab ihm der Brabanter zur Antwort. »Der Malefizbaron muß nur Umfrag' halten, so wird er's bald erfahren, daß du vor acht Jahren oder sieben mit einem Felleisen voll Geld her auf den Hof gekommen bist. Und wenn er erst seinen Verdacht auf dich geworfen hat und er stellt dir die rote Lies gegenüber, daß sie Zeugenschaft wider dich ablegt – was dann? Darum verlier nicht Zeit, mach es wie ich. Lieber will ich mit wenigem vorliebnehmen und nicht in immerwährender Gefahr leben. Nimm meinen Rat an, Hauptmann, heb dich weg von hier, hinter den Bergen wohnen auch Leut'.«

»Ja«, sagte der schwedische Reiter leise. »Ich müßt' wohl fort. Aber das Herz will es nicht leiden.«

»Ei, so bleib und laß dich brennen und henken!« brach jetzt der Brabanter los. »Wozu hab' ich geredet? Es ist niemand so taub wie einer, der nicht hören will.«

Er zog eine goldene und mit Schmelzwerk gezierte Repetieruhr aus der Tasche und hielt sie an sein Ohr.

»Für mich ist's Zeit, mein Kutscher wartet«, fuhr er in ruhigerem Ton fort. »Was alterier' ich mich, es geht um deine Haut und nicht um die meine. Ich habe dir alles gesagt, du bist gewarnt. Wenn's übel für dich ausgeht, so werde ich entschuldigt sein.«

Sie gingen schweigend die Ahornallee hinab, bis sie zu der Kalesche des Brabanters kamen. Der Kutscher grüßte und schwang sich auf den Bock. Der Brabanter stieg ein, beugte sich aus dem Wagenschlag und sagte so leise, daß es der Kutscher nicht vernehmen konnte:

»Hauptmann, ich respektiere deinen hohen Mut, du willst bleiben und dem Ungewitter trotzen. Doch um deines Kindes willen ist's mir leid. Es wird's sein Leben lang tragen müssen, daß man seinem Vater das Rad und den Galgen auf die Stirne gebrannt und ihn in Ketten auf die Galeere geschickt hat. Und nun leb wohl, Hauptmann, und halt dich gut! Allons! Kutscher, fahr zu!«

Der schwedische Reiter blickte dem Wagen nach, der durch die Nacht dahinrollte. Wie ein spitzes Messer waren ihm die Worte des Brabanters ins Herz gedrungen. Er wußte jetzt, daß er fort mußte, um seines Kindes willen mußte er fort. Aber wohin? Wohin?

Und wie er so stand und auf das Geräusch der Räder horchte, das in der Ferne erstarb, da hatte er einen Augenblick lang ein Gesicht.

Er sah sich in seinem blauen schwedischen Rock in Reih und Glied auf seinem Falben über eine endlose Heide reiten. Rings um ihn her stieg das Schwedenlied zu einem Himmel empor, der von schweren Wolken verhüllt war. Raubvögel kreisten über den Köpfen. Geschütze donnerten, zerrissene Fahnen wehten, und in die Reihen der Reiter schlugen Musketenkugeln. Eine von ihnen traf ihn, und mit einem unaussprechlichen Gefühl des Glücks sank er vom Pferde.

Dem Veiland und dem Wendehals sagte er noch in der gleichen Nacht, was er von dem Brabanter erfahren hatte, und daß sie sich bereit halten sollten, mit ihm in den schwedischen Krieg zu gehen. Sie nahmen die Nachricht mit Freude auf und stießen auf ihres Hauptmanns Gesundheit an, denn sie waren der Arbeit auf dem Gut schon lange überdrüssig. Jede Veränderung des Lebens war ihnen willkommen. Sie sahen die alten Zeiten wiederkehren, in denen sie wie die Stoßfalken durch das Land gestrichen waren, und gedachten im Krieg unter ihres Hauptmanns Kommando Beute zu machen und sich von neuem die Taschen zu füllen.

Eine schlimme Stunde war es für den schwedischen Reiter und eine schlimmere noch für Maria Agneta, als er ihr zu erkennen gab, daß er fort wollte, um sich von dem Schwedenkönig in der ukrainischen Steppe gegen die Moskowiter brauchen zu lassen. Maria Agneta sah ihn an und wußte nicht, ob sie ihn recht verstanden hätte, und er mußte es ihr nochmals sagen: daß er in der Nacht zuvor gleich anderen Schweden, die im Ausland lebten, aus dem Hauptquartier des Königs expresse Ordre erhalten hätte, sich mit zwei wohlmontierten Knechten im schwedischen Heerlager einzufinden.

Sie brach in Tränen aus. Und von Schluchzen geschüttelt warf sie ihm vor, daß er nur an die Kriegsglorie dächte, die er zu gewinnen hoffe, und an seinen König, der gelte alles bei ihm, sie aber gelte nichts, und die Liebe zur ihr sei in seinem Herzen erloschen.

Er widersprach ihr, aber die Wahrheit durfte er ihr nicht bekennen: daß die Sorge um sie und um des Kindes Namen, Ehre und künftiges Glück ihn trieb, sein Schicksal von dem ihren zu trennen, daß er es in äußerster Not tat und daß er nicht Kriegsglorie suchte im schwedischen Heer, sondern einen ehrlichen Tod, der ihm nicht vergönnt war, wenn er auf dem Hof blieb. Und immer wieder von neuem sprach er zu ihr.

»Herzliebste und mein guter Schatz, du weißt es wohl, daß meine Liebe nicht erloschen ist, sie brennt mir allezeit im Herzen. Du bist mein Engel und mein Glück, und keine Veränderung der Zeit wird mich zu einem anderen Bekenntnis bringen. Aber ich muß fort. Sieben Jahre bin ich des Krieges müßig gestanden. Jetzt ruft mich mein König, ich mußte dessen immer gewärtig sein. Wein nicht, Liebste! Hast du mir nicht gelobt, daß du wolltest in Liebe und Vertrauen Gutes und Schlimmes aus meinen Händen nehmen!«

Sie umschlang ihn mit den Armen.

»Und du?« fragte sie verzweifelt. »Hast du mir nicht geschworen, bei mir zu bleiben und zu verharren, bis der Tod uns scheidet? Wie soll ich ohne dich die Zeit erdulden? Und was schert mich dein König, der niemals ein Weib, sondern immer nur die Glorie geliebt hat?«

»Sprich nicht so von Seiner Majestät höchster und teurer Person«, sagte voll Kummer der schwedische Reiter. »Ach, Liebste, ich wollt' wohl bleiben, doch es kann nicht sein. Die Zeit ist gekommen, da ich den Degen mir umschnallen muß. Nicht mit Lachen und Singen geh' ich von dir, das weiß Gott. Aber mein König ruft mich!«

Sie weinte den ganzen Tag, sie weinte die Nacht hindurch. Am Morgen kam eine starre Ruhe über sie. Sie ging und holte aus dem Spind den blauen schwedischen Rock mit den Messingknöpfen und dem roten Kragen. Die Elchlederhose, die gelben Stulpenhandschuhe, den Degen mit dem Ledergriff, den Futtersack, die Trinkflasche und die Reiterpistolen. Und wie sie das alles vor sich liegen sah, da stieg das Bild des Tages in ihr auf, an dem der schwedische Reiter mit dem Hut unter dem Arm im Sonnenlicht des Gartens ihr entgegengetreten war, und ihre Augen füllten sich wiederum mit Tränen.

»So möge Gott in Gnaden dich und deinen König behüten«, sagte sie leise und ihre Hand glitt über den zerschlissenen blauen Rock.

Das Kind, die Maria Christine, kam in den Pferdestall gehüpft, dort fand sie den Wendehals, der im Halbdunkel auf seiner Truhe saß und einen alten Sattelgurt flickte. Eine Weile hindurch sah sie ihm bei dieser Arbeit zu, dann begann sie von dem, was ihr Herz mit Unruhe und Wißbegierde erfüllte, zu sprechen. Und sie fragte:

»Weißt du's schon, daß mein Vater in den Krieg reitet?«

»Ja«, sagte der Wendehals. »Und ich und mein Geselle, wir reiten mit ihm.«

»Dann seid ihr drei«, rechnete Maria Christine an ihren Fingern aus. »Warum reitet ihr zu dritt wie die Heiligen Drei Könige aus dem Morgenland?«

»Damit, wenn zwei schweigen, einer da ist, der ihnen zuhört«, erklärte der Wendehals.

»Ist's weit bis in den Krieg?« wollte Maria Christine wissen.

»Gib mir eine Elle, so mess' ich's aus«, meinte der Wendehals.

»Und wann kommt ihr zurück?«

»Wenn du drei Paar Schühlein durchgelaufen hast, dann kommen wir zurück.«

»Ich will's aber wissen auf den Tag, wann ihr zurückkommt«, rief Maria Christine.

»Spring in den Wald und frag den Kuckuck, der sagt dir's auf den Tag«, riet der Wendehals.

»Und was willst du machen im Krieg?« erkundigte sich Maria Christine.

»Geld und Gut gewinnen«, gab der Wendehals zur Antwort. »Mich drückt mein leerer Beutel. Wenn ich ihn füll', trag' ich ihn leichter.«

»Die Mutter weint«, berichtete das Kind. »Die Mutter

sagt, daß viele im Krieg bleiben, kommen nicht wieder heim.«

»Daran erkennst du, daß der Krieg eine gute Sache ist«, meinte der Wendehals. »Denn wär' er schlimm, dann kämen alle bald wieder heim.«

»Warum weint dann die Mutter?« fragte das Kind.

»Weil sie nicht kann mit uns reiten.«

»Und warum kann sie's nicht?«

»Des bösen Wetters halber. Was tät' sie im Krieg, wenn's regnet und schneit.«

»Ich will aber nicht«, rief Maria Christine und stampfte mit dem Fuß auf den Boden, »daß mein Vater im Krieg ist, wenn es regnet und schneit. Er zieht sein altes blaues Röcklein an, das ist bald durchnäßt. Er soll wieder daheim sein, wenn das böse Wetter angeht.«

»Werd nur nicht zornig«, bat der Wendehals. »Ich will sehen, wie sich's machen läßt.«

»Du mußt mir helfen«, sagte Maria Christine und kletterte auf seine Knie. »Ich weiß, daß du es kannst. Ich will's nicht leiden, daß mein Vater im Krieg bleibt, hörst du? Stell dich nicht taub! Du kannst viele Künste, du sollst machen, daß er wieder heimkommt.«

»Du stellst dich an, als wär' ich nur dazu da, dir deinen Willen zu tun«, lachte der Wendehals. »Du könntest dem Teufel eine Seele abschwatzen. Laß meinen Bart los, soll ich mir ihn von dir zerzausen und verstümmeln lassen? Und jetzt merk auf: Wenn du es ernstlich willst, daß der Vater nicht soll in den Krieg reiten, dann nimm Salz und Erde, tu beides in ein Säckchen...«

»Salz und Erde«, wiederholte Maria Christine. »Was für Erde? Schwarze Erde? Rote Erde?«

»Erde ist Erde, sie sei rot, gelb, schwarz oder braun«, erklärte der Wendehals. »Salz und Erde tu in ein Säckchen, das näh in deines Vaters blauen Rock zwischen Futter und Tuch. Es muß des Nachts bei Mondlicht geschehen und es darf dich keiner mit dem Faden und der Nadel in der Hand erblicken, auch soll kein Hund bellen und kein Hahn krähen, sonst ist der Zauber gebrochen und du mußt die Arbeit von neuem beginnen. Hast du's verstanden?«

»Ja«, hauchte das Kind.

»Salz und Erde in seinem Rock«, fuhr der Wendehals fort, »die haben solche Gewalt, daß er Tag und Nacht an dich denken muß. Sie sind stärker als ein Glockenseil, sie halten ihn und ziehen ihn zu dir zurück, daß er nicht Ruhe findet, nicht bei Tag und nicht bei Nacht, eh' er nicht wiederum bei dir ist. Hast du dir alles wohl gemerkt?«

»Ja«, sagte Maria Christine mit zitternder Stimme, denn es war ihr bang ums Herz bei dem Gedanken, daß die Arbeit in nächtlicher Stunde geschehen sollte. »Salz und Erde in ein Säckchen tun und dann mit Nadel und Faden...«

»Bei Mondlicht, nicht bei Kerzenschein«, mahnte der Wendehals. »Vergiß das nicht! Vor elf Tagen war der neue Mond, jetzt ist er noch im Zunehmen, da kann es gelingen.«

Als der Mond über den Blutbuchen und den Erlenbüschen des Gartens aufgegangen war, glitt Maria Christine aus ihrem Bett. Unter ihrem Kissen holte sie das Säckchen mit Salz und Erde hervor, eine kleine Schere, Nadel und Faden. Dann stahl sie sich aus ihrer Kammer und huschte lautlos die Treppe hinauf. Ein paar Schritte noch, ein kurzes Horchen an der Türe, ob alles stille war, und dann trat sie mit pochendem Herzen in die Stube, in der der blaue schwedische Rock ihres Vaters über einen Armstuhl gebreitet lag.

Es war nicht völlig dunkel in dem großen Raum, das Mondlicht floß durch die Fenster und ließ die Umrisse der Dinge erkennen. An dem blauen Schwedenrock schimmerten die Messingknöpfe. Maria Christine machte einen Schritt von der Türe weg und erschrak ein wenig, weil sich ihr Bild im Wandspiegel bewegte. Als sie begriff, daß sie allein im Zimmer war, holte sie tief Atem und nahm den Rock vom Stuhl, er war recht schwer. Sie drückte ihn an sich und trug und schleifte ihn zum Fenster hin, und während sie sich niederkauerte, stieß sie ein leises Seufzen aus, denn sie befürchtete, es könnte ein Hund mit Bellen oder ein Hahn mit Krähen ihre heimliche Arbeit zunichte machen. Aber Hunde und Hähne blieben still, und sie legte sich auf ihren Knien den Rock zurecht und griff nach der Schere.

Hunde und Hähne schliefen um diese Stunde, aber Vater und Mutter waren beide noch wach. In der »langen Stube« saß Maria Agneta mit blassem und verweintem Gesicht, indes der schwedische Reiter mit verschränkten Armen vor dem Kamin stand.

Er war, während er in das verlöschende Feuer blickte, in seinen Gedanken die Zeiten zurückgegangen bis zu dem Augenblick, da er Maria Agneta zum erstenmal begegnet war. Hier in dieser Stube war es geschehen. Hier war sie gestanden, arm und von allen betrogen, und hatte um ihren liebsten Knaben geklagt, der sie und ihre Liebe vergessen hatte. Da war in ihm, dem hilflosen Gefangenen des Malefizbarons, der vermessene Gedanke erwacht, daß sie sein eigen werden müßte und daß er besser als jener Knabe vor ihr und vor der Welt als Edelmann bestehen könnte. Was dem anderen in die Wiege gelegt worden war, das hatte er sich mit bösen und verwegenen Taten erschleichen, ertrotzen und erkämpfen müssen. Sieben Jahre hatte sein Glück gewährt. Und nun blieb ihm noch ein letztes zu tun übrig: War es ihm vergönnt gewesen, sieben Jahre lang als Edelmann zu leben, so war es ihm nun auferlegt, einen Edelmannstod zu sterben. Und diesen Tod im schwedischen Heer zu suchen, war er in sei-

nem Herzen entschlossen, und er wußte dem Schicksal
Dank dafür, daß es ihm den Tod von Henkershand er-
ließ.

»Es sind gute, ehrliche und erfahrene Leute auf dem
Hof«, sagte er zu Maria Agneta. »Du mußt nur recht haus-
halten, so wird es dir an nichts fehlen.«

»Daß du mir fehlen wirst, Herzliebster, daran denkst du
nicht«, sagte Maria Agneta mit leiser Stimme.

»Du mußt darauf achten«, fuhr der schwedische Reiter
fort, »daß es im Hause, in den Ställen und auf den Äckern
sparsam hergeht und daß dennoch nichts versäumt wird.
Nicht mehr ausgeben, als du einnimmst. Unnützes Vieh
abschaffen, sobald du kannst. Mit der Sommersaat sollst
du dich nicht übereilen. Lieber die gute Witterung abwar-
ten! Und denk auch immer daran, daß ein Acker, gut bear-
beitet und gedüngt, mehr bringt als zwei Äcker, die
schlecht gehalten sind.«

»Wie soll ich«, klagte Maria Agneta, »an all das denken,
da ich doch in immerwährender Unruhe leben werde. Die
Angst um dich wird mir das Herz zernagen.«

Dem schwedischen Reiter aber lag seine Schafzucht im
Sinn, die ihm großes Ansehen in der Nachbarschaft und
alle Jahre einen guten Nutzen gebracht hatte. Doch als er
nun Maria Agneta zu erklären begann, daß gute Wolle nur
von guter Trift käme und wie sie die Schafe vor Ruhr und
Räude behüten könnte, da ließ ein Poltern, das aus dem
Nachbarzimmer zu kommen schien, ihn aufhorchen. Er
legte den Finger an die Lippen.

»Was war das?« fragte er. »Hast du's gehört? Wer ist um
diese Stunde im Haus noch wach?«

»Es ist niemand wach«, meinte Maria Agneta. »Ein
Windstoß ist's gewesen, der hat die Fensterladen zuge-
schlagen.«

Dem schwedischen Reiter war es aber, als hätte er ein
Knistern von Schritten gehört. Er nahm den Leuchter mit

der brennenden Kerze vom Tisch, trat an die Türe und stieß
sie auf.

»He!« rief er. »Wer ist da?«


Die kleine Maria Christine hatte mit Herzklopfen Stich um
Stich gesetzt, denn sie hörte die Stimme ihres Vaters aus
nächster Nähe. Und wie nun endlich die Arbeit getan war,
und kein Hund hatte gebellt, kein Hahn gekräht, und sie
aufatmend den blauen Schwedenrock über den Armstuhl
breitete, da fiel etwas Schweres mit Poltern neben ihr zu
Boden.

Das Kind erschrak und wußte es sich nicht zu erklären,
was da geschehen war. Es wollt' rasch davon, stieß aber an
die Kante eines Stuhls, verzog das Gesicht zum Weinen
und rieb sich Hüfte und Knie. Doch wie es weiterlief, verlor
es in der Hast ein Pantöffelchen vom Fuß, stand einen Augenblick lang ratlos, dann suchte sie's und fand es,
schlüpfte hinein und war zur Tür hinaus, just in dem Augenblick, da der schwedische Reiter sein »Wer ist da?« in
die Stube rief.

Eine kleine Weile hindurch standen sie beide in der offenen Türe, der schwedische Reiter, der den Leuchter in der
erhobenen Hand hielt, und Maria Agneta, die sich ängstlich an seine Seite schmiegte. Plötzlich aber, wie er den
Arm bewegte, fiel der Lichtschein der Kerze auf den mit
Kupfer beschlagenen Deckel eines Buches, das neben dem
Armstuhl auf dem Boden lag. Maria Agneta lief hin und
hob es auf.

»Das war's«, sagte sie. »Das hat im Fallen solch einen
Lärm gemacht. Ich mein', die Katze ist über deinen blauen
Rock geraten, wollte ihn vom Stuhl zerren, da ist das Buch
aus der Tasche geglitten. Es sieht aus, als wäre es hundert
Jahre alt, riecht nach Moder.«

Der schwedische Reiter sah nachdenklich auf sein gewesenes Arcanum, das er in den Jahren seines Glückes völlig aus dem Sinn verloren hatte.

»Es ist die Bibel Gustav Adolfs, des hochberühmten Helden«, erklärte er der Maria Agneta. »Er hat sie unter seinem Harnisch getragen, als ihn die Todessensen traf. Und ich soll sie in des jungen Schwedenkönigs eigene Hände legen, so ist's mir aufgetragen. Ich weiß aber nicht, ob ich viel Ehre mit ihr gewinnen werde, sie sieht gar übel aus, der Regen hat sie durchnäßt, die Würmer haben sie zerfressen. Ich mein', der König wird des Plunders nicht achten.«

Er zuckte die Achseln, warf aber dennoch das Buch auf den Tisch zu den Reiterpistolen und den gelben Stulpenhandschuhen.


Zwei Tage später in der Morgenfrühe, als noch der Nebel über dem Fischteich und den Wiesen hing, verließ der schwedische Reiter mit dem Veiland und dem Wendehals den Hof. Schwer und schmerzvoll war der Abschied von der Maria Agneta gewesen, und wie sie ihn zum letztenmal umhalst und ihn mit zuckenden Lippen und zitternder Stimme in Jesu Christi allgewaltigen Schutz befohlen hatte, da war es ihm hart angekommen, vor ihr verborgen zu halten, daß es ein Abschied für alle Zeiten war.

Das Kind hatte geschlafen und war auch nicht erwacht, als ihm sein Vater Mund und Stirn und Augen küßte.

# Letzter Teil
## Der Namenlose

Es war spät in der Nacht. Der schwedische Reiter saß in der naßkalten Wirtsstube einer polnischen Schenke vor einem halbgeleerten Krug Bier. Er war müde von dem Ritt dreier Tage durch Wald und Morast, doch er dachte nicht an Schlaf. Der Hund des Wirts lag ausgestreckt auf der Erde und war in seinem Traum hinter Hasen, Füchsen und wilden Säuen her. Der Wirt, der nur polnisch sprach, trank in einem Winkel der Stube seinen Branntwein mit dem Veiland und dem Wendehals. Er war in Unruhe, weil seine Frau in den Wehen lag, und die beiden gaben ihm Ratschläge, wie er ihr helfen könnte, er sollt' ihr Honigwasser mit gestoßenen Myrrhen darin zu trinken geben, sagten sie, doch der Wirt verstand sie nicht und fragte immer wieder, was sie von ihm begehrten.

Die Lampe schwelte. Draußen pfiff der Wind, und wenn es in der Stube still war, hörte man das Wimmern der Frau und das Flüstern und Rauschen in den Zweigen der Bäume, die rings um das Haus standen.

Der Veiland und der Wendehals hatten den Rest des Branntweins aus den Gläsern geschlürft und nun verließen sie die Stube, der Wirt ging ihnen mit dem Licht voran, die hölzerne Treppe knarrte unter ihren Schritten. Der schwedische Reiter saß regungslos und mit gesenktem Kopf, seine Gedanken kreisten unaufhörlich um seinen Hof, und wie nun wiederum Stille war, da kamen die Geräusche wieder und die vertrauten Stimmen, die ihm den Tag über im Ohr geklungen hatten. Sekundenlang vernahm er in abgerissenen Worten das Geplauder der Mägde, die in der Abendstunde beieinandersaßen und den Flachs durch die Riffel zogen. Das Knarren des Hoftors, das Ächzen des Ziehbrunnens. Wie Maria Agneta die Tauben lockte, daß sie gurrend herbeigeflogen kamen. Das Surren des Schleifsteins, das Brüllen eines Ochsen, den die Knechte vor den Wagen spannten. – »Es wird ein Wetter geben auf die Nacht«, hörte er den Altknecht sagen. Das Klappern der Holzschuhe, das Klirren der Milcheimer und dazwischen immer und immer wieder das dünne Stimmchen der Maria Christine, die kläglich nach ihrem Vater rief und es nicht glauben wollte, daß er davongeritten war.

Der schwedische Reiter richtete sich mit einer heftigen Bewegung auf. Er holte sein Arcanum aus der Tasche hervor und warf es vor sich hin auf den Tisch.

»Du hast dich wunderlich verändert«, sprach er zu der Bibel Gustav Adolfs. »Wie hast du mich dereinst aus einer Affäre in die nächste gejagt, ein Schlag mußte dem anderen folgen, Tag und Nacht hast du mir den im Land verstreuten Schatz, das Gold und das Silber, vor die Augen gegaukelt, daß ich's erjagen sollt', hast mir gezeigt, was in der Welt für mich zu gewinnen wär'. Jetzt aber läßt du mich Stunde um Stunde nichts anderes sehen als das, was ich für alle Zeit verloren hab'. Gib Frieden, sag' ich dir, mach mich nicht elend, oder, so wahr ein Gott lebt, ich werfe dich ins Feuer, denn ich bin deiner satt.«

Er starrte vor sich hin. Dann fuhr seine Hand über den kupferbeschlagenen Deckel des alten Buches.

»Du hast wohl recht«, sagte er, als wär' ihm von der Bibel des toten Königs eine Antwort gekommen. »Wie könnt's denn sein, daß ich von einem Tag zum anderen meiner Herzliebsten Stimme und des Kindes Lachen, Jubeln, Singen und Weinen aus dem Ohr verlier'. Und was will ich im Krieg? Du sprichst die Wahrheit. Besser als die Muskete taugt eines Bauern Spaten in meine Hand. Was soll ich im schwedischen Heer? Dörfer verbrennen, den Bauern ihr Korn verderben und ihr Vieh wegtreiben. In die Häuser fouragieren gehen, die armen Leut' zu Tod erschrecken, sie mit Fluchen und Karbatschen bis aufs Blut kujonieren:

›Schaff her, Canaille, was du hast!‹ – Ich müßt' ein Narr sein, dem Schwedenkönig einen Soldaten abzugeben mit Schanzen, Stürmen, mein Pferd zuschandeń Reiten. Hat er Händel mit dem moskowitischen Zaren, so ist das seine Sache, er mag sich mit ihm schlagen oder vertragen, was kümmert's mich?«

Der Wind pfiff, der Hund jappte im Schlaf. Der schwedische Reiter sah starren Blicks auf das Buch, das vor ihm auf dem Tisch lag.

»Ich hab' eines Mannes Spiel gespielt, das weißt du«, sagte er leise. »Soll ich's verloren geben um eines Weibes willen, das nicht vergessen kann?«

Er dachte an die rote Lies und daß sie ihn dereinst wahrhaftig und vom Herzen geliebt hatte, wie eine Hündin war sie ihm ergeben gewesen, dem Wink seiner Augen hatte sie gehorcht. Sollt' es ihm nicht gelingen, das verborgene Aschenfeuer der gewesenen Liebe von neuem anzufachen? Je länger er darüber nachsann, desto kühner wuchs in ihm die Hoffnung, daß er sein Schicksal noch einmal meistern könnt', und es schien ihm jetzt, als wäre für ihn noch alles zu gewinnen.

»Ich muß es versuchen, mir bleibt kein anderer Weg«, sagte er zu sich selbst. »Wenn es gelingt, dann kehre ich auf meinen Hof zurück, und das Elend dieser Tage war ein wüster Traum. Mißrät's, dann mag der Henker einen Namenlosen abtun.«

Er hörte Schritte. Die Treppe knarrte, die Tür wurde aufgetan. Der Veiland und der Wendehals steckten ihre Köpfe in die Stube.

Der schwedische Reiter verbarg das Arcanum eilig in seiner Tasche. Dann fuhr er die beiden an:

»Was streicht ihr im Haus herum? Legt euch auf die Ohren, viel Zeit ist nicht mehr, wir reiten morgen, eh' noch der Tag anbricht.«

»Hast du's so eilig, Hauptmann?« fragte der Wendehals.

»Es ist ein neuer Christenmensch im Haus, hörst du ihn schreien? Ein Büblein, und der Wirt in seiner Freud' will uns zwei Tage lang mit Essen und Trinken traktieren. Warum sollen wir es uns hier nicht wohl ergehen lassen, zum schwedischen Krieg kommen wir immer noch zurecht, der hüpft uns nicht davon.«

»Wir reiten nicht in den schwedischen Krieg, ich hab' mich der Sache anders besonnen«, gab ihm der schwedische Reiter Bescheid. »Wir kehren um und reiten nach Schweidnitz, wo die Dragoner im Quartier liegen, aber nicht mit ihnen, sondern mit der roten Lies hab' ich um Lebens und Sterbens willen ein Wort zu reden.«

Der Wendehals stand einen Augenblick lang starr vor Staunen, dann aber hatte er sogleich einen Rat bei der Hand.

»Wenn du mit ihr zu Wort kommst, Hauptmann, dann laß Taler springen«, meinte er. »Die rote Lies hat Armut alleweil für das größte Laster gehalten. Wenn du das Unheil kannst mit Geld verhüten, dann bist du wohlfeil weggekommen.«

»Ei, geh zum Henker!« rief der Veiland, »Hauptmann, hör auf mich: Nicht lang parlieren, einen Stein um ihren Hals und dann, hui, hast du's nicht gesehen, ins Wasser mit ihr, das ist mein Rat.«

»Laßt es nur gut sein«, entschied der schwedische Reiter. »Ich werd' ihr den Mund verschließen so oder so, und wenn nachher mein Blut dem Henker in die Arme springen müßte. Ich hab' mich resolviert, mein letztes Glück zu wagen, ich setz' mein Leben an dieses Spiel.«

»Das weiß ich wohl, daß es bei dieser Sache nicht um Haselnüsse geht«, sagte der Wendehals. »Aber ich hab' nicht Angst um dich, Hauptmann. Ein Wagehals bist du immer gewesen, zwischen Tod und Leben zu vagieren, das war in den vergangenen Zeiten deine beste Freud'.«

Eine Stunde vor Schweidnitz, am Ufer des Flusses, stand'
eine Tagwerkerhütte, die von Buschwerk umgeben und seit
Jahren nicht bewohnt war. Hier kehrten die drei Gesellen
ein, fanden auch einen Schuppen für ihre Pferde, und wie
es Abend wurde, machte sich der Veiland in die Stadt auf,
denn er sollte auskundschaften, wo die rote Lies mit ihrem
Korporal im Quartier lag und welche Stunde für einen Anschlag die beste wäre.

»Ein guter Kundschafter bist du immer gewesen«, sagte
der schwedische Reiter, als er ihn entließ, »du kannst auch
jetzt bei der Sache das meiste tun. Aber nimm dich in acht,
daß dich die rote Lies nicht zu Gesicht bekommt, sie er-
kennt dich mit einem Blick, wenn du dir auch den Bart hast
vom Kinn und von den Wangen schaben lassen, du mußt
nicht glauben, daß du dich damit groß verändert hast. Zeig
deine Kunst, aber üb sie mit Vorsicht, es ist jetzt alles an dir
gelegen.«

»Laß ihn nur gehen und sei ohne Sorge!« meinte der
Wendehals. »Ich kenn' den Veiland und ich weiß, es ist in
ganz Schlesien kein Baum, an dem zu hängen ihn gelüstet.«

Eine Nacht, einen Tag und nochmals eine Nacht hindurch blieb der Veiland fort, und als er wiederkam, hatte er
alles erspäht und erhorcht, was dem schwedischen Reiter
zu wissen nötig war.

»Die Dragoner sind in Schweidnitz schon etliche Wochen,
haben Pferde gekauft«, berichtete er, »und die rote Lies liegt
mit ihrem Korporal bei einem Schneider in der unteren Stadt
im Quartier, du mußt nur fragen nach dem Haus ›Zum grünen Baum‹. Die beste Zeit ist die Stunde vor Mitternacht, da
ist die rote Lies allein in ihrer Kammer, der Korporal sitzt
beim ›Raben‹ in der Wirtsstube und trinkt, daß es könnt' ein
Mühlrad treiben. Nach Mitternacht, wenn er toll und voll ist,
kommt er die Treppe heraufgepoltert, dann fangen die beiden Eheleut' zu streiten an, daß man's die Gasse hinauf und

hinunter hört. Die Nachbarn sind's schon gewohnt, achten des Lärms nicht mehr. Ich hab' mir auch ausgesonnen, wie du könntest ungesehen ins Haus gelangen. Dort, wo es an den Hof und Garten stößt, ist Brennholz aufgeschichtet an der Wand, und wenn du aus dem Gartenhaus die kurze Leiter holst und setzt sie an das Holz . . .«

»Laß das nur meine Sache sein, wie ich hineinpassiere«, unterbrach ihn der schwedische Reiter. »Hast du noch etwas zu berichten?«

»Daß du mir zweiundzwanzig und einen halben Kreuzer schuldest, die hab' ich für das Essen und für zwei Krüge Bier gezahlt, es ist bei den Wirten gar teuer zu zehren«, sagte der Veiland.

Am späten Nachmittag ritt der schwedische Reiter mit dem Veiland in die Stadt, der Wendehals blieb mit dem Packpferd und den Mantelsäcken in der Hütte zurück, denn ihn kannten in Schweidnitz etliche Leute, er durfte sich dort nicht sehen lassen. Wie nun die beiden in die Stadt kamen, ließen sie sich das beste Wirtshaus weisen, dort kehrten sie ein, und der schwedische Reiter bestellte eine Abendmahlzeit, die sollte ihm aber nicht unten an der Gästetafel, sondern oben in seinem Losament aufgetragen werden, denn er sei, sagte er, müde von einem langen Ritt, und sein Diener werde ihm bei Tisch aufwarten.

So blieben die beiden ungesehen in ihrem Losament, sowie es aber zehn schlug, schlichen sie sich aus dem Haus, und der Veiland führte den schwedischen Reiter durch die Gassen und Gäßlein in die untere Stadt und in den Hof, der an das Haus ›Zum grünen Baum‹ stieß.

»Der Schneider ist noch wach, er sitzt in seiner Werkstatt«, flüsterte er dem schwedischen Reiter zu. »Aber in der roten Lies ihrer Kammer brennt kein Licht, ich mein', sie ist noch nicht daheim.«

»Oder sie liegt im Bett, hat das Licht ausgeblasen und schläft«, gab der schwedische Reiter ebenso leise zurück.

»Das nicht«, kam des Veilands Flüsterstimme aus dem Dunkel. »Bevor ihr Korporal nicht heimgekommen ist, geht sie nicht zu Bett.«

Der Mond hatte sich hinter einer Wolkenbank verborgen. Der schwedische Reiter holte unter seinem Mantel eine Diebslaterne hervor und ließ ihren Schein sekundenlang über die Wand des Hauses gleiten. Und in diesem einen Augenblick hatte er die Entfernung, die zwischen dem Holzstoß und dem Fenster lag, abgemessen und erkannt, daß er, um hinaufzugelangen, einer Leiter nicht bedurfte. Und auch darüber war er sich im klaren, wie er ohne viel Geräusch die Fensterladen öffnen konnte.

Er gab dem Veiland die Diebslaterne.

»Nimm sie, ich brauch' sie nicht mehr«, sagte er. »Und jetzt eil dich, lauf ins Wirtshaus, bezahl den Wirt, hol die Pferde aus dem Stall, komm mit ihnen her und halt dich in der Nähe. Gib dann ein Zeichen mit eines Habichts oder Bussards Stimme, damit ich weiß, daß du wiederum da bist und wo ich dich zu suchen hab'.«

»Hast du deine Pistolen visitiert, Hauptmann?« fragte Veiland.

»Ja. Lauf jetzt in tausend Teufels Namen!« befahl der schwedische Reiter. Und er stieg auf den Holzstoß, indes der Veiland in der Dunkelheit verschwand.

Die rote Lies trat ein, und während sie die Türe hinter sich zuzog, schlüpfte sie aus ihren schweren Schuhen. Sie machte ein paar Schritte auf den Herd zu, dessen Glut einen schwachen Lichtschein auf den Boden der Kammer warf, und im Vorübergehen stellte sie ihren Korb mit Eiern auf den Tisch, wollte dann zum Fenster, es öffnen, denn es war Rauch in der Kammer. Plötzlich hob sie den Kopf. Es war ihr, als hätte sie eines Menschen Atemholen gehört.

»Bist du es, Jakob?« fragte sie.

Es kam keine Antwort, auch vernahm sie kein Geräusch. Dennoch sagte ihr ein Gefühl, daß sie nicht allein in der Kammer war. Mit unsicherer Stimme rief sie in das Dunkel:

»Wer ist da?«

Wie wiederum keine Antwort kam, tastete sie nach einem Holzspan und zündete ihn an der Glut des Herdfeuers an. Und nun gewahrte sie die Gestalt eines Mannes, der regungslos auf ihrer Bettstatt saß. Daß er nicht ihr Jakob war, das erkannte sie sogleich. Und in ihr regte sich nur Neugierde und nicht Besorgnis.

»Ich will doch sehen, wer mir da in die Stube hereingeschneit ist«, sagte sie und leuchtete dem schwedischen Reiter ins Gesicht.

Ein leiser Aufschrei. Sie taumelte zurück, ein Kreis von Funken wirbelte sekundenlang durch den Raum, ein kalter Schauer floß über ihren Rücken. Die Hand, die den Holzspan hielt, begann zu zucken wie in einem Krampf, die andere Hand tastete im Leeren und suchte vergeblich einen Halt. Der schwedische Reiter blieb auf der Bettstatt sitzen und regte sich nicht, unter den buschigen Brauen blickten seine Augen auf die rote Lies, auf seinen Lippen lag ein verwegener Spott, sein Schatten an der Wand fuhr auf und nieder in einem wilden Tanz.

Jetzt ließ die rote Lies den Holzspan auf die Erde fallen, daß er erlosch. Verworrene und unzusammenhängende Gedanken stoben ihr durchs Hirn.

»Ist er es? Ist es möglich, daß er es ist? Wie lang ist's, daß ich ihn nicht gesehen hab'? Weiß er, daß ich ...? Wer hat es ihm verraten? Mit Mordaugen hat er mich angesehen. Lärm schlagen, um Hilfe rufen. Wer hört mich? Der Schneider, der hat die Gicht. Die Nachbarn, eh' die erwachen ... Wie er mich ansah! Ja, so hat er mir all die Jahre vor Augen geschwebt. Daß Gott erbarm', was soll ich tun? Wenn Jakob ... Jakob hört mich nicht. Wenn er kommt um

Mitternacht, ist es zu spät, dann lieg' ich..., dann hat er mich... Jesus, wer hilft mir? Und er macht sich davon, zum Fenster hinaus und nicht mehr zu finden, darin kommt ihm keiner gleich – er darf nicht fort! Ich hab' ihn und ich muß ihn halten, es braucht nicht Mühens und Suchens mehr, und wenn morgen der Malefizbaron... Euer Gnaden, wir haben ihn! Das viele Geld, ich wär' aus aller Not, er darf nicht fort und müßt' ich... o Jesus, das viele Geld...!«

»Was läßt du mich im Dunkeln sitzen, mach Licht!« vernahm sie jetzt die Stimme ihres gewesenen Hauptmanns. Sie holte Feuer aus dem Herd und zündete das Talglicht an, das in einem tönernen Leuchter auf dem Tische stand, und während sie das tat, gelang es ihr, Ordnung in ihre Gedanken zu bringen. Sie sah die Pistole in der Hand des schwedischen Reiters und in seinen Augen das böse Feuer, das sie aus den vergangenen Zeiten kannte, sie wußte wohl, aus welcher Ursach' er gekommen war, und daß es jetzt um ihr Leben ging. Doch sie stellte sich, als hätte sie von ihm nichts zu befürchten, sie tat, als wäre er noch ihr guter Gesell', den sie nach so vielen Jahren mit Freuden wiedersah, sie begann zu reden, hängte, um Zeit zu gewinnen, ein Wort an das andere, und dabei dachte sie scharf nach, ob es ihr nicht gelingen könnte, ihr Leben zu behalten und dennoch den gewesenen Liebsten dem Malefizbaron in die Hände zu spielen.

»Du bist es also wirklich«, sagte sie mit einem Klang in ihrer Stimme, als wäre ihr ein großes Glück, das sie nie zu erhoffen gewagt hatte, widerfahren. »Ich weiß nicht, ich hab' ein Zittern in der Hand, es ist die Freud', daß ich dich wiederseh'. Mit welcher Ehr' und Reverenz soll ich dir's danken, daß du für mich die Zeit erübrigt hast? Wie bist du hereingekommen? Durchs Fenster? Immer noch die alten Possen! Du wirst mich bei den Nachbarn in ein böses Geschrei bringen. Fürs nächstemal merk dir, daß der Weg geht durch die Türe, ich hab' meinen Haushalt auf reputierlichen Fuß gesetzt. Nun, sieh dich nur recht um, wie behagt es dir bei mir?«

»Überaus wohl«, gab der schwedische Reiter zur Antwort. Er sah sie an, es war in ihrem Gesicht ein Zug von Härte und von Verschlagenheit, den er zuvor nie gesehen hatte. Es war ihm jetzt klar, daß er von ihrer Liebe nichts zu hoffen hatte, die war schon lang erloschen. Die rote Lies stand zwischen ihm und seinem Glück, und er mußte sie für alle Ewigkeit zum Schweigen bringen. Er hielt die Pistole in der Hand und wartete auf den Habichtsschrei des Veiland.

»Und du?« fragte die rote Lies weiter. »Wie ist es dir die Zeit über ergangen? Du siehst nicht aus, als hättest du an Glück und Reichtum zugenommen. Nun, mir ist auch nicht immer alles nach Wunsch geraten. Was lag daran? Wenn ich Kummer hatte und schlaflose Nächte, dann hab' ich zur Bouteille meine Zuflucht genommen. Jetzt freilich brauch' ich nicht mehr solchen Trost. Bist du gekommen, Hauptmann, um zu sehen, wie es mir in meinem jungen Ehestand ergeht? Dann sag mir, mit welchem Namen und Titel ich dich meinem Jakob präsentieren soll, er wird nicht lang mehr auf sich warten lassen, es ist mir immer, als hört' ich ihn schon auf der Treppe.«

»Er soll nur kommen«, ließ sich der schwedische Reiter vernehmen. »Du wirst ihn gleich wieder die Treppe hinunter und in die Hölle tanzen sehen.«

»Hilf, Himmel, was red'st du da, bist du am Ende gar jaloux, willst meinem Jakob ans Leben?« rief die rote Lies. Und in eben diesem Augenblick kam ihr ganz plötzlich ein Gedanke, wie sie es anzustellen hätte, daß ihr gewesener Liebster dem Malefizbaron in die Hände fallen mußte. Es war ein grauenvoller Plan, der in ihrem Hirn entstanden war. Noch schauderte sie vor ihm zurück, noch wehrte sich ein Rest vergangener Liebe gegen ihn, und es war ihr plötzlich so eng ums Herz, daß sie hätte aufschreien mögen vor Jammer und vor Angst. Doch nur wenige Augenblicke währte dieser Kampf, der Haß in ihr war stärker als alles andere. Hatte sie nicht zu vielen hundertmalen Gott auf den Knien angefleht, daß er ihr sollt' diesen Mann in die Hände geben, damit sie ihm's danken könnt', was er an ihr getan hatte? Jetzt war die Stunde gekommen, er war in ihrer Hand. Sie sah sich um – dort, auf dem Boden neben dem Herd lag ihres Mannes Werkzeugsack, und im Herd war Glut –, da war's beschlossen. Und wie sie nun weitersprach, ließ ihre Stimme nichts von dem ahnen, was in ihr vorgegangen war.

»Bist du wirklich jaloux?« lachte sie. »Ja, Hauptmann, du hättest besser auf mich achten sollen, hast mich so viele Jahre allein gelassen, jetzt ist's zu spät. Schick dich darein, ich rat' dir gut. Bind nicht mit meinem Jakob an, er wird leicht verdrießlich. Wenn ihr doch könntet Freundschaft miteinander halten! Doch jetzt ist's Zeit, daß ich ihm seine Eierkuchen back', das Feuer will ausgehen, und wenn er heimkommt und das Essen steht nicht auf dem Tisch, dann ergeht es mir übel.«

Sie nahm die Eier aus dem Korb und schlug sie in die Pfanne. Dann bückte sie sich zur Erde und zog aus dem Werkzeugsack das Eisen, das dazu diente, den Pferden das Regimentszeichen an der linken Halsseite einzubrennen. Das Zeichen des Regiments war ein zollgroßes L, weil der Obrist, der Malefizbaron, ein Freiherr von Lilgenau war, und wenn dieses L verkehrt stand, dann sah es einem Galgen gleich. Und mit diesem Eisen stieß die rote Lies in die Glut, wie um sie zu schüren.

»Darin ist er eigen«, sagte sie, während sie sich wiederum aufrichtete, doch das Eisen hatte sie in der Glut gelassen. »Wenn das Essen nicht zur richtigen Zeit auf dem Tisch steht, fängt er Händel mit mir an. Sonst hab' ich keine Ursach', über ihn zu klagen. Von Kindern mag er nicht sprechen hören. Er sagt, es wär' uns beiden mit Kindern nicht groß gedient. Aber ich mein', kommt Zeit, kommt Rat, und wenn er erst Beförderung erlangt, er ist bei den Offizieren im Regiment gar wohl gelitten . . .«

Aus dem nächtlichen Garten kam der Schrei des Habichts. Der schwedische Reiter erhob sich und ging auf die rote Lies zu.

»Genug!« herrschte er sie mit verhaltener Stimme an. »Bet ein Vaterunser, schrei zu Jesus und beklag deine Sünden, viel Zeit hast du nicht mehr.«

»Warum soll ich beten ein Vaterunser, was hast du mit mir im Sinn?« rief die rote Lies und wich vor ihm einen Schritt zurück. »Hast du dein altes Handwerk wieder aufgenommen, willst's bei mir erproben? Müh dich nicht, ich hab' kein Geld im Haus.«

»Ich brauch' dein Geld nicht. Du weißt wohl, warum ich gekommen bin, vom ersten Augenblick an hast du's gewußt. Hast du nicht einen Akkord geschlossen mit dem Malefizbaron, ihm zugesagt, daß du mich willst in seine Hände bringen, dafür soll dein Mann das Offizierspatent erlangen?«

Die rote Lies strich sich das Haar aus der Stirne und zuckte die Achseln.

»Weht der Wind von daher?« fragte sie. »Wer hat dir diese dicke Lüge aufgesattelt?«

Sie bückte sich, ohne seine Antwort abzuwarten, und begann von neuem die Glut im Herd zu schüren, als hätte sie nur die eine Sorge, daß ihr der Eierkuchen geraten sollt'. Und während sie das Eisen umklammert hielt, sprach sie weiter:

»Du hast von mir nichts zu befürchten. Ich habe immer geschwiegen und werde schweigen auch weiterhin. Himmel und Erde nehm' ich zu Zeugen, daß ich es redlich mit dir mein'.«

Sie hörte ein leises Geräusch, das Knarren der Haustüre,

die geöffnet und geschlossen wurde. Das war ihr Jakob, der endlich heimkam. Jetzt müßte es geschehen, bevor er in die Stube trat, bevor seine Schritte auf der Treppe zu vernehmen waren. – Stoß zu! flüsterte es in ihr. – Er ist dein Feind und aller Menschen Feind, stoß zu! Du sollst kein Mitleid mit ihm haben.

»Ein Narr, der dir das glaubt«, hörte sie die Stimme des schwedischen Reiters. »Steh auf! Kannst du's beschwören bei der heiligen Taufe, die du auf deinem Haupte trägst?«

Sie schnellte in die Höhe. Den Bruchteil einer Sekunde lang standen sie einander gegenüber, dann traf sie ihn mit dem glühenden Eisen in die Stirne.

Er stieß einen dumpfen Wehlaut aus, seine Hand fuhr an die Stirne, er taumelte, sein Leib krümmte sich, sein Gesicht war in jähem Schmerz verzerrt. Doch schon hatte er wieder Gewalt über sich erlangt. Er richtete sich auf und preßte mit einem Stöhnen die Zähne zusammen. Langsam, Zoll um Zoll, hob sich die Hand, die die Pistole hielt.

Die rote Lies hatte im Sinn gehabt, das Licht auszublasen, wenn die Tat geschehen war, und dann im Dunkeln die Türe zu gewinnen – doch jetzt stand sie wie gelähmt, so furchtbar war der Blick des schwedischen Reiters, sie konnte sich nicht von der Stelle rühren, sie konnte nur schreien.

Sie hörte ihres Jakobs Schritte vor der Türe, sie mußte ihn warnen.

»Nimm dich in acht! Der Gottesräuber!« kreischte sie, und in ihrer Stimme war Grauen und Triumph und Todesangst und wilde Freude. »Komm nicht herein! Ich hab ihm den Galgen in die Stirne gebrannt! Lauf, was du kannst, schrei Alarm! Ich hab' ihm den Galgen in die Stirne . . .«

Der Schuß dröhnte durch den Raum. Die rote Lies verstummte und fiel vornüber.

Wie er wiederum unten stand und sich taumelnd auf den Holzstoß stützte, tauchte vor ihm der Veiland aus dem Dunkel auf und rief mit Flüsterstimme:

»Hier bin ich, hier! Was ist geschehen? Ich hab' sie vom Galgen und vom Brennen schreien gehört, war in Sorge um dich.«

»Fort! Fort! Fort!« stöhnte der schwedische Reiter, und der Veiland ergriff ihn am Arm, zog ihn mit sich fort zu den Pferden und half ihm in den Sattel.

Der Wendehals sprang auf, als sie in die Hütte traten. Mit entsetzten Augen starrte er dem schwedischen Reiter ins Gesicht.

»Heilige Jungfrau!« schrie er. »Wie hat man dir da mitgespielt? Wie haben sie dich zugerichtet, dem Türken möcht's davor grauen.«

»Zu trinken!« ächzte der schwedische Reiter. »Sie sind hinter mir her. Ich darf mich im Land nicht mehr blicken noch spüren lassen. Wie ein leutscheues Wild muß ich mich verbergen.«

Der Wendehals reichte ihm den Krug. Der schwedische Reiter trank ihn leer.

»Es ist meine Schuld«, sagte der Veiland. »Ich hätt' ihn nicht sollen allein mit ihr lassen.«

»Wohin nun, Hauptmann? Was sollen wir tun?« rief der Wendehals.

»Ja, wohin!« murmelte der schwedische Reiter und die Zähne schlugen ihm aneinander. »Zu des Teufels Ambassadeur! In die Hölle des Bischofs, wo die Feuer knallen und prasseln – dorthin muß ich, weil mir ein ehrlicher Ort zum Leben und zum Sterben nicht mehr verstattet ist.«

Der Bursche, den man in des Bischofs Eisenhammer den »Rührum« genannt hatte, weil er wie kein anderer darin geschickt war, mit dem schweren Eisenstachel in den Schmelzöfen die Glut zu rühren, dieser Rührum, ein Kerl mit Brandnarben im Gesicht, breitschultrig, hochgewachsen und mit Muskeln, die wie aus Stein gehauen waren – dieser junge Kerl ging den Waldweg hinauf, der aus der Hölle des Bischofs in die Welt hinausführte, und er ging diesen Weg mit langsamen und unsicheren Schritten wie einer, der es nicht gewohnt ist, zu gehen, wohin es ihm beliebt. Neun Jahre lang hatte er als ein Lebendig-Toter dem Feuer und dem herrischen Bischof gedient, neunerlei Arbeiten hatte er getan. Ein vor den Karren gespanntes Lasttier war er gewesen, dann ein Steinbrecher, ein Schürer, Brenner, Aufträger, Kohlenmesser, Schmelzer, Gießer und am Ende ein Ofenmeister. Als Ofenmeister hatte er die Prügel der Aufseher nicht mehr auf seinem Buckel zu spüren bekommen. Und jetzt war er frei, er konnte es noch selbst kaum glauben, seine Zeit war um, und die weite Welt lag vor ihm mit allen ihren Wegen, den krummem und den geraden.

Er ging und pfiff sich eins und ließ den Wind durch die Risse und Löcher seines Zwilchrocks wehen, und wenn ihn die Lust dazu ankam, klimperte er in seiner Tasche mit dem Geld, das er Tags zuvor in der Kanzlei des Vogts oder Vizedoms vom Schreiber auf den Tisch gezählt erhalten hatte. Sechs Gulden und ein halber, das war sein ganzer Reichtum, und nun sollte er sehen, wie weit er damit käme. Vor allem wollte er aus dem dichten Wald heraus. Und wie nun der Weg sich teilte, blieb er unschlüssig stehen, er wußte nicht, ob er sich nach rechts oder links wenden sollte, nach der Blasebalg- oder nach der Gegenwindseite, wie es seine armen Brüder dort unten bei den Schmelzöfen nannten.

»Am besten wär's, ich ließ' es mir von einem Gulden mit

Kopf oder Wappen raten«, sagte er zu sich, griff in die Tasche und zog den Gulden hervor. Doch wie er ihn in die Höhe werfen wollte, da rief ihn plötzlich eine Stimme an:

»Links den Weg, wenn's dem Herrn beliebt. Links den Weg und geradeaus weiter, so wird der Herr finden, was er sucht.«

Der Rührum blickte auf, da stand zwölf Schritte weit von ihm ein Mann, der trug ein rotes Wams und einen Fuhrmannshut und auf dem Hut eine Feder, und in der Hand hielt er eine Fuhrmannspeitsche.

»Kerl! Wie kommst du her?« rief der Rührum verwundert. »Bei meiner Seele, ich hab' dich nicht kommen gesehen, noch gehört.«

»Der Wind hat mich vom Baum heruntergeblasen«, lachte der Mann im roten Wams und ließ seine Peitsche knallen. »Kennt der Herr mich nicht?«

Er kam heran und der Rührum sah in ein Gesicht, das gelb war und voll Runzeln und Falten wie ein altes Handschuhleder, und die Augen staken dem Mann so hohl im Kopf, daß einer sich hätte fürchten mögen. Doch der Rührum fürchtete sich nicht, vor dem Bösen selbst wär' er nicht erschrocken, denn er wußte, es konnte in der Hölle keinen schlimmeren Teufel geben, als es ein Mensch dem anderen ist.

»Ja, ich kenn' dich«, sagte er. »Du bist der, den die Leut' im Stiftsgut den ›toten Müller‹ nennen. Sie sagen, du seist keine irdische Kreatur. Sie sagen, du dürftest nur einen Tag im Jahr auf Erden gehen, und wenn dieser Tag um ist, verkehrst du dich in ein Säcklein Staub und Aschen, dann könnt' dich ein Hund in seinem Maul davontragen, sagen die Leut'. Ist heut dein Tag, mit Vergunst zu fragen?«

Der Mann im roten Wams verzog mißmutig den Mund, daß man seine bleckenden Zähne sehen konnte.

»Was der Pöbel redet, des soll der Herr nicht achten«, meinte er. »Der Pöbel redet gar viel, ich find' nicht Vernunft noch Kurzweil darin. Der Herr kennt mich und weiß, daß ich Seiner fürstlichen Gnaden, des Herrn Bischofs Fuhrmann bin. Ein Jahr war ich auf Reisen, ich komme von Haarlem und Lüttich, hab Seiner fürstlichen Gnaden von dort Damastzeug gebracht, Brabanter Spitzen und holländische Tulpenzwiebeln. Und der Herr entsinnt sich auch, daß ich es war...«

»Nenn mich nicht einen Herrn«, unterbrach ihn der Rührum. »Ich bin's nicht. Meinen Namen und meine Ehr' hat der Wind dahingeweht.«

»Der Herr wird sich entsinnen«, fuhr der Mann im roten Wams unbeirrt fort, »daß ich es war, der den Herrn ins gute Leben geführt hat.«

»Der Henker dank dir's«, rief der Rührum. »Ins gute Leben! Eh' einer dort die Morgensuppe ißt, hat er schon ein Dutzend Hiebe auf dem Rücken.«

»Ja, des Herrn Bischofs Vogt hält strenge Zucht unter den Malefizgesellen, wie sollt's auch anders gehen, Justitia muß überall administriert werden«, sagte der Mann, der vorgab, des Bischofs Fuhrmann zu sein. »Wenn aber einer seine Zeit redlich gedient hat, so erhält er seinen Lohn.«

Dem Rührum stieg vor Zorn das Blut zu Kopf.

»Kerl, willst du mich vexieren«, rief er, »so nimm dich in acht, daß ich dir nicht die Gurgel zudrück'. Sechs und ein halber Gulden ist mein Lohn, die sind mir geblieben, alles andere hat mir der Schreiber in seiner gottlosen Rechnung abgestrichen für das Schmalz aufs Brot und für den Fleischbrocken in die Suppe.«

»Seine fürstlichen Gnaden haben auch Sorgen in diesen schweren und teueren Zeiten«, klagte der Mann im roten Wams und er ließ sein Maul hängen. »Eine Hofhaltung kostet Geld, woher es nehmen? Fleischakzis und Bierumgeld in der Residenz sind längst verpfändet, die Domänen müssen's bringen. Der Herr aber soll darum nicht zu Schaden kommen. Was er so hoch begehrt, wird ihm heute noch zuteil.

»Such dir einen Narren anderwärts!« brummte der Rührum. »Wie willst du wissen, was ich vonnöten hab'.«

»Ein Reitpferd, das geschwinde läuft, begehrt der Herr, und einen Degen«, sagte der im roten Wams.

»Ja, und ein Paar Pistolen!« rief der Rührum ganz verdutzt. »Aber welcher Teufel hat dir das verraten?«

»Ich hab's dem Herrn von der Stirn und aus den Augen abgelesen«, gab der Mann, der für einen Fuhrmann gelten wollte, zur Antwort. »Und ich weiß noch mehr: Der Herr ist willens, das Pferd aus eines Bauern Stall zu stehlen.«

»Wie kannst du, Schurke, dich erdreisten, mir das zu sagen?« schrie der Rührum voll Empörung. »Hältst du mich für einen Lumpenhund?«

Doch da er es sich eingestehen mußte, daß der Mann, der mit schiefem Maul und bleckenden Zähnen vor ihm stand, die Wahrheit sprach, setzte er hinzu:

»Ich will's auch nur geliehen.«

»Der Herr sollt' sein Gewissen nicht ohne Not beschweren«, meinte der Mann im roten Wams. »Geh der Herr links den Weg und geradeaus weiter, bis er auf dem Hügel die Mühle sieht und das Müllerhaus. Dort kehr der Herr ein, sitz der Herr nur nieder! Das Pferd wird zur Stelle sein mit Sattel und Zaumzeug, der Herr muß sich nicht weiter incommodieren.«

»Ich halt' dich, Kerl, für einen Leutbetrüger, aber sei's drum, ich will doch sehen, was hinter deinen Reden steckt«, sagte der Rührum und dann ging er den Weg, der zur Mühle führte.


Die Achse des großen Wellbaumes knarrte, daß man es weithin hören konnte, die Flügel des Windrades tauchten auf und nieder, doch sonst regte sich nichts, kein lebendiges Wesen war zu sehen – das Pferd, das ihm verheißen worden war, suchte der Rührum vergeblich im Stall und auf den Wiesen. »Weil du auch jedem Kürbismaul mußt glauben!« sagte er zu sich selbst und dann ging er in das Müllerhaus, denn es standen Regenwolken am Himmel.

Die Stube drinnen sah aus, als hätte sie seit Jahr und Tag kein Mensch betreten. Spinnweben hingen an den Wänden. Auf dem Tisch, auf den Stühlen, auf dem Spind und auf der Truhe lag dichter Staub, der Wind rüttelte an den zerbrochenen Fensterladen. Der Rührum sah sich um, ob er etwas zum Essen fände, mit einem Stück Zwieback und einer Pinte Wein wäre er zufrieden gewesen. Doch er fand nichts als ein altes, abgegriffenes Spiel französischer Karten. Er versuchte sich die Zeit zu vertreiben, indem er mit sich selbst eine Partie Piquet spielte, wurde dessen aber bald müde. Er legte sich auf die Bank hinter dem Herd, horchte eine Weile auf das Knarren des Wellbaums und auf das Rauschen der Regentropfen, und dann schlief er ein.

Er schlief so fest, daß er auch nicht erwachte, als der schwedische Reiter und der Wendehals sporenklirrend in die Stube traten.

Der schwedische Reiter hatte sich seinem Schicksal ergeben, er wußte, daß er es nicht mehr wenden konnte. Die Welt war ihm versperrt, seit er das Brandzeichen auf der Stirne trug, nur die Hölle des Bischofs stand ihm noch offen, aller henkersmäßigen Gesellen letztes Asyl. Der Wendehals aber war in gotteslästerlicher Laune, er konnte es noch immer nicht fassen, daß die Sache für sie so übel ausgegangen war. Und während er saß und wartete, daß der Wirt oder Müller käme, sie nach ihrem Begehren zu fragen, setzte er dem schwedischen Reiter mit harten Worten zu:

»Daß du nicht wolltest auf mich hören! Ich hab' dir gut geraten. Du hättest es im schwedischen Heer zu einer Generalsperson bringen können. Wir hätten Beute gemacht, wären reich geworden. Jetzt sitzt du da so armselig, wie ich dich seit dem Stockhaus in Magdeburg nicht mehr gesehen hab', ohne Glanz und ohne Kranz.«

»Gib ihm doch endlich Frieden! Du schwätzt in einem Atem mehr als ich einem Jahr«, kam von draußen die Stimme des Veiland, der auf der Wiese geblieben war, um nach dem harten Ritt die Pferde abzureiben.

Der schwedische Reiter drückte einen Leinenfetzen, der mit Leinöl getränkt war, an seine Stirne. Seine Gedanken hatten ihn hinweggeführt, es war Nacht und er stand in der Schlafkammer seines Kindes. Maria Christine war aus ihrem Bett geschlüpft und legte ihre Arme um seinen Hals. Er hörte ihr Herz pochen. – »Da bist du«, flüsterte sie so leise, wie der Wind weht. »Da bist du und ich laß dich nicht mehr fort.« – »Du mußt mich lassen«, sagte er so leise, wie der Regen rauscht. »Ich komme wieder. Ich muß zurück zum schwedischen Heer. Ich hab' ein Pferd, das läuft dahin in Windeseil'.« – »In einer Stunde fünfhundert Meil'«, flüsterte Maria Christine.

Er hob den Kopf, die freundliche Vision verschwand. In dem halb erblindeten Spiegel, der über dem Spind an der Wand hing, sah er das Galgenzeichen an seiner Stirne.

»Daß ich doch könnt' einschlafen in die ewige Finsternis«, sagte er leise.

»Und was wird aus uns?« fuhr der Wendehals erbarmungslos fort. »Wir sind dir unnütz geworden. Hast du noch dein Arcanum, Hauptmann? Es hat uns wenig Glück gebracht. Nimm es und wirf es zum Fenster hinaus, vielleicht kommt ein Bauer vorbei, der stolpert darüber und bricht sich den Hals. Wo, zum Henker, tut sich der Wirt um? Warum, zum Teufel, läßt er sich nicht blicken, wenn Gäste im Haus sind.«

Er stand auf und ging durch die Stube, da sah er den Rührum, der auf der Ofenbank lag. Sogleich erhob er ein großes Geschrei:

»Sollt' man das glauben? Da liegt er hinter dem Ofen und schläft. Kerl, wach auf, es sind Gäste gekommen, sieh, daß du ihnen etwas zum Trinken schaffst!«

Er stieß den Rührum, der nicht munter werden wollte, derb in die Seite. Jetzt richtete sich der Rührum auf. Der Stoß, den er empfangen hatte, ließ ihn glauben, er stünd' noch immer bei den Schmelzöfen und der Aufseher wär' über ihn geraten. Er versuchte sich auf die Beine zu stellen, aber es gelang ihm nicht sogleich.

»Ja, es ist Zeit«, murmelte er. »Zwei Stunden sind um, der Ofen will wiederum geladen sein.«

»Geladen oder nicht geladen, wir sind nun einmal hier«, rief der Wendehals. »Sorg, daß wir etwas zu trinken bekommen. Lang genug haben wir gewartet.«

»Schon zur Stelle«, keuchte der Rührum, der noch immer nicht aus seinem Traume war. »Kohle in den Schlund und wiederum Kohle. Weiß, ohne Funken und ohne Rauch, so soll die Flamme sein. Und jetzt den Flußstein, zwei Körbe gehäuft, so ist es recht.«

Der Wendehals kehrte sich kopfschüttelnd dem schwedischen Reiter zu.

»Verstehst du ihn, Hauptmann?« fragte er. »Ich versteh' ihn nicht. Ich mein', er redet der bösen Geister Sprache.«

Der schwedische Reiter hatte einen flüchtigen Blick auf das Gesicht des Rührum geworfen.

»Das ist der Wirt nicht«, erklärte er. »Das ist einer, der der Hölle des Bischofs entlaufen ist, er phantasiert vom Feuer.«

Der Rührum war jetzt endlich wieder bei sich, er wußte nun, wo er sich befand.

»Einen guten Abend wünsch' ich den Herren«, sagte er und rieb sich die Augen.

»Ich frag' den Henker nach deinem guten Abend«, knurrte der Wendehals. »Wo ist der Wirt? Wir sitzen hier, weiß Gott wie lang, und er läßt sich nicht blicken.«

»Ich weiß nicht, wo er bleibt«, gab der Rührum zur Antwort. »Mir hat er ein Reitpferd versprochen, weil ich einen weiten Weg vor mir hab', hat aber nicht Parole gehalten.«

»Hast du kein Pferd, so lern auf Stecken reiten«, schlug ihm der Wendehals vor, der jetzt aller Menschen geschworener Feind war.

Der Rührum hörte nicht auf die spöttischen Worte. Er blickte wie gebannt auf den blauen Rock des schwedischen Reiters.

»Hab' ich die Ehre, einen Offizier der schwedischen Krone vor mir zu sehen, oder täusch' ich mich?« fragte er. »Kommt der Herr von der Armee?«

»Geradewegs«, sagte der schwedische Reiter und meinte, damit wär' die Unterhaltung zu Ende.

»Der Herr ist blessiert?« fragte der Rührum weiter und wies auf den Leinenfetzen, hinter dem der schwedische Reiter das Brandzeichen auf seiner Stirn verbarg.

»Eine Lappalie«, sagte mit einem Achselzucken der schwedische Reiter. Aber der Wendehals, der meinte, für solch einen lästigen Frager wäre keine Lüge grob genug, fügte hinzu:

»Drei oder vier Tataren wollten ihm mit ihren krummen Säbeln den Kopf zerspalten.«

»Der Herr aber hat sich zu seinem höchsten Ruhm der Übermacht zu erwehren gewußt«, rief der Rührum in heller Begeisterung. »Ja, die schwedischen Offiziere wissen ihren Degen zu gebrauchen. – Bringt der Herr Neuigkeiten aus dem Hauptquartier? Haben die Schweden wiederum eine Viktorie erfochten?«

»Nein«, sagte der schwedische Reiter, und Zorn stieg in ihm auf, weil dieser Mensch nicht aufhören wollte, ihm mit seinen Fragen beschwerlich zu fallen. »Das schwedische Heer läßt sich jetzt allerorten vom Moskowiter aus dem Feld schlagen.«

»Ist denn das möglich? Sollt' es sich so verändert haben? Wie kann das sein?« rief der Rührum bestürzt und wie vor den Kopf geschlagen. »Und der General Lewenhaupt? Und der Feldmarschall Rehnskjöld?«

»Die sind einander spinnefeind, gehen mit Haselstöcken aufeinander los«, berichtete der schwedische Reiter.

»Und der schwedische Soldat...?«

»Der ist des Krieges schon lange müde. Er will nach Hause auf seinen Acker. Und auch die Offiziere wollen nicht länger fechten.«

»Der Herr verzeih mir, ich versteh' den Herrn nicht«, sagte der Rührum, und er maß den schwedischen Reiter mit einem wütenden und herausfordernden Blick. »Die Offiziere wollen nicht fechten unter einem König, vor dem die Welt erzittert?«

»Es zittert vor ihm keiner«, erklärte der schwedische Reiter mit kaltem Spott. »Was hat er denn Groß' getan, der König? Die Finanzen seines Landes hat er ruiniert mit seinen Bubenstreichen, das ist alles. Jedermann sagt das im schwedischen Heer.«

Da war eine Weile Stille. Dann sagte der Rührum mit ruhiger und fester Stimme:

»Der Herr lügt. Der Herr war niemals im schwedischen Heer.«

»Schaff mir doch endlich den Kerl vom Hals, er fängt an, mir unerträglich zu werden«, rief der schwedische Reiter seinem Knecht zu.

Der Wendehals kam an den Rührum heran und faßte ihn mit einem festen Griff am Arm.

»Komm, Bursche!« sprach er ihm zu. »Tu etwas für deine Gesundheit, mach dir draußen vor der Türe Motion. Der Regen hat aufgehört.«

Mit einer leichten Bewegung seines Armes schleuderte der Rührum den Wendehals in einen Winkel der Stube. Dann ging er langsam auf den schwedischen Reiter zu, blieb breitbeinig vor ihm stehen.

»Es ist gelogen«, sagte er. »Infam gelogen. Laß deinen Bratenwender in der Scheide oder ich brech' ihn dir in Stücke! Du hast mit Ehren nicht im schwedischen Heer

gedient. Im Krieg blessiert? Wer glaubt's? Dort unten, wo-
her ich komm', ziehen ihrer viele den Karren, die ihre
Stirne nicht gern zeigen. Laß sehen, was du für Ehre oder
Schand' an ihr verbirgst.«

Und mit einem raschen Griff hatte er dem schwedischen
Reiter den Leinenfetzen von der Stirne gerissen.

Der schwedische Reiter fuhr in die Höhe. Er wollte das
Galgenzeichen mit der Hand bedecken, aber es war zu
spät, er ließ sie sinken.

So standen sie einander gegenüber, schweigend, Aug' in
Aug', Blick auf Blick geheftet, und dann erkannten sie einander.

»Um Jesu willen! Bist du es?« kam es von den Lippen des
schwedischen Reiters.

»Bruder! Wie ist es möglich, daß ich dich hier wieder-
find'!« rief der andere bewegt.

»Du bist es, und ich hab' dich für tot beklagt!«

»Und du? Wie ist dir dein Leben mißraten! Aus welchem
Stockhaus kommst du? Von welcher Galeere?«

»Daß du bist der Hölle entronnen, Bruder! Ich dank' es
Gott.«

»Wolltest du nicht dereinst an meiner Stelle zum schwedischen Heer?«

»Da wär' viel davon zu erzählen, Bruder! Ich hab' gemeint, mein Glück daheim besser zu befördern. Wenn du
mir doch könntest verzeihen, was ich dir getan hab'.«

»Was hast du mir getan? Ich hab' die Probe der Hölle
bestanden, bin im Feuer gehärtet. Sag mir nur Bruder, wie
dir zu helfen wär'.«

»Mir kannst du nicht helfen. Ich fahr' in des Bischofs
Hölle, mich dort vor der Welt zu verbergen. Und du? Wohin
gehst du?«

»In den schwedischen Krieg. Ich will meinem König dienen.«

»Bist aber für die Reise übel versehen.«

»Was liegt daran, Bruder! Ich schlag' mich durch. Allen Gewalten zu trotzen, das hab' ich dort unten gelernt.«

»Ich hab' ein Pferd, das sollst du reiten. Mein Degen, meine Pistolen, mein Mantelsack, mein Geldbeutel, meine beiden Knechte – das alles ist dein.«

»Das ist mehr, als ich brauche, behalt den Mantelsack, behalt den Beutel. Wie soll ich dir danken? Aber das Arcanum, das ich dir dereinst anvertraut hab', die Bibel Gustav Adolfs . . .?«

»Hier ist sie, Bruder, nimm sie!«

»Dem Himmel sei Dank, ich hab' sie wieder. Ich kann sie selbst in meines Königs Hände legen. Und du, Bruder . . .«

»Ist der Handel geschlossen? So sollt ihr eins darauf trinken, daß er gilt«, hörten sie eine knarrende Stimme, da stand der tote Müller hinter ihnen in seinem roten Wams, er hielt ein Branntweinglas in jeder Hand und lachte mit seinem krummen Maul sein lautloses Lachen.

Der Reiter Karl des Zwölften ergriff sein Glas und schwenkte es:

»Stoß an, Bruder!« sagte er zu dem anderen. »Trink aus, Bruder! Daß dir möge das flammende Feuer nicht den Mut versehren!«

»Daß du mögest hochkommen mit deinem Degen«, sagte der andere.

Dann nahmen sie Abschied voneinander.

Der wahre Christian von Tornefeld ritt mit seinen beiden Knechten in den schwedischen Krieg, indes sich hinter dem toten Müller ein Namenloser in die Hölle des Bischofs schlich.


Jetzt gingen sie durch den dichten Wald, der Regen rauschte, der Wind fuhr durch die Baumkronen. Immer langsamer wurden die Schritte des toten Müllers, er stolperte über jeden Stein, über jede Baumwurzel auf seinem Weg, es sah aus, als ob die Kräfte ihn verlassen wollten.

Bei einem schmalen Erdhügel, der, mit zerzausten Grasbüscheln bewachsen, am Wegrand lag, blieb er stehen.

»Du mußt den Weg allein weiter gehen, du wirst ihn nicht verfehlen«, sagte er zu seinem Begleiter. »Mir wird er sauer. Scher dich nicht um mich, ich bleibe hier.«

»Du gehst ihn aber nicht zum erstenmal«, meinte der Namenlose.

»Zum erstenmal oder zum letztenmal – es ist zu viel, ich kann nicht weiter«, stöhnte der tote Müller. Er ließ sich auf den Erdhügel niedergleiten, die Laterne stellte er neben sich. »Geh hundert Schritt', so wirst du die Flammen aus den Schmelzöfen zucken sehen.«

»Liegt hier einer begraben?« fragte der Namenlose. »Ich seh' kein Kreuz.«

»Hier liegt einer in ungeweihter Erd'«, sagte der gewesene Müller. »Einer, der sich in einer schlimmen Nacht den Strick selbst um den Hals gelegt hat. Laß dir erzählen, wie's geschah. Wie sich die Schlinge zuzog, da hörte er den Wind heulen: ›Es ist Sünd'! Es ist Sünd'!‹ – da war's zu spät. Die Eule schlug mit den Flügeln ans Fenster und rief: ›Der höllische Pfuhl! Der höllische Pfuhl!‹ – da war's zu spät.«

Der Müller ließ den Kopf auf die Brust sinken, seine Stimme wurde leise wie das Knistern eines dürren Zweiges.

»Wie die Leut' ihn am Strick sahen«, fuhr er fort, »da liefen sie zum Dorfschulzen, der aber sagte, das sei des Henkers Sache, der müßt' ihn herunterschneiden, die Gemeinde könnt's nicht tun. Der Kreishauptmann wiederum sagte, die Gemeinde müßt' es tun, weil der Tote vor den Scharfrichter nicht gehöre. So hing er und hing, als aber dann der Dorfschulze kam, da war er abgeschnitten, der Teufel hatte es getan, der hat ihn auch im Wald verscharrt, und niemand im Dorf weiß, wo.«

Der Wind schüttelte die Bäume, daß ein Regenschauer

nach dem anderen niederging. Der Müller sank immer mehr in sich zusammen.

»Hier liegt er unter der Erd' und wartet, daß Gott ihm gnädig sei«, flüsterte er. »Du geh jetzt deinen Weg. Geh zwei Vaterunser weit, so wirst du die Knechte des Bischofs sehen. Sie werden dich schlagen, sie sind's so gewohnt, du mußt's ertragen. Sag ihnen dann, ich hätt' dem Herrn Bischof den letzten Pfennig von meiner Schuld bezahlt und ich käm' nicht wieder.«

Der Namenlose ging zwei Vaterunser weit durch den Wald, dann wandte er sich um. Das Licht der Laterne war erloschen und er sah den toten Müller nicht mehr und nicht sein Grab. Und wie er nun weiterging auf die zuckenden Flammen zu, traten hinter den Bäumen die Knechte des Bischofs hervor.

Es waren unter den Malefizgesellen, die sich vor der Justiz des Kaisers in die Hölle des Bischofs geflüchtet hatten, etliche gewesen, die den tollen Mut gehabt hatten, in den ersten Tagen, weil ihnen die Arbeit zu viel und das Essen zu gering war, zu rebellieren und über die Aufseher mit den Fäusten oder gar mit dem Schlegel herzufallen. Darum war es auf dem Stiftsgut Brauch geworden, alle, die kamen, sogleich in Eisen zu legen. Die den Stein zerkleinerten, trugen es an den Beinen, denen, die den Karren zogen, wurden die Hände zusammengeschlossen. So verblieben sie Tag und Nacht, bei der Arbeit und in der Zeit der Ruhe, bis ihr Trotz gebrochen war, bis sie es gelernt hatten, sich der harten Zucht zu fügen.

Dem Namenlosen, der seine Arbeit ohne Murren tat, nahm man die Ketten schon nach zwei Wochen ab. Einige Stunden später entwich er aus der Hölle des Bischofs.

Nur einem Mann, dem sein Leben nicht viel galt, konnte die Flucht gelingen. In den Hammerhütten, bei den Schmelz- und bei den Kalköfen, wurde bei Tag und bei Nacht gearbeitet, da war es nicht möglich, ungesehen vorbeizukommen. Gegen Westen aber, wo die Steinbrüche lagen, bildete eine steile, drei- oder vierhundert Fuß hohe Wand die Grenze des Stiftsguts, und die Wächter meinten, da hinauf käme des Nachts keiner. Doch der Namenlose kletterte in dem Riß, der durch den Felsen lief, die Wand hinauf, der Mond lieh ihm sein Licht, Tritt um Tritt arbeitete er sich mit Gefahr seines Lebens empor, in der halben Höhe der Wand fand er an den Kiefern, die dort aus dem Felsen wuchsen, einige Sicherheit. Oben angelangt, gönnte er sich einige Minuten Rast. Dann lief er weiter, erst auf versteckten Waldwegen, dann auf der Landstraße, wenn ihm Leute entgegenkamen, verbarg er sich. Eine Stunde nach Mitternacht war er auf seinem Hof.

Er kauerte sich im Buschwerk des Gartens nieder, dort wartete er, bis der alte Hofwächter seine Runde gemacht hatte. Dann klopfte er an das Fenster, hinter dem das Kind schlief.

Um dieses Augenblickes willen hatte er sein Leben gewagt, und er mußte es in der gleichen Nacht noch ein zweites Mal aufs Spiel setzen. Als er das Gesicht Maria Christines zwischen den Händen hielt, als ein leises Aufjauchzen ihm zeigte, daß sie ihn erkannt hatte, da war das Joch, das er tagsüber trug, vergessen. Der Hunger, der mit Steinblöcken beladene Karren, das Zugseil, das ihn in die Schulter schnitt, die Schläge der Aufseher, die Schreie und die Verwünschungen seiner Elendsgefährten – das alles wog nichts mehr.

Maria Christine hatte viel zu fragen und noch mehr zu erzählen:

»Kommst du von weit her? Bist wohl recht müde? Wo ist dein Pferd? Wo sind die Knechte, die mit dir geritten sind?

Ich kann auch reiten. Wärst du gestern gekommen, hättest du mich reiten gesehen. Auf der Fuchsstute, zweimal den Hof hinauf und hinunter, und ich hatte nicht Angst. Im Dorf war Kirchweih, da ging's lustig zu, ich wollt' auch tanzen, aber die Mutter litt's nicht, sie sagte: ›Dein Vater ist im Krieg, weißt du auch, was das ist, ein Krieg?‹ Und ich sagte, ich weiß es wohl, im Krieg, da wehen die Fahnen, und die Trommel macht Bumerlein bum.«

Er durfte nicht lang bleiben, er hatte einen weiten Weg vor sich. Als er Abschied nahm, weinte Maria Christine.

In der Morgenfrühe, als der Aufseher bei den Steinbrüchen das Hornsignal zum Beginn der Arbeit gab, stand der Namenlose schon vor seinem Karren.

Drei Tage vergingen, da klopfte er um die gleiche Stunde wiederum an das Fenster. Maria Christine stieß einen leisen Schrei der Überraschung und der Freude aus. Sie hatte gemeint, er werde nicht mehr kommen.

»Die Mutter hat gesagt, ich hätt's geträumt«, flüsterte sie. »Es kommen oft Leut' in der Nacht im Traum, die sich bei Tag nicht sehen lassen, sagt die Mutter. Großvater und Großmutter, die sind schon lang im Himmelreich, und wenn sie nachts kommen, so ist's geträumt. Bist du im Himmelreich?«

»Nein«, sagte der Namenlose. »Ich bin auf Erden. Ich lebe.«

»Warum kommst du dann nicht, wenn's Tag ist?«

»Weil mein Pferd bei Tag den Weg gar langsam trabt«, gab der Namenlose zur Antwort, »in der Nacht aber, da fliegt es durch die Luft in Windeseil', in einer Stunde fünfhundert Meil'.«

Maria Christine nickte eifrig mit dem Kopf, es gefiel ihr, daß das Pferd so rasch durch die Luft flog. Auch klang es ihr vertraut. Und mit ihrem dünnen Stimmchen begann sie zu singen:

»Sie kamen vor des Herodes Haus, der Herodes sah zum Fenster hinaus...«

Dann fuhr sie fort:

»Das erstemal, als ich dich klopfen hörte, da dacht' ich, das ist der Herodes, wollt' ihn nicht sehen. Warum hast du den Hut so tief in die Stirne gezogen? *Bist* du der Herodes?«

»Nein. Du weißt wohl, wer ich bin.«

»Ja, ich weiß es und ich hab' auch nicht Angst, ich kenn' dich an der Stimme. Und wenn die Mutter morgen wiederum sagt, ich hätt's geträumt...«

»So war's geträumt«, sagte der Namenlose leise und eindringlich.

Maria Christine schwieg. Ein dunkles Gefühl erwachte in ihr, daß sie das nächtliche Kommen und Gehen ihres Vaters als ein Geheimnis für sich behalten müsse.

Der Namenlose küßte sie auf die Stirne und auf die Augen.

»Wo ist das Pferd?« fragte das Kind.

»Es ist nicht weit. Horch in die Nacht hinaus, so wirst du's schnauben hören«, sagte der Namenlose, und dann verschwand er hinter den Erlenbüschen.

Er kam wieder. Als er zum drittenmal der Hölle des Bischofs entwich, erschien ihm der Weg über den Felsen leicht und gefahrlos. Dann ging er zwischen seinen Feldern auf seinen Hof zu, der Weg war nicht mehr lang, er sah, wie das Korn und wie der Hafer stand, und daß Pflug und Egge ihre Arbeit getan hatten. Er kam viele Male. Die nächtliche Zwiesprache mit seinem Kind war der Trost, den ihm das Leben gönnte.

Daß er Maria Agneta für ewig nicht sehen sollte, ertrug er schwer. Er zwang sich, nicht an sie zu denken. Mit dem Brandzeichen auf der Stirne, als Karrensklave in der Hölle des Bischofs, hatte er keine Herzliebste mehr, nur noch das Kind.

Indessen waren vom schwedischen Heer Nachrichten über das Glück und den Aufstieg des Christian von Tornefeld eingelangt.

Anfangs hatten die Kuriere, die auf dem Hof die Pferde wechselten, keine andere Antwort gehabt als ein Kopfschütteln oder ein Achselzucken, wenn Maria Agneta nach dem Herrn von Tornefeld fragte, der mit zwei Knechten zur Armee gestoßen sei. Es kannte ihn keiner. Wie aber etliche Wochen vergangen waren, wußte ein jeder etwas zu berichten:

»Tornefeld? Ein Tornefeld hat sich auf einem Patrouillenritt hervorgetan.«

»Wenn's der Fähnrich Tornefeld von den Westgöta-Reitern ist, der hat sich bei Jeresno, als man angesichts des Feindes über den Fluß ging, so standhaft und bravourös gehalten, daß ihm sein Oberst nach beendeter Bataille vor allen Offizieren die Hand geschüttelt hat.«

»Dem ist die Ehre widerfahren, daß Seine Majestät von ihm ein Buch entgegengenommen hat, man sagt, es sei eine Bibel aus König Gustavs Zeit.«

»Den Tornefeld sollt' ich nicht kennen?« hieß es zwei Wochen später. »Der bei Batjurin mit einer Handvoll Reiter dem Feind vier Feldgeschütze und die Munitionswagen fortgenommen hat?«

Und wiederum nach etlichen Tagen:

»Seine Majestät hat ihn vom Fähnrich zum Rittmeister befördert.«

Maria Agneta nahm diese Berichte mit Stolz und auch mit ein wenig Zuversicht und Freude auf. Sie meinte, nach soviel Siegen und großen Kriegstaten könne der Friede nicht mehr gar weit sein. Als dann die Nachricht eintraf, daß die Schweden bei Gorskwa einen neuen Sieg erfochten hätten und daß der König am Abend dieses Tages den Christian von Tornefeld, der jetzt Oberst bei den Småländischen Dragonern war, vor allem Volk umarmt und auf beide Wangen geküßt habe, da sagte sie, der Krieg sei nun zu Ende, der Moskowiter werde es nicht wagen, sich nochmals mit dem schwedischen Heer zu messen, und sie werde ihren Christian bald wiedersehen.

Dann kam eine Zeit, in der die Kuriere wenig zu berichten hatten. Das schwedische Heer lag vor den Palisaden der Festung Poltawa.

In einer Nacht im späten Juli geschah es, daß der Namenlose die Maria Agneta erblickte.

Er hatte, wie so oft, mit seinem Kind gesprochen, und nun wollte er sich leise, wie er gekommen war, aus dem Garten schleichen. Da hörte er ein Geräusch. Er blieb stehen und duckte sich. Oben im Haus war ein Fenster geöffnet worden. Maria Agneta beugte sich in die Nacht hinaus.

Der Namenlose stand regungslos zwischen den Ulmen, er wagte nicht zu atmen, doch sein Herz schlug, als wollte es ihm die Brust zerhämmern. Er meinte, sie müßt' ihn sehen, aber sie sah ihn nicht, sie blickte den Wolken nach, die über den nächtlichen Himmel zogen. Das Mondlicht schimmerte über ihrem Haar und floß an ihren Schultern herab. In langen Zügen atmete sie die Nachtluft. Es war stille im Garten, nur die Grillen sangen und ein Vogel huschte durch das Laub der Ulmen.

Jetzt wurde das Fenster geschlossen, das Bild verschwand. Noch eine Minute lang blieb der Namenlose wie verzaubert stehen und starrte hinauf, dann entfloh er.

Vor seinen eigenen wilden Gedanken war er geflohen, aber sie ließen ihn nicht in Frieden, er schlug sich mit ihnen den ganzen Tag über, während er keuchend den Karren vom Steinbruch zu den Kalköfen und von den Kalköfen zurück zum Steinbruch zog. In ihm war Aufruhr und Erschütterung. So nah war sie ihm gewesen! Ihr Bild, wie er es des Nachts gesehen hatte, wollte nicht aus seinen Augen verschwinden.

Hatte sie nicht in Liebe sieben Jahre hindurch mit ihm gelebt? Und war diese Liebe nicht so groß, daß sie auch verzeihen konnte, was er, um sie zu erringen, begangen hatte? Er hatte sie getäuscht und belogen. Aber wenn er ihr jetzt alles sagte, wie es dereinst begonnen, zu welchem Glück, zu welcher Seligkeit, und zu welchem jammervollen Ende es geführt hatte – war nicht Vergebung, war nicht ein Wort des Trostes für ihn zu erhoffen? Doch wenn sie vor dem Brandzeichen auf seiner Stirne zurückschauderte, wenn sie ihn verdammte und von sich stieß – was dann?

Verwirrung war in seinem Herzen, und nur eines stand in ihm fest: daß er das Leben, das er führte, nicht länger mehr ertragen konnte.

Als es Abend wurde, war sein Entschluß gefaßt: er wollte zu ihr, sich ihr in seinem Elend offenbaren und sprechen, endlich sprechen, ihr alles sagen, was er ihr sieben Jahre hindurch verschwiegen hatte.

Das durfte nicht geschehen. Es war ihm nicht verstattet, der Himmel ließ es nicht zu.

Als der Namenlose des Nachts den Felsen emporstieg, löste sich ein Stein unter seinen Füßen. Er glitt aus, suchte einen Augenblick lang Halt, und dann stürzte er in die Tiefe.

Er lag unten mit zerschmetterten Gliedern, er konnte nicht schreien, sich nicht bewegen, jeder Atemzug tat ihm weh.

Gegen Mitternacht kam ein Wächter mit einer Laterne, der sah ihn liegen und fragte:

»Wie kommst du her? Was ist dir geschehen?«

Der Namenlose deutete mit einem Finger seiner Hand auf den Felsen.

»Du wolltest davon?« fragte der Wächter weiter. »Da siehst du's. Jetzt hast du deinen Teil.«

Er leuchtete dem Namenlosen ins Gesicht, und wie er auf seinen Wangen und auf den Lippen die bläuliche Blässe des nahenden Todes sah, stellte er die Laterne neben ihn auf die Erde und sagte:

»Bleib liegen, rühr dich nicht von der Stelle! Ich hol' den Feldscher.«

Der Namenlose wußte, daß es mit ihm zu Ende ging. Er hatte nur noch einen Wunsch, einen Gedanken, aber der erfüllte ihn ganz. Man sollte es seinem Kind, der Maria Christine sagen, daß er gestorben sei. Sie sollte, wenn er nicht mehr kam, nicht glauben, ihr Vater hätte sie vergessen. Und sie sollte ein Vaterunser beten für seine Seele.

»Nicht den Feldscher!« flüsterte er. »Einen Priester!«

Er hörte die Schritte, die sich entfernten, dann Schritte, die kamen. Er öffnete die Augen und sah einen Mann in einer braunen Kutte, der sich über ihn beugte.

Er versuchte, sich ein wenig aufzurichten.

»Mein Vater!« stöhnte er. »In meinem Herzen ist ein altes Geschwür von bösen Taten, das soll aufbrechen in dieser Stunde. Ich will dir beichten.«

»Ja, Hauptmann!« hörte er eine Stimme, die er kannte. »Da liegst du vom Stein zermalmt wie Sankt Stephanus. Du mußt sterben, Hauptmann, schick dich darein!«

Der Namenlose sank zurück und schloß die Augen. Es war sein alter Geselle, der Feuerbaum, der wollte ihm die Beichte abnehmen.

»Nimm Abschied von der Welt!« predigte der entlaufene Mönch. »Sie ist ein trügerischer Schein und ihre Freuden sind nichtig. Sag ab auch deinem Geld, was hilft dir dein Reichtum, du kannst ihn nicht mit in die Ewigkeit nehmen.«

Der Namenlose wußte nun, daß er ohne Beichte sterben mußte. Denn der Feuerbaum wollte von ihm nur eines hören: Wo er, sein gewesener Hauptmann, das Geld verborgen hatte, die Gulden und Dukaten, die er dereinst als seinen Anteil empfangen hatte.

»Sieh zu, Hauptmann, daß nicht das höllische Feuer über dich kommt. Fahr nicht dahin halsstarrig und verstockt!« drängte der entlaufene Mönch. »Manch einem wär' mit deinem Geld geholfen, dir ist's nichts nütze. Wend dich ab von ihm, so wird deine Seele himmelwärts steigen wie die Lerche am Morgen.«

Von den Lippen des Namenlosen kam ein leises Röcheln.

»Willst du dem Teufel nicht einen Possen spielen?« schlug ihm der Feuerbaum jetzt vor. »Setz eine fromme Tat an das Ende deines Lebens, sag, wo du dein Geld versteckt hast, so hat der Teufel das Nachsehen und Gott wird beide Hände dir entgegenstrecken.«

Der Namenlose schwieg.

»Ei, so fahr in die Hölle!« schrie der Feuerbaum empört. »Und mögen sich dort zehntausend Teufel um deine Seele balgen!«

Der Sterbende hörte ihn nicht mehr. Ein anderer stand jetzt schweigend und unbeweglich vor ihm, auch einer, den er kannte: der Cherub mit dem Schwerte, der einst in Wolkenhöhe dreifache Klagen gegen ihn erhoben hatte.

»Du bist es«, sagte der Namenlose, ohne die Lippen zu bewegen. »Hör mich an. Ich habe oftmals nachgedacht über das Gericht Gottes, aber ich konnt' es nicht begreifen, es war mir zu schwer. Jetzt mein' ich, ich begreif's. Du hast dereinst für mich gebeten, tu's heute wiederum. Ich will nur eines: meine junge Tochter soll, wenn ich nicht wiederkomm', nicht glauben, ich hätt' sie vergessen. Man soll's ihr sagen, daß ich gestorben bin. Sie soll nicht weinen um meinetwillen, das will ich nicht. Ein Vaterunser soll sie beten für meine Seele.«

Der Engel des Todes blickte zu den Sternen empor. So stand er, schattengleich, und dann senkte er in stummer Gewährung sein strenges und erhabenes Antlitz.


Am nächsten Tag, um die Mittagsstunde, brachte ein schwedischer Offizier, der den Arm in einer Schlinge trug, die Nachricht von der Schlacht bei Poltawa auf den Hof. Das schwedische Heer sei vernichtet, berichtete er, der König auf der Flucht, und unter den Gefallenen befände sich der Glanz und Stolz des schwedischen Heers, der Oberst Christian von Tornefeld.

Maria Agneta stand schweigend mit erstarrtem Gesicht, erst konnte sie nicht erfassen, was geschehen war, dann war ihr Schmerz zu groß, als daß sie hätte weinen können.

Erst wie sie in ihrer Kammer war, brachen ihr die Tränen aus den Augen.

Gegen Abend bat sie, man möge ihr das Kind bringen. Als Maria Christine kam, nahm sie sie auf die Arme und bedeckte ihr Gesicht mit Küssen.

»Kind!« sprach sie mit leiser Stimme. »Dein Vater ist im Krieg gefallen, du wirst ihn nicht mehr sehen. Es ist drei Wochen her, daß man ihn begraben hat. Falt die Hände, bet ein Vaterunser für seine Seele!«

Maria Christine sah sie an und schüttelte den Kopf. Sie wollte und sie konnte es nicht glauben.

»Er wird wiederkommen«, sagte sie.

Die Augen Maria Agnetas füllten sich von neuem mit Tränen.

»Nein, er kommt nicht wieder«, klagte sie. »Nie wieder kommt er, nie wieder. Verstehst du's nicht? Er ist im Himmelreich. Falt die Hände, tu deine kindliche Schuldigkeit, er hat dich lieb gehalten, so wie ich dich lieb halt' als mein Kleinod, und nun bet ein Vaterunser für seine Seele!«

Maria Christine schüttelte den Kopf. Doch da sah sie draußen auf der Landstraße einen Karren mit einem Sarg dahinschleichen, der kam vom Stiftsgut.

Jetzt faltete sie die Hände.

»Unser Vater im Himmel«, betete sie. »Dein Name werde geheiligt, Dein Reich komme, Dein Wille geschehe – für diesen armen Mann bet' ich, der dort im Sarge liegt, es weint keiner um ihn, gib ihm die Seligkeit! Und führe uns nicht in Versuchung, erlöse uns von dem Übel, denn Dein ist das Reich und die Kraft und die Herrlichkeit. Amen.«

Langsam zog der Karren, der den Namenlosen zu Grabe führte, an den Fenstern des Hauses vorbei.

# NACHWORT

*Der Namenlose ging zwei Vaterunser weit durch den*
*Wald, dann wandte er sich um. Das Licht der Laterne*
*war erloschen und er sah den toten Müller nicht mehr*
*und nicht sein Grab. Und wie er nun weiterging auf*
*die zuckenden Flammen zu, traten hinter den Bäumen*
*die Knechte des Bischofs hervor.*

## 1

Die rote Lies, der schwarze Ibitz, der Malefizbaron, der tote
Müller – fürwahr: es ist eine bunte, düstre, jedenfalls aber
wunderbare Welt, in die Leo Perutz den Leser seines Romans *Der schwedische Reiter* entführt. Ein schwedischer
Adliger namens Christian von Tornefeld und ein namenloser Dieb sind seine Helden. Der großsprecherische Edelmann ist ein mittelloser Deserteur, der seinen schwachen
Arm dem schwedischen König leihen will; er gerät aber in
die »Hölle des Bischofs«, ein Kalksteinwerk, in dem er
neun Jahre Zwangsarbeit leisten muß. Kaum daß er dieser
Hölle entronnen ist, tritt er ins Heer Karls XII. ein und fällt
in der Schlacht von Poltawa. Der namenlose Dieb aber
wird zum Kirchenräuber und erwirbt mit dem geraubten
Geld ein adliges Gut, auf dem er unter dem Namen des
Christian von Tornefeld mit dessen einstiger Braut eine
Familie gründet und sieben glückliche Jahre verbringt, bevor er in der »Hölle des Bischofs« den Tod findet. Die
Flucht zweier ungleicher Männer, die gemeinsam ihr
nacktes Leben retten müssen, steht am Beginn des Romans, der mit beider Tod endet. Das verflochtene Schicksal
dieser beiden Männer zwischen Flucht und Tod bildet den

Spannungsbogen einer Erzählung, deren dichte Atmosphäre den Leser gefangenhält.

Die Welt des *Schwedischen Reiters* scheint eine gänzlich fremde Welt; die Welt des frühen 18. Jahrhunderts, in der der Roman spielt, scheint Äonen entfernt von der unsrigen. Doppelgänger, Revenants, Wundsegen und Träume sind nicht die einzigen Motive, die der Roman aus dem Arsenal der Romantik entlehnt; ihm entstammt auch die Quellenfiktion, mit der *Der schwedische Reiter* einsetzt. Der unpersönliche allwissende Erzähler des Romans scheint ein Anachronismus in der Literatur des zwanzigsten Jahrhunderts, er vermag nämlich in die Seelen aller seiner Figuren zu schauen und kennt den Ablauf der Dinge von Beginn an. Die Handlung des Romans ist denn auch in einer luziden Architektonik durchkonstruiert wie am Reißbrett. Magische Zahlen spielen in ihm eine entscheidende Rolle: sieben Jahre währt das Glück des namenlosen Diebs mit seiner Familie, neun Jahre die Verbannung Tornefelds in die Hölle des Bischofs; dreimal ist die Mühle der Ort, an dem sich das Schicksal der Helden bestimmt, dreimal taucht das Motiv des namenlos zu Grabe Getragenen auf, und drei Teile schließlich hat der Roman, der von einem »Vorbericht« und einem »Letzten Teil« eingerahmt ist. Ist *Der schwedische Reiter* also ein mit romantischen und märchenhaften Elementen versetzter historischer Roman, ein sprödes, in altertümlicher Kunstprosa verfaßtes, allzu spätes Meisterwerk historischer Erzählkunst?

Dagegen spricht nicht weniger als das ganze frühere Werk von Leo Perutz. Nicht nur mit historischen, sondern auch mit aktuellen Romanstoffen wie *Zwischen neun und neun, Der Meister des Jüngsten Tages, Wohin rollst du, Äpfelchen...* hatte Perutz in den zwanziger Jahren große Erfolge gehabt; er hatte sich als Meister des inneren Monologs, der indirekten Rede, einer komplizierten Form der Ich-Erzählung bewiesen und seine Erzählstrategie stets an der Problemstellung des jeweiligen Romans orientiert. Was mag sich unter der Oberfläche des historischen Romans *Der schwedische Reiter* verbergen, an dem Perutz mit einigen Unterbrechungen von 1928 bis 1936 arbeitete und dessen Niederschrift allein ihn drei Jahre beschäftigte?

2

Weit her ist es mit der Historizität des *Schwedischen Reiters* nicht: ein paar Jahreszahlen, ein paar Eigennamen und Ortsangaben, an die historische Reminiszenzen sich knüpfen mögen – der Rest ist Roman, aber freilich einer, in dem historisches Kolorit und Atmosphäre stimmig sind bis ins minutiöse Detail. Perutz pflegte für seine historischen Romane intensive Quellenstudien zu betreiben; daß er sich für den *Schwedischen Reiter* durch Werke über die Landwirtschaft des 17. und 18. Jahrhunderts hindurcharbeitete, hielt er in seinem Notizbuch fest. Im Roman selbst aber ist, wie Alfred Polgar 1924 in einer Betrachtung über die Kunst des historischen Romans bei Perutz schrieb, jede Spur historischer Gelehrsamkeit getilgt:

> *In solcher Erzählung von Perutz wird mit subtilem Gehör einer gewesenen Zeit der Atem abgelauscht: dessen Rhythmus gibt dem Buch musikalischen Reiz. Hier ist nicht nur der Figuren Rede archaistisch gefärbt – das ist billig –, sondern ihr Herz und Hirn sind eingeschaltet in den Kräftestrom, der dem Zeitabschnitt seine besonderen mechanischen und geistigen Spannungen gab. Die Stummheit noch dieser Figuren schweigt Idiom, und das System, in dem ihr Fühlen und Denken, Tun und Leiden beschlossen erscheint, ist das Nervensystem eines Menschen von dazumal. Die Durchtränkung mit Gewesenheits-Farbe geht bis*

245

*in die kleinste Nebensächlichkeit, bis in jedes Stück-*
*chen konkreten oder gedanklichen Hausrats, das den*
*Raum der Erzählung füllt. Essenz der Zeit, die der*
*Schreiber schildert, ist in seine Tinte gegossen.*
*Aus solcher, mit einer Art sportlicher Härte ertrotzter,*
*gründlichster Versenkung in gewesener Tage Form*
*und Inhalt erklärt sich also auch von einer andern*
*Seite her des Verfassers puritanische, phrasenlose, fast*
*keusche Darstellung: er hat, seiner Historie gegenüber,*
*das Un-Pathos der Nähe.*

Es dürfte sich keine Geschichtsquelle finden, in der das
frühe 18. Jahrhundert so geschildert wird wie im *Schwedischen Reiter*. Die Welt, in die der Erzähler seine Gestalten
und den Leser versetzt, ist nämlich zuvörderst eine ganz
und gar von Gott verlassene, eine gottlose Welt. Der höchste Repräsentant der Kirche, »Seine fürstliche Gnaden, der
Herr Bischof«, hat ein Kalksteinwerk in ein Zwangsar-
beitslager verwandelt, weil er, trotz ständiger Geldnot, »in
seiner fränkischen Residenz sich einen neuen Kunstgarten
anlegen will mit Bassins und Kaskaden, Felsgrotten, Wasserkünsten, chinesischen Pavillons und mit einer Orangerie«. Der namenlose Dieb, der »lutherisch oder papistisch«
ist, »wie es die Welt will«, schreckt vor der Todsünde des
Kirchenraubes nicht zurück, und ein Pfarrer, der die »Gottesräuber« überrascht, denkt »nicht einen Augenblick lang
an die Kirchenräuber, sondern nur an die beiden Fäßchen
mit Honig, die er [...] in der Sakristei verschlossen hielt«.
Die Welt des Adels schließlich scheint kaum frömmer als
jene »spitznäsige alte Dame« Barbara von Dobschütz, »die
immer nur von ihrer Frömmigkeit, von Gott und von den
heiligen Dingen redete«, von Gott aber »in dem gleichen
Ton« sprach, »in dem sie ihre Bedienten ausschalt«.

Nicht besser als das Ansehen der geistlichen ist das der
weltlichen Herren: »Die Könige, die waren vom Teufel auf

die Erde gesetzt, um den gemeinen Mann zu würgen und zu treten.« Gerechtigkeit gibt es in der Welt des *Schwedischen Reiters* nicht. Der Malefizbaron, Agent der gesetzlichen Ordnung, jagt die »armen Leut'«, die »Räuber« auf dem Gut der Maria Agneta aber, »die in ihrem Übermut das Gut der Herrschaft verprassen, die sieht er nicht, die läßt er ungeplagt«. Die einzige »Ehre«, von der im Roman die Rede ist, ist die »Landstreicherehre«, und ihr verdankt der lästige Tornefeld es, daß ihn der namenlose Dieb nicht im Stich läßt.

In der gottlosen chaotischen Welt, die unter der streng gestalteten Architektonik von Perutz' Roman verborgen liegt, gibt es keinen Glauben, keine verbindlichen ethischen Normen, es waltet in ihr kein gerechter geistlicher oder weltlicher Herr, sondern der Zufall oder die Göttin Fortuna, wie der »Brabanter« in seinen »wunderwürdigen Speculationes« zu bedenken gibt:

> *»Wenn ich die seltsamen Zufälle meines Lebens überdenk', die verwichenen und die gegenwärtigen, dann wird es mir klar, wie nichtig und vergänglich alle Freude ist. Denn alles vergeht, wie das Licht vergeht, wenn es seine Zeit geleuchtet hat, und wir sind nichts als ein Ball des wandelbaren Glücks, das uns in die Höhe wirft, damit wir um so härter fallen.«*

### 3

Im Zentrum des Romans steht ein namenloser Mann, der »nichts anderes mehr zu erhoffen« hat, »als ein Toter zu sein unter den Toten in des Bischofs Pochwerk und flammendem Schmelzofen«. Von seiner Herkunft ist wenig mehr bekannt, als daß er einst »Bauernknecht in Pommern gewesen war«, daher besitzt er die landwirtschaftlichen Kenntnisse, die ihm später zustatten kommen werden. Ohne Identität, ohne Geschichte, ohne Namen, ohne Hoffnung muß dieser namenlose Dieb sein Schicksal gestalten.

Er ist schon auf dem Weg in des Bischofs Hölle, als Tornefeld ihn bittet, seinen adligen Vetter aufzusuchen, der seine Not wenden soll.

> *Der Weg war gefährlich, das wußte er. Wenn er den Dragonern in die Hände fiel, so war ihm der Strick gewiß, denn es standen Schwenggalgen an allen Kreuzwegen. Doch er war der Gefahr gewohnt. Das Schicksal hatte ihn oft genug vor die Wahl gestellt, ob er lieber Hungers sterben oder gehenkt werden wollte. Und jetzt, da er seinem Landstreicherleben ein Ende machen und seine Freiheit hingeben wollte für ein Stück Brot alle Tage und ein Dach über dem Kopf, jetzt überkam ihn eine trotzige Begierde, hinauszugehen dorthin, wo der scharfe Wind pfiff, und noch einmal, ein letztes Mal, mit dem Tod eine Courante zu tanzen.*

Neugier, Wagemut und Tollkühnheit sind es, die den Namenlosen den Auftrag Tornefelds annehmen lassen, der sein ganzes Schicksal prägen wird. Nach der ersten »sonderbaren Verwandlung«, die ihm auf dem heruntergekommenen Landgut widerfährt, denkt er schon nicht mehr daran, »daß er als Bittsteller für den Tornefeld hiehergekommen war, er hatte jetzt eine andere Aufgabe. Es schien ihm, als wäre er, der Dieb, hier auf dem Hof der einzige ehrliche Mann, und als ehrlicher Mann wollte er mit dem Gutherrn sprechen.« Nach der zweiten »Verwandlung« ertappt sich der Namenlose beim Anblick Maria Agnetas »bei einem sonderbaren Gedanken«: »Als wäre er plötzlich ein ganz anderer, nicht mehr der Dieb, sondern der, dem dieses hochgeborene Kind sich versprochen hatte, und als hielte er sie in seinen Armen und ihre Wange schmiegte sich an die seine.«

Nach der dritten »Verwandlung« entsteht »in seinem vom Fieber erregten Hirn ein ungeheuerlicher Gedanke: Als wäre er kein Landstreicher und Dieb, sondern ein Edelmann, und daß er wiederkommen müßte und Ordnung machen unter den Knechten, Ordnung auf seinem Hof, denn all das, das Mädchen, das Haus, der Hof, die Felder, das mußte sein eigen werden.«

Diese visionsartig aufblitzenden Wünsche haben eine nahezu sich selbstverwirklichende Kraft, zumindest aber verleihen sie dem Namenlosen die Kraft, sie zu verwirklichen. Er verleugnet den Auftrag Tornefelds gegenüber Maria Agneta und läßt sich dafür auspeitschen; er gibt Tornefeld ein falsches Versprechen und schickt ihn an seiner Stelle in die Hölle des Bischofs; er wird, weil er die Bauern nicht berauben will, zum Kirchenräuber und verwirklicht mit gestohlenem Gut seine hochfliegenden Träume. Nicht einmal das imaginierte Gottesgericht, das ihn vom Diebstahl und Kirchenraub freispricht und ihn allein deshalb anklagt, weil er »seinen Kameraden im Elend, den schwedischen Edelmann, schändlich belogen und auch mit einem falschen Eid betrogen hat«, vermag ihn auf seinem Weg aufzuhalten. Das Gottesgericht verurteilt ihn dazu, »daß er allein soll tragen durch sein Leben seiner Sünden Last und sie keinem gestehen und bekennen als der Luft und dem Erdreich«, aber an diesem Urteil meint der Dieb leicht zu tragen, denn was wollte Gott anderes, »als daß mein gewesenes Dasein verborgen bleibe, das will ich auch«.

Unter dem Namen Christian von Tornefelds wird der namenlose Dieb Ehemann Maria Agnetas und ein tüchtiger adliger Gutsbesitzer. Er legt die Identität des Diebs ab und nimmt die Tornefelds an, und als er Maria Agneta gegenübersteht, versichert der Erzähler: »in diesem Augenblick war er wirklich dieser Christian von Tornefeld, den er in die Hölle des Bischofs gestoßen hatte.«

Freilich ist der falsche Christian von Tornefeld nach dem Gottesgericht nicht frei von Gewissensbissen: Bei der Liebeserklärung Maria Agnetas muß er »wider Willen an den anderen denken, an den Verlorenen, dem er um dieser Liebe willen Namen, Freiheit und Ehre genommen hatte«. Und zuweilen fällt ein Schatten auf die Seele des Glücklichen:

> [...] wie kalter Nachtwind wehte es ihn an: Als wäre dies alles, was er für sein eigen hielt, die Felder, die Wiesen und die Auen, die verstreuten Birken und auf den Feldern die junge Saat und zwischen den Wiesen der Bach und daheim das Haus und der Hof und die Frau, die er liebte, und das Kind, nach dem ihm bange war – als wäre dies alles nicht sein eigen, sondern ihm nur geliehen für kurze Frist, und als müßte er es wieder hingeben, und je heller über ihm die Sonne schien, desto düsterer wurde es in seiner Seele.

Nachdem die ersten drohenden Boten aus seinem früheren Leben, der Malefizbaron und die einstigen Spießgesellen, die Idylle seines Glücks nur kurzfristig trüben konnten, wendet die Nachricht vom drohenden Verrat der roten Lies sein Schicksal ganz. Als der Brabanter ihm die schlimme Botschaft überbringt, hat der Namenlose wiederum eine Vision:

> Er sah sich in seinem blauen schwedischen Rock in Reih und Glied auf seinem Falben über eine endlose Heide reiten. Rings um ihn her stieg das Schwedenlied zu einem Himmel empor, der von schweren Wolken verhüllt war. Raubvögel kreisten über den Köpfen. Geschütze donnerten, zerrissene Fahnen wehten, und in

*die Reihen der Reiter schlugen Musketenkugeln. Eine*
*von ihnen traf ihn, und mit einem unaussprechlichen*
*Gefühl des Glücks sank er vom Pferde.*

Im Gegensatz zu den früheren folgt der Dieb dieser
Traumvision nicht: er stirbt nicht als schwedischer Reiter,
sondern als Namenloser. Statt als schwedischer Reiter den
Tod zu suchen, beschließt er, die rote Lies zu töten: »Ich
werd' ihr den Mund verschließen, so oder so, und wenn
nachher mein Blut dem Henker in die Arme springen
müßte. Ich hab' mich resolviert, mein letztes Glück zu
wagen, ich setz' mein Leben an dieses Spiel.« Bei diesem
Spiel verliert der Dieb sein Leben – freilich erst nachdem
er mit dem aus der Hölle des Bischofs zurückgekehrten
Tornefeld wiederum Identität und Namen getauscht hat.
Fortan existieren für Maria Christine zwei »Schwedische
Reiter«: einer, von dem Nachrichten aus dem Lager Karls
XII. kommen, und einer, der sie nachts am Fenster be-
sucht. Sie sterben beinahe gleichzeitig, und Maria Christine betet für einen Namenlosen ein Gebet, das ihrem Va-
ter gilt, den sie in der Schlacht von Poltawa gefallen wähnt
– auf diese Weise wird die letzte Bitte ihres Vaters an den
»Cherub mit dem Schwert« erfüllt.

Das Schicksal des namenlosen Helden wird durch eine
Reihe von visionären Eingebungen und das imaginierte
Gottesgericht bestimmt; gestalten kann er es nur mit Tollkühnheit, List und ethisch bedenklichen Mitteln wie Diebstahl und Betrug an seinem Kameraden. Sein wahres Ich
wird nicht einmal von dem Menschen erkannt, der ihm am
nächsten steht, seiner Frau, die in ihm den Christian von
Tornefeld liebt, dem sie sich feierlich versprochen hatte.

## 4

Bereits mit seinem ersten Roman *Die dritte Kugel* (1915) war Perutz einer modernen Konzeption des historischen Romans gefolgt, die mit der Tradition des historischen Romans des 19. Jahrhunderts brach. Wollte dieser gelehrte historische Roman die Geschichte faktentreu mit literarischen Mitteln nur verlebendigen, so wollte der moderne historische Roman in der Flaubert-Nachfolge »mit echtem antiken Material moderne Häuser bauen« – so charakterisierte Richard A. Bermann 1911 die Romankonzeption seines Freundes Leo Perutz.

Auf das »moderne Haus«, das Perutz mit dem Material eines historischen Romans aus dem 18. Jahrhundert bauen wollte, macht der »Vorbericht« des *Schwedischen Reiters* indes nur sehr indirekt aufmerksam. Den Ausgangspunkt des Romans, so suggeriert der Erzähler in diesem »Vorbericht«, bilden die unter dem Titel »Farben- und figurenreiches Gemälde meines Lebens« posthum herausgegebenen Memoiren der Maria Christine von Tornefeld, also der Tochter des »Schwedischen Reiters«. Aber diese Memoiren enthalten ein Rätsel, das die Verfasserin nie zu lösen vermochte:

> *»Und wie das möglich war, daß er im schwedischen Heer kämpfte und fiel und in dieser gleichen Zeit so oft des Nachts in unserem Garten stand und mit mir sprach, und wenn er nicht gefallen ist, warum er dann nie wieder kam und an mein Fenster klopfte – das ist für mich mein Leben lang ein dunkles, trauriges und unergründliches Geheimnis geblieben.«*

Schon in seinen historischen Romanen *Der Marques de Bolibar* (1920) und *Turlupin* (1924) hatte Perutz fingierte Lücken, Rätsel oder Unstimmigkeiten in der historischen

Überlieferung zum Ausgangspunkt für Erzählungen genommen, die – ein ironischer Überbietungstopos – diese Unstimmigkeiten zu erklären, die Rätsel zu lösen beanspruchten. Noch in keinem von Perutz' historischen Romanen aber hatte der Erzähler den Anspruch auf historische Authentizität so offen preisgegeben wie mit den beiden Sätzen des »Vorberichts«, die versprechen, der Roman werde ein Rätsel lösen, zu dessen Lösung historische Quellen nicht vorliegen:

> *Die Geschichte des »schwedischen Reiters« soll nun erzählt werden.*
> *Es ist die Geschichte zweier Männer.*

Mit diesem Handstreich tritt ein souveräner Erzähler auf den Plan, der einen Roman, keinen Geschichtsroman, erzählt.

Die zwei lakonischen Sätze erfüllen aber noch eine gänzlich andere, nämlich poetologische Funktion. Sie erklären, aus welchem Grund der Roman nicht von einem Ich-Erzähler erzählt werden kann: Die beiden Helden des Romans, Tornefeld und der Namenlose, haben Aufzeichnungen nicht hinterlassen, Maria Agneta war davon überzeugt, mit einem Mann zusammengelebt zu haben, der Tornefeld hieß und war, und Maria Christine blieb die Aufspaltung des »Schwedischen Reiters« in einen Mann, der sie nächtlich besuchte, und einen Mann, der im Heer Karls XII. kämpfte und fiel, immer ein »unergründliches Geheimnis«.

Im Zentrum des *Schwedischen Reiters* steht, wie in allen Romanen von Leo Perutz, das Problem der Identität, und die Konzeption des *Schwedischen Reiters* ist nichts anderes als die Umkehrung jener Romankonzeption einer Persönlichkeitsspaltung, wie sie klassisch in *Dr. Jekyll and Mr. Hyde* von Robert Louis Stevenson verwirklicht ist, der zu

Perutz' literarischen Vorbildern zählte. Weniger spektakuläre, aber ungemein erfindungsreiche Varianten dieses Romans der Persönlichkeitsspaltung hatte Perutz in seinen Romanen *Die dritte Kugel*, *Der Marques de Bolibar* und *Der Meister des Jüngsten Tages* erfolgreich durchgespielt. Schildern diese Romane den partiellen oder totalen Zerfall der Identität einer Person, so zeigt *Der schwedische Reiter*, daß die Identität einer Person von zwei Personen erfüllt werden kann; der Roman der Persönlichkeitsspaltung beschreibt den Zerfall des Ich, *Der schwedische Reiter* dessen Substituierbarkeit.

5

Die Krise des Ich, seine Auflösung in einzelne diskontinuierliche Empfindungen, war bekanntlich das Thema, das der Literatur des Jungen Wien zum Beispiel im Werk Hofmannsthals, Schnitzlers und Beer-Hofmanns seine Epochensignatur verlieh. Auf den durch die Krise des Liberalismus verursachten objektiven »Verfall der Werte« reagierte die Literatur des Jungen Wien mit dem Versuch, das Subjekt zum einzig Wertvollen zu stilisieren. Ob sich die Literatur einem ästhetizistischen oder narzißtischen Ich-Kult zuwandte oder dieses Ich zum Gegenstand unbarmherziger Enthüllungen machte, die Folge dieser Konzentration auf das Ich war ein literarischer Psychologismus, eine Flucht vor der Fabel, die »Ersetzung der äußeren Bewegung durch eine innere, der Handlung durch Weltanschauung und Lebensdeutung« (Arnold Hauser). Gegen diesen ichzentrierten Ästhetizismus bildete sich auf allen Gebieten der Kultur nach der Jahrhundertwende eine letztlich ethisch motivierte Opposition, die auf dem Gebiet der Literatur zunächst von Karl Kraus angeführt wurde.

Kraus war auch das Idol eines literarischen Gymnasia-

stenzirkels, der sich von 1902 bis 1907 unter dem Namen
»Freilicht« zu regelmäßigen Lesungen traf und aus dem
später die Schriftsteller Ernst Weiß, Leo Perutz und Richard
A. Bermann bekannt wurden. Diese Schriftstellergruppe
verband nicht nur die Opposition gegen den narzißtischen
Ich-Kult des Jungen Wien, sondern auch die Auffassung,
daß die entscheidenden, die Lebensgeschichte und ethische Orientierung bestimmenden Merkmale des Ich einer
literarischen Analyse unzugänglich seien, wie sie zum Beispiel Hermann Bahr mit der »Neuen Psychologie« für die
Literatur empfohlen hatte. Der Auffassungsunterschied
des Jungen und dieser Gruppe des »Jüngsten Wien« läßt
sich schlaglichtartig anhand zweier Zitate illustrieren.
Stimmte das Junge Wien weitgehend mit der programmati-
schen These August Strindbergs überein: »Man kennt nur
*ein* Leben, sein eigenes«, so läßt Leo Perutz in seinem Roman *Der Judas des Leonardo* einen Dichter in freier Nach-
dichtung von Villon-Versen vortragen:

>   »Ihr guten Leut, ich kenn der Dinge Lauf.
>   Ich kenn den Tod, den wilden Wüterich.
>   Ich kenn des ganzen Lebens Ab und Auf.
>   Ich kenne alles. Alles, nur nicht mich.«

Die Romane von Leo Perutz sind durch eine Abkehr vom
Ich-Kult geprägt, ohne daß sie das Identitätsproblem ver-
leugnen würden, das sie alle zum Thema haben. Im Mittelpunkt von Perutz' Romanen aber steht nicht das sich selbst
deutende oder vom Autor analysierte, sondern das wol-
lende und handelnde Ich, das, erfolgreich oder scheiternd,
seine Identität selbst produziert oder verliert. Unter dem
Einfluß von Romantik und Neuromantik wählt Perutz sehr
bewußt konstruierte Fabeln, in denen alle Momente von
Lebensdeutung und Selbstanalyse zugunsten dynami-
scher Handlungsbögen zurückgedrängt sind.

Anläßlich einer Lesung aus dem *Schwedischen Reiter*, über die eine Wiener Zeitung 1936 berichtete, unterstrich Perutz selbst, daß der Identitätstausch im Mittelpunkt seines Romans steht:

> *Die zurückliegende Handlung wird als gegenwärtig erzählt, von jenem Augenblick an, da zwei Menschen ihr Leben, ihr gesamtes Dasein untereinander austauschen, ja wirklich, in einer verfallenen Mühle ihre Personen miteinander vertauschen, der eine: der Dieb, der Gottesräuber, der Namenlose, der Schwedische Reiter, wie er abwechselnd genannt wird, und der andere: der junge Edelmann, der zum Heer Karls XII. stoßen will, Niedergang und Niederlage miterlebt und bei Poltawa fällt.*

Dem namenlosen Dieb hängt seine Identität bis zum Ende des Romans nicht fester an als die Namen, die ihm gegeben werden und die ihn stets nur eine Strecke seines Lebensweges begleiten, und wie vollständig der Identitätstausch gelungen scheint, geht daraus hervor, daß Maria Agneta, die Tornefeld »mit dem Herzen und der Hand die Treu' versprochen hatte«, mit dem Dieb in dem unverbrüchlichen Bewußtsein glücklich zusammenlebt, daß er dieser Christian von Tornefeld ist.

Den identitätsstiftenden Sinn ihrer Lebensgeschichte produzieren beide Helden selbst. Die Lebensbahn des zaghaften Tornefeld gleicht der eines Planeten; er ist – der Leser erfährt nicht einmal, wann er diesen Vorsatz gefaßt hat – »nun einmal resolviert, in den schwedischen Krieg zu gehen«, und er zieht seine unüberschaubare Bahn gegen alle Widerstände, durch die Hölle des Bischofs, zum Heer Karls XII., in den Tod. Wie Tornefelds Wunsch, in den schwedischen Krieg zu ziehen, sind auch die schicksalsbestimmenden Visionen des ebenso tollkühnen wie listenreichen Namenlosen keiner weiteren Analyse zugänglich.

Da es weder eine Glaubensmacht noch eine weltliche Macht gibt, die die Einhaltung ethischer Normen erzwingt, produzieren die Gestalten aus Perutz' Roman auch die ethische Orientierung selbst, die ihr Wollen und Handeln bestimmt: ethische Normen sind freie Setzungen des Ich. Es gibt in einer Welt von Tatsachen kein Verhalten, das Schuldbewußtsein oder Strafe notwendig nach sich zieht. Christian von Tornefeld und Maria Agneta hatten sich »Liebe und Treue gelobt«; Maria Agneta hält an dem Gelöbnis fest, aber für Tornefeld ist es »vergessen, die Zeit ist darüber hinweggelaufen« – und kein Gottesgericht erscheint dem großsprecherischen Edelmann, um ihn an sein Versprechen zu erinnern oder ihn zu verurteilen. Wegen des Mordes an der roten Lies empfindet der Namenlose keine Reue, und kein Gericht klagt ihn an. Die Handlungen selbst gehören der Welt der Tatsachen an und besitzen keine ethische Eindeutigkeit. Als der Namenlose Tornefeld bei ihrer letzten Begegnung um Verzeihung für alles bittet, was er ihm angetan hat, entgegnet dieser: »»Was hast du mir getan? Ich hab' die Probe der Hölle bestanden, bin im Feuer gehärtet. Sag mir nur, Bruder, wie dir zu helfen wär'.«« Und vielleicht – Perutz möge mir die Spekulation verzeihen – ist der tote Müller, der die Hahnenfeder des Teufels an der roten Mütze trägt, zum seelenkäuferischen Wiedergängertum nicht verdammt, weil er sich selbst getötet hat, sondern weil er, »wie sich die Schlinge zuzog«, kurz vor dem Tod noch mit dem Bewußtsein der Sünde geschlagen wurde.

Daß die ethische Einstellung zur Welt eine freie Leistung des Ich ist, wird am deutlichsten aus dem imaginierten Gottesgericht, das dem ungläubigen Namenlosen zuteil wird. Dieses Gottesgericht enthält eine ungeheuerliche literarische Blasphemie, denn in ihm spricht Gott den Dieb vom Diebstahl und Kirchenraub frei, um ihn allein deswegen zu verurteilen, weil er seinen Kameraden belogen und betrogen hat. Obgleich der Namenlose das Urteil nicht fürchtet, weil er glaubt, daß es mit seinen Absichten übereinstimmt – und sich das ganze Gottesgericht sicherheitshalber für ein »Schattenwerk des Traumes« erklärt –, wirkt dieses Urteil doch in ihm weiter in Gestalt von Gewissensbissen und dunklen Schatten, die auf sein Glück fallen. In seiner Todesstunde erscheint ihm der »Cherub mit dem Schwert« ein zweites Mal, und der Namenlose spricht zu ihm:

> *»Hör mich an. Ich habe oftmals nachgedacht über das Gericht Gottes, aber ich konnt' es nicht begreifen, es war mir zu schwer. Jetzt mein' ich, ich begreif's.«*

Nicht zufällig verliert der Namenlose kein Wort darüber, was er an dem Gottesgericht begreift. Das »ich begreif's« sagt nichts Neues über das Gottesgericht und seine Auslegung; es besagt, daß der Namenlose sein ohnehin besiegeltes Schicksal aus freiem Willen annimmt.

6

Die Kunst der historischen Romane von Leo Perutz besteht nicht zuletzt darin, daß sie in einer auskonstruierten, ungemein spannenden Versuchsanordnung eine ganz fremde historische Welt schildern, in der der Leser nach Belieben Züge und Probleme seiner eigenen Welt entdecken und entziffern kann. Das dürfte auch Perutz' Freund Egon Erwin Kisch gemeint haben, als er einmal schrieb, es sei »unfaßbar«, wie Perutz »in einem minutiös studierten Hintergrund des Verschollenen das ewige Heutige« zeige.

*Der schwedische Reiter* ist zweifellos der spannende historische Roman, der enthüllt, wie unter dem überlieferten Namen eines Mannes die Geschichte zweier Männer verborgen liegt, die ihre Identität tauschen und in wechselvollem Geschehen den Sinn ihres Lebens erfüllen. Es handelt sich jedoch zugleich um einen Roman, der zeigt, daß Sinn im Chaos eines kontingenten Lebens, einer stets unfertigen und bedrohten Identität, nicht aus der Welt der Tatsachen gewonnen werden kann, sondern die unhinterfragbare Leistung des Ich ist – jener Subjektivität, die die Anwälte der Postmoderne gegenwärtig am Horizont der Geschichte verschwinden sehen (wollen).

Das Schicksal seines Helden schildert Perutz, der im episodischen Detail und in der stets von vertrackten Mißverständnissen bedrohten Gesprächsführung seiner Romanfiguren den Humor nie zu kurz kommen läßt, ohne Ironie, aber auch ohne Mitleid. Daran knüpfte Alfred Polgar 1924 eine Bemerkung über Perutz' Menschenbild, deren Spitze zwar auf die Mitleidsdichtung des Expressionismus zielte, die an Aktualität aber nichts eingebüßt hat:

> *Sein ecce homo – er spricht es, wenn auch nicht in klaren Worten – klingt so unbetont-sachlich, als läse mans vom Schild einer Museums-Vitrine. Aber in dieser Trockenmethode des Leo Perutz steckt mehr Liebe zur Kreatur als in den gesamten Tief- und Trief-Produkten der neuern »Bruder Mensch«-Dichtung.*

# EDITORISCHE NOTIZ

Der 1936 im Wiener Paul Zsolnay Verlag erschienenen Erstausgabe des Romans *Der schwedische Reiter* lag ein Typoskript zugrunde, das nicht erhalten ist. Für die vorliegende Ausgabe wurde der Text der Erstausgabe mit dem von Perutz geschriebenen Manuskript verglichen, das sich im Exil-Archiv der Deutschen Bibliothek in Frankfurt am Main befindet. Da die Erstausgabe im Wortlaut nur unerheblich vom Manuskript abweicht, folgt die vorliegende Ausgabe dem Text der Erstausgabe. Modernisierungen und redaktionelle Eingriffe, wie sie fast alle Nachkriegsausgaben enthalten, wurden nicht vorgenommen. Im Manuskript war *Der schwedische Reiter* in 21 Kapitel unterteilt. Dieser Gliederung trug Perutz in der Erstausgabe lediglich dadurch Rechnung, daß er für die Kapitelgrenzen einen Zwischenraum von vier Leerzeilen wählte, während er kleinere Erzählabschnitte durch zwei Leerzeilen abtrennte. Dieses – in allen späteren Ausgaben nicht berücksichtigte – Gliederungsprinzip wurde in der vorliegenden Ausgabe wiederhergestellt.

Änderungen gegenüber der Erstausgabe wurden in den folgenden Fällen vorgenommen:

1. Die in der Erstausgabe und in Perutz' Manuskript inkonsequent verwendete Apostrophierung wurde nach den Prinzipien des Dudens vereinheitlicht.

2. Geringfügige Inkonsistenzen in der Interpunktion und der Verwendung von Gedankenstrichen wurden beseitigt.

Wilhelm Schernus habe ich für die Redaktion der Satzvorlage zu danken.

H.-H. M.